现代国家成长的法理要素
与法律体系的中国观

潘伟杰 ◎ 著

复旦大学出版社

目 录
CONTENTS

引 论　从法理把握现代中国 …………………………… 001
　　一、现代国家生成的法理要素 ………………………… 007
　　二、中国现代国家建构的法理依据 …………………… 013
　　三、中国现代国家成长的法理逻辑 …………………… 021

第一章　何谓现代国家？ ………………………………… 029
　第一节　革命后现代国家的定义与重构 ………………… 032
　　一、现代国家初始定义的展开：光荣革命后英国范式 … 035
　　二、现代国家初始定义的重构：进步时代后美国范式 … 044
　第二节　自由主义国家观及其当代转型 ………………… 051
　　一、自由主义国家观的缘起 …………………………… 054
　　二、自由主义国家观的当代转型 ……………………… 060
　　三、自由主义国家观的悖论 …………………………… 067

第二章　革命后中国社会如何走向现代国家？ ………… 079
　第一节　革命的法理逻辑与现代国家的宪法建构 ……… 081
　　一、革命的法理逻辑：如何面对法的现代性？ ……… 083
　　二、现代国家的宪法建构：如何安顿革命？ ………… 089
　第二节　马克思主义国家观与建国的法理 ……………… 096
　　一、马克思主义国家观：如何走出自由主义国家观？ … 097
　　二、建国的法理：如何摆脱现代性的教条？ ………… 102

第三章　有效的现代国家何以法理重构与法律表达？ …… 110
第一节　有效的现代国家的法理重构 …… 112
一、法的现代性是手段还是目的？ …… 114
二、法的现代性如何重构有效的现代国家的法理要素？ …… 125
第二节　有效的现代国家的法律表达 …… 140
一、构建有效的现代国家的法律体系 …… 142
二、回应迈向有生命力的现代国家的法理诉求 …… 155

第四章　法理如何回应迈向有生命力的现代国家的法治转型？ …… 162
第一节　国家建设的新目标与法治体系的新诉求 …… 165
一、社会发展的新矛盾与国家建设的新目标：法理逻辑何在？ …… 169
二、从法律体系到法治体系：制度诉求如何？ …… 180
第二节　寻找有生命力的现代国家的法理基础 …… 201
一、从有效的现代国家迈向有生命力的现代国家：法理依据何在？ …… 204
二、从法治体系的中国意义看国家治理的中国观：如何超越现代性？ …… 215

第五章　重塑现代国家成长的法理要素与法律体系的中国观 …… 223
第一节　国家治理体系现代化重塑现代国家成长的法理要素 …… 226
一、如何包容多样化的社会结构？ …… 228
二、如何应对全球化的冲击？ …… 236
三、如何推进现代性的国家建构？ …… 245
第二节　以人民为中心的法治观诠释法律体系的中国观 …… 256
一、以人民为中心的法治观：处理好三个结构性关系 …… 258
二、法律体系的中国观：认真对待三个规律性条件 …… 273

参考文献 …… 286

引 论
从法理把握现代中国

回望人类文明史,有一个事实是谁都无法否定的,即我们视国家的存在为理所当然。恩格斯说,国家是文明社会的概括①。即使法的现代性所支持的个人权利的强烈主张以及全球化对以民族认同为基础的现代国家提出了挑战,我们所看到的结果却"不是民族国家的理想与结构被取代,恰恰相反,而是民族国家的增多和族性加强"。② 而且也没有人能够否认,正是"民族国家维护了这个基本的,哪怕并不完美的国际秩序"。③ 虽然我们从法理上清晰地指出了国家对于人类文明成长所带来的灾难性影响,进而提出了国家合法性的重构与合理性的再造,但是在国家之外,不存在所谓的救星。④ 至于为什么是这样,回答这个问题的法理和答案多种多样,也正是对这个问题的回答支持了法学的学术史发展。相对而言,马克思的回答更为深刻和具有说服力,因为它是从人类发展的内在逻辑出发。马克思指出,

---

① 《马克思恩格斯选集》,第4卷,人民出版社2012年版,第193页。
② [英]安东尼·史密斯:《全球化时代的民族与民族主义》,龚维斌等译,中央编译出版社2002年版,第125页。
③ Bull and Hedley, "The State's Positive Role in World Politics", In Levine and Herbert M. (eds.), *World Politics Debated: A Reader in Contemporary Issues*, McGraw Hill Book Company, 1989, p.28.
④ [美]斯特雷耶:《现代国家的起源》,华佳等译,格致出版社2011年版,第1页。

"人的本质不是单个人所固有的抽象物,在其现实性上,它是一切社会关系的总和"。① 正是基于这种社会关系的总和的现实,人是作为共同体成员而存在。人的这种存在形式/样态塑造了人类的古代文明。

但随着社会自主性空间的拓展和社会交往方式的变化,国家与社会之间的关系发生了变化。这是人类本质的重大变化,也是国家形态的一大飞跃。这种变化和飞跃形成了现代社会,建构了与现代社会相适应的现代国家。"现代国家与古代国家的最大区别在于:随着个体独立所带来的私人生活的抽象,国家也就从社会中抽象出来,与社会形成二元结构关系。"②现代法律体系是二元存在的国家(公共权力)与社会(个体权利)相互适应的产物。以全面发现个体为单位组成的现代社会决定了现代国家法律体系构建必然以法的现代性为诉求。"国家从市民社会分离出来导致了公法和实在法的运用。为了与参与市民社会生活的公民进行沟通,国家必须公开地发布指令,而不是秘密地发布指令。分离最好以一种方便接近的方式写下来,以便每个人有机会去遵守它。仅仅政府机构熟悉的不成文的标准肯定无效。因此,我们发现,正如国家从市民社会中分离的发生,每个社会都改变了它的法律形式,从含糊的习惯法改变为公开的实在法。"③从法理上看,正是法的现代性提供了国家——当然是现代国家——作为力量和团结的源泉:保护和形成民族认同。民族国家在现代世界上仍将是无可替代的政治行动者,"我们这个星球上的各个民族就仍然会把忠诚和信念寄托于具有主权的、有地域限制的民族国家之中"。④ 基于这一分析,主张通过"重塑国家主权""国家成长的法理要素再思考"等途径来重振现代国家的呼声也开始出现。

在法律调整和安排的背后,"总有对各种相互冲突和相互重叠的利益进

---

① 《马克思恩格斯选集》,第1卷,人民出版社2012年版,第139页。
② 林尚立:《当代中国政治:基础与发展》,中国大百科全书出版社2017年版,第3页。
③ [英]柯林斯:《马克思主义与法律》,邱昭继译,法律出版社2012年版,第134页。
④ [英]安东尼·史密斯:《全球化时代的民族与民族主义》,龚维斌等译,中央编译出版社2002年版,第134页。

行评价的某种准则。这种准则就是以正义为核心的一定的法律价值体系"。①西方思想家往往都是从个体独立及其所决定的市民社会来解释法的现代性的由来以及对法律价值体系的约束,并由此诠释现代国家的法理要素与法律体系的变迁。相比较而言,马克思对法的现代性的分析更为深刻。因为马克思虽然肯定个体权利与契约自由是现代社会的基础,从而构成了法的现代性的核心价值,但并没有将法律体系的内在必然性确立其上。马克思认为,人类建立国家的目的,是为了借助其公共权力来解决个体生活和社会交往中所出现的秩序危机、价值冲突以及利益冲突。因而从根本上讲,马克思不希望作为人类的作品的国家异化为奴役人类的力量。这决定了人类在创造国家的时候,就致力于不管是通过零星的立法活动还是通过系统构建法律体系的方式,解决人对国家的驾驭与控制,最终实现国家的公共权力真正掌握在人民手中,法的社会性在法的现代性追求获得全面胜利。由此,马克思认为,法的现代性不是反国家的法理,而是国家成长的法理。正是从这个意义上说,"现代性的法律想象具有全球性"。②既然如此,法的现代性就不是作为一种法律体系外在形式和特殊形式而存在的,而是作为现代国家的法理依据和法律体系的本质属性而存在的。这样,在马克思主义法学逻辑中,"民主制是作为类概念的国家制度",③存在于所有迈向现代文明的共同体中,其本质上是以个体权利观念为核心的法的现代性在具体国家的具体表现。依博登海默的分析,前现代社会法律的主要任务是为社会提供安全和秩序,义务优先具有普遍性。④关键问题是,如何避免因历史条件、社会情势和文化依赖所产生的对法的现代性的误读。这种误读不是表现为

---

① [美]庞德:《通过法律的社会控制——法律的任务》,沈宗灵等译,商务印书馆1984年版,第81—82页。
② [美]络德睦:《法律东方主义:中国、美国与现代法》,魏磊杰译,中国政法大学出版社2016年版,第231页。
③ 马克思:《黑格尔法哲学批判》,《马克思恩格斯全集》,第1卷,人民出版社1956年版,第280页。
④ [美]博登海默:《法理学——法哲学及其方法》,邓正来等译,华夏出版社1987年版,第244—245页。

西方思想家的西方中心主义,就是表现为东方社会的教条主义。法的现代性以及据此构建的法律价值体系是现代国家的法理依据,但一旦陷入形形色色的西方中心主义或教条主义的窠臼,不仅法的现代性本身会被摧毁,法律体系的建构也终将失去价值共识,继而使现代国家的成长失去制度的保障。

分析至此,我们可以看到,以个体权利、契约自由①和社会自主为基本内容的法的现代性是人类自我解放和法律发展的内在必然。"法律不应该逃避说真话的普遍义务。法律负有双重的义务这样做,因为它是事物的法理本质的普遍和真正的表达者。因此,事物的法理本质不能按法律行事,而法律倒必须按事物的法理本质行事。"②换言之,只要人的自我解放发展到一定阶段,就必然将作为现代法律体系真理的现代性呈现为现实的制度形态。因而,以法的现代性为诉求的现代法律体系之所以首先在西方出现,并不是西方国家构建了现代法律体系,而是西方社会的发展以及由此而来的现代革命,使以落实法的现代性为诉求的现代法律体系首先在西方社会被呈现出来。

然而,西方社会从法的现代性出发诠释现代国家的法理要素并在型塑现代法律体系上的首创性,很快就扭曲了法的现代性与现代国家的法理要素之间的关系。因为西方的思想家和政治家都普遍地要利用这种首创性,将西方关于法的现代性的诠释以及关于现代国家的法理要素的界定模式化,其具体手段不是将法的现代性简单化、抽象化,就是为现代国家的法理要素注入太多的西方中心主义的色彩。这种抽象方式,不仅使人从具体的人变成了抽象的人,而且使法的现代性与国家和社会之间的具体且变化着的关系相脱离。于是,西方职业法学家提出的现实的法律体系的实践,不是

---

① 契约自由承载了现代契约区别于古代契约的三个显著的制度性特点:第一,意思表示的主体独立于现实理论对比关系;第二,交换的对象是物质关系而不是人身关系,即当事者在身份上是平等的;第三,交换关系的等价性是意思自由的基础。季卫东:《法治秩序的建构》,商务印书馆2019年版,第395—396页。

② 《马克思恩格斯全集》,第1卷,人民出版社1995年版,第244页。

从国家与社会之间关系的历史情境、人的个体性与社会性之间关系的现实互动出发构建法律体系,而是将带有先验性的法的现代性标准化地注入革命后现代国家的法理要素之中,并以此构建革命后现代国家法律体系。用恩格斯的话来说,这些西方思想家将西方关于法的现代性的想象视为"绝对真理、理性和正义的表现,只要把它发现出来,它就能用自己的力量征服世界;因为绝对真理是不依赖于时间、空间和人类的历史发展的,所以,它在什么时候和什么地方被发现,那纯粹是偶然的事情"。① 于是,基于国家与社会互动关系、人的个体性与社会性而发展出来的现代国家的法理要素,被彻底模式化为现代西方国家关于法的现代性的独断,并成为区分法律体系的特点,乃至评判所谓的优劣的标准。

从法的现代性出发来解释革命后现代国家的法理要素,是革命后现代文明发展的必然要求。因此,我们并不否认西方国家对法的现代性理论的贡献以及推进法律体系发展的努力。但这绝对不等于法的现代性在革命后现代国家的法理要素中的发展是一种模式化的发展。更何况,20世纪以来的历史已经充分证明,即使在西方国家内部,从法的现代性出发理解现代国家的法理要素也有了新的发展。"长期以来几乎把眼界完全局限在希腊和罗马之世界的法学家们,终于把目光投向了世界。而且法学家们已经清醒地意识到多种文明的存在,面向多样化的法律秩序,开始努力将它们进行分类整理,构造'法的剧场'或'法系地理学'。"②无视这种发展,不是理论上的幼稚,就是实践中的愚蠢。更何况,"理论在一个国家实现的程度,总是取决于理论满足这个国家的需要的程度"。③ 由此,我们可以不带任何偏见地看到,要使革命后现代国家的法理要素得以不断丰富,不应该模式化地从法的现代性出发,而应该从国家与社会的具体关系出发,从人的个体性与社会性的复杂性出发。这些出发点是现代法律体系生命力和创造力的根本所在。从这个立场看,深入探究现代国家成长的法理要素与完整阐述法律体系的

---

① 《马克思恩格斯选集》,第3卷,人民出版社2012年版,第788—789页。
② [日]大木雅夫:《比较法》,范愉译,法律出版社2006年版,第103页。
③ 《马克思恩格斯选集》,第1卷,人民出版社2012年版,第11页。

中国观,对丰富我们关于法的现代性的学术追问以及现代法律体系的实践创造具有深远的意义。"至少在理论上,一个主权国家的标志以及现代国家的含义,是国家拥有不受限制的颁布法律以及对其含义进行权威解释的权力。"①

"现代性给人类社会带来了重大的转变。……不过我知道,现代性对法律的影响更多地体现在观念层面,而不是在实践领域。具体来说,现代性对于人类社会抱有相当积极的期望,它坚信人类有能力不断改善自身以及自身所处的社会。相应地,法律将成为一个证明人性的标准范例——人们不断地放弃那种旨在维持现状的行为模式,同时力求创新,以便创造一个看似更加美好的世界。"②这样一来,革命后现代国家的法理要素离不开对法的现代性的抽象的、一般的思考,且不涉及它所处理的具体的现代国家,就是不言而喻的了。当代中国法学如果还要从法理上把握现代中国,如果还想为当代中国法律体系的完善和实践转型提供知识基础,就不能放弃或否定对现代国家的法理要素的抽象思考。基本的、规范的关于现代国家生成的法理要素的研究,在我们的学术探索中还要长期保留。同时,我们也绝对不能脱离现实生活,无视某些"历史-社会-文化"因素对现代国家成长的束缚,以及对由此而形成的特殊的法理依据和法理逻辑的束缚。"很明显,这样的理论题目最多只在谈论国际象棋理论的普通实践时才有意义。如此性质的理论对科学一点贡献也没有。这样的'理论'丝毫没有将法、法律形式作为一种历史形式来研究,因为它没有了解现实的意图。坦率地说,这就是浪费时间。"③所以说,我们既要对现代国家的法理要素有一般的、抽象的思考,又要将这种思考和中国关于现代国家建构的历史和现实结合起来。因为"每个国家都有自己的情况,各自的经历也不同,所以要独立思考。不但经

---

① [美]H. W. 埃尔曼:《比较法律文化》,高鸿钧等译,清华大学出版社2002年版,第4页。
② [美]塔玛尔·赫尔佐格:《欧洲法律简史:两千五百年来的变迁》,高仰光译,中国政法大学出版社2019年版,第13—14页。
③ [苏联]帕舒卡尼斯:《法的一般理论与马克思主义》,杨昂等译,中国法制出版社2008年版,第7页。

济问题如此,政治问题也是如此"。① 那么法理问题更是如此。②

一、现代国家生成的法理要素

从法的现代性出发阐述现代国家生成的法理要素,是革命后人类社会对自有国家以来对国家正当性的再思考的重大命题。这一命题是人类在寻求自我解放的实践中形成的。人类自我解放的过程,除了经济与社会的发展所带来的利益关系重组和社会交往方式变革之外,还需要一个不可或缺的环节,即摧毁既有的法律体系并创造全新的法律体系。法的现代性是新的法律体系区别于既有法律体系的关键表征,它从形式要素和实质要素出发,赋予法律体系的新的价值共识、法律形式和规范的新方向。这就是革命与法的现代性的互相成就。有了法的现代性,革命有了新的意义。许倬云以历史学家的敏锐,言简意赅地指出:"'革命一词',在古代是天命更易。在近代,政治革命通常意指:对于当时制度与秩序不满的人群,秉持一定的理念,由下而上发动群众力量,推翻统治者,建立新政权,改变社会价值,以贯彻掀起革命的理念。"③19世纪法国著名法学家埃米尔·布特米(Emile Boutmy)也明确指出:"在英国和别处一样,自由是靠斗争得来的,是需要去争取而不是靠等来的。这些协议(指的是《权利法案》《王位继承法》等,引者注)的历史让我们看到王权被贬抑、被流放、被剥夺立法权或被陷于进退两难之困境。人民直接挑战王权,并以主权者的姿态,通过常规或非常规的机构作出决策。"④可见,也正是有了革命,法的现代性才有可能切入现代国家

---

① 《邓小平文选》,第3卷,人民出版社1993年版,第260页。
② 张中秋在传统中国法理观的反思中提出具有说服力的关于从法理上把握中国应该遵循的基本目标,即"如果我们要建构以中国人的法律实践为主体,以和谐社会为目标,追求远大理想,反映中国人自己的经验和理性的法理学。那么,笔者认为,在继续汲取域外,尤其是西方法理学营养的同时,还必须认真对待传统中国的法理和当代中国法律实践中的法理问题。可以说,这是建构当代中国法理学主体性的两个支点。"张中秋:《传统中国法理观》,法律出版社2019年版,第292—293页。
③ 许倬云:《万古江河:中国历史文化的转折与开展》,湖南人民出版社2017年版,第519页。
④ [法]埃米尔·布特米:《斗争与妥协:法英美三国宪法纵横谈》,李兆祥译,北京大学出版社2018年版,第56—57页。

生成的法理要素之中。当然由于革命前后所面临的历史情势和现实基础不同,法的现代性切入现代国家生成的法理要素的表现方式和表达方法必然存在差异。

对于人类文明发展史上的革命以及其现代意义,马克思曾做过一个总结性的概括:"1648 年的革命是 17 世纪对 16 世纪的革命;1789 年的革命是 18 世纪对 17 世纪的胜利。这两次革命不仅反映了它们本身发生的地区即英法两国的要求,而且在更大得多的程度上反映了当时整个世界的要求。"①这一论断蕴涵着两层含义:一是 1648 年的英国革命和 1789 年的法国革命所开启的人类文明发展的新时代,不仅仅是英国或法国的新时代,而同时是整个世界迈入现代国家的新时代;二是 1789 年的革命与 1648 年的革命有内在的历史关系,但不是简单的历史递进关系,因为它们共同完成了"新社会制度"的诞生,这种"新社会制度"不仅包括"新社会的政治制度",而且包括新社会的经济和社会生活制度。根据这两层含义,我们基本上可以说英法两国的革命揭开了现代国家在人类文明体系中成长的序幕。黑格尔就此指出:法国大革命"这件大事依照它的内容,是'世界历史'性的……讲到它的外界分布,它的原则差不多灌输到了一切现代国家,或者以军事战争的方式,或者明白地推行到了各该国的政治生活中"。②

可见,革命作为一个现代的概念,本质上是人类应社会交往新方式产生的实现自我解放的需要所形成的社会历史运动。以研究革命著称的阿伦特在《论革命》一书中就这样写道:"革命这一现代概念与这样一种观念是息息相关的。这种观念认为,历史进程突然重新开始了,一个全新的故事,一个

---

① 马克思是这样来总结这两次革命所带来的制度上的胜利的:"1648 年的革命和 1789 年的革命,并不是英国的革命和法国的革命;这是欧洲范围的革命。它们不是社会中某一阶级对旧政治制度的胜利;它们宣告了欧洲新社会的政治制度。资产阶级在这两次革命中获得了胜利;然而,当时资产阶级的胜利意味着新社会制度的胜利,资产阶级所有制对封建所有制的胜利,民族对地方主义的胜利,竞争对行会制度的胜利,财产分配制对长子继承制的胜利,土地所有者支配土地制对土地所有者隶属于土地制的胜利,教育对迷信的胜利,家庭对宗族的胜利,进取精神对游侠怠惰的胜利,资产阶级法权对中世纪特权的胜利。"《马克思恩格斯选集》,第 1 卷,人民出版社 1995 年版,第 318 页。

② [德]黑格尔:《历史哲学》,王照时译,上海书店出版社 1999 年版,第 464 页。

之前不为人知、不为人所道的故事将要展开。18世纪末两次伟大革命之前,革命这一现代概念并不为人所知。"①阿伦特笔下所指的"两次伟大革命"就是马克思所指的英国革命和法国革命。人类社会正是从这两次革命开始揭开了现代文明的序幕。序幕的背后是社会结构的改变与法律价值的重塑,以个体自由为核心的所谓法的现代性成为现代国家的法理要素。因而革命后人类社会所要建立的现代国家,无论是其形式要件,还是其实质要件都截然有别于历史上形形色色的国家,无论这一国家被称为传统国家,还是非传统国家。

由此可见,对于人类文明来说,革命意味着的不仅是否定传统国家的专制统治,而且是围绕着实现人类的自我解放而展开的全面性的社会结构变换,以及以全新的法理要素检验并引导国家存在和成长的价值。英国著名历史学家霍布斯鲍姆(Eric Hobsbawm)将发生在1789年至1848年之间的法国政治革命和英国工业革命称为"双元革命","不仅仅是'工业'本身的巨大胜利,而且是资本主义工业的巨大胜利;不仅仅是一般意义上的自由和平等的绝大顺利,而且是中产阶级或资产阶级自由社会的大胜利;不仅仅是'现代经济'或'现代国家'的胜利,而且是世界上某个特定地域(欧洲部分地区和北美少数地方)内的经济和国家的巨大胜利……这种双元革命改变了世界,并且还在继续使整个世界发生变革"。②可见,革命之后,国家有了现代国家与传统国家、现代政治与古典政治之分。这是国家在人类文明史上

---

① [美]汉娜·阿伦特:《论革命》,陈周旺译,译林出版社2007年版,第17页。
② [英]艾瑞克·霍布斯鲍姆:《革命的时代》,王章辉等译,江苏人民出版社1999年版,第2页。美国学者戈登·S.伍德(Gordon S. Wood)也高度评价革命对于现代美国的正面意义。他指出:"我们如若仅仅关注革命没能完成的使命,仅仅悲叹它没能一举废除奴隶制,没能从根本上改变大多数女性的命运,则不免忽视了其取得的伟大成就。实际上,革命为19世纪的废奴运动和妇女权利运动创造了先决条件,并奠定了我们今日的平等主义思想。革命不仅深刻地改变了人与人之间、人与社会之间的关系——包括女性的地位,也摧毁了在西方世界至少存在了两千年的贵族统治。革命用一种前所未有的方式和绝世无双的力度给长期被蔑视的普通人带来了尊严,甚至优势,对他们卑微的劳动给予了尊重。革命不仅消灭了君主制,开创了共和制,还重构了美国人心目中公权力的含义,催生了一种全新的大众政治和民主政体。"[美]戈登·S.伍德:《美国革命的激进主义》,胡萌琦译,中信出版社2019年版,第4—5页。

的转型与成长。

在马克思看来,传统国家与现代国家的主要区别在于:在传统国家,古典政治时期,国家与社会是一体的,国家就是一切,垄断公共生活,没有私人生活领域。在传统国家,国家决定社会成员的现实存在,决定公民权的归属。革命之后现代国家的成长则是基于个体在私人生活领域的自主、自由和自治,生活决定国家,人的现实存在决定国家现实存在,私人生活领域的自由决定公共生活领域的平等。主权在现代国家成长中的正当性表现也是基于民族认同、民主政治以及个体权利之间的关系的平衡能力。

国家转型或现代国家成长必然要求重塑其法理要素,以体现其国家转型的价值、规范以及国家成长的方向、秩序。核心问题就是重塑国家公共权力和社会个体权利的合法性。落实到法的现代性上就是既要回答现代国家不同于传统国家的合法性依据是什么的问题,也要回答现代社会不同于传统社会的合法性依据是什么的问题。也就是说,法的现代性不可能为了提供社会个体权利的合法性空间而否定国家公共权力的合法性基础,也不可能为了阐述国家公共权力的合法性基础而否定社会个体权利的合法性空间。由于国家与社会的关系受到革命的历史资源制约和革命后基本制度选择的约束,最重要的是受到现实生活中社会成员的欲望、可供支配的资源的有限性以及社会成员禀赋的差异的影响,两者间的关系不可能是静止不变的。或者说任何将国家和社会的关系静态化、绝对化或教条化的处理注定是对法的现代性的误读或曲解。所以,从法的现代性切入革命后现代国家成长的法理要素,必须从公共权力合法性重塑和个体权利合法性追求两方面入手,而且这两方面存在张力,不能从孤立或零和的视角看待。也正是这种张力为现代法律体系的发展提供内部活力。

英国学者戴维·赫尔德(David Held)综合各方面的研究后认为,从欧洲开始,进而席卷世界历史的现代国家在成长过程中,"形成了六个方面颇具意义的明显进步:(1)与统一的统治体系相一致的国家疆域的确定;(2)新的立法与执法机制的产生;(3)行政权力的集中;(4)财政管理活动的变化和拓展;(5)通过外交和外交机构的发展而出现的国家间关系的规范化;(6)常备军的引入"。① 这样,现代国家的成长不仅有了自己的历史轨道,有了不同于传统国家的统治体系,而且有了围绕法的现代性而形成的国家观。由于"这些国家的兴起,凭借它们提供秩序、安全、法律和财产权的能力,构成了现代经济世界的基础",②基于法的现代性提炼出来的现代国家成长的法理要素就成为革命后现代国家建构与国家转型的依据。

基于法的现代性所提炼出来的现代国家成长的法理要素首先致力于对公共权力合法性的重塑。只有完成合法性的重塑,与统一的体制体系相一致的国家疆域确定和新的权力体制的产生才能得到不同于传统国家古典统治体系的理由。合法性与法律之间的关系是大部分研究在分析合法性之时必会提及的第一要素。在这一分析逻辑中,合法性被定义为:"符合法律的东西"。通过探讨对权力授予是否合乎正义,合法性概念的政治特性得到了加强。因此合法性被等同于统治资格的质,并被当作一种通过法律途径获得有效性的政治活动。③

从这个角度来说,现代国家成长的法理要素必须回答的一个基本问题是:究竟什么是国家制度的合法性依据。在传统国家的公共生活中,公共权力的合法性取决于独立于统治体系的超越力量,而不是取决于臣民的自然态度或掌权者的态度。因为"在古代国家中,宗法与国家制度是一体的,这样,国就觉得自己是天(神)的俗域代表。天或'神'毕竟有自己的'另一秩序',通过这'另一秩序',统治权力的正当性受到超越秩序的衡量"。④ 现代国家的建立伴随着国家观念世俗化过程,就是"政治国家返回实在世界"⑤。即认为现代国家的合法性依据是"此岸的原则",现代国家以理性的、世俗的

---

① [英]戴维·赫尔德:《民主与全球秩序:从现代国家到世界主义治理》,胡伟等译,上海人民出版社 2003 年版,第 38 页。
② [美]弗朗西斯·福山:《国家构建:21 世纪的国家治理与世界秩序》,黄胜强等译,中国社会科学出版社 2007 年版,第 1 页。
③ 让-马克·夸克:《合法性与政治》,佟心平等译,中央编译出版社 2002 年版,第 24—25 页。
④ 刘小枫:《现代性理论绪论》,上海三联书店 1998 年版,第 92 页。
⑤ 《马克思恩格斯全集》,第 1 卷,人民出版社 1956 年版,第 283 页。

观念代替了非理性的、神意的天命。这种国家观念在传统国家时代是完全陌生也是不可能存在的。因此,现代国家抛弃了传统国家公共权力生存的超验空间,把公共权力的合法性基础建立在世俗化的实在领域。现代国家再也不可能从上帝或上天或其他形形色色的超验力量中寻求合法性根据,更何况现代国家本身就是在反对超验的至上权力的过程中产生的。

现代国家的合法性依据不应该从天或神所建立的秩序中寻找,而应该根据公民的理性选择意愿和能力所达成的协议来衡量。这就是所谓的人民主权的形成。可见,人民主权的观念是在反对和摧毁传统国家制度的合法性依据的过程中产生的。它是用来反对君权神授或天授的传统国家合法性根据的,从而提供了建立现代国家制度的合法性原则。由此,现代国家一经确立,人民主权的观念就被确立为现代国家合法性的依据。以人民主权为核心的现代政治合法性无疑在传统帝国向现代国家迈进过程中发挥了巨大作用,其中最主要的表现就是法治的提出,即以法治的形式理性表明了人民主权观念的现代国家价值导向。归纳起来说,人民主权这一合法性基础对于现代国家而言意味着:第一,现代国家的存在和发展之正当性在于维护和体现民主的正当性,通过维护民主的正当性,统治体系的正当性才有保障。从这个意义上说,没有一个现代国家不承认人民主权为其合法性基础的。第二,现代国家的存在和发展要把法理上对人民主权的接受,转为在法律上尊重和落实公民的理性选择意愿和自主能力。通过保障公民的理性选择能力,国家统治体系才有可能完善,国家对于社会秩序的供给才有力度。从这个角度论,没有一个现代国家不承认公民理性选择能力为其合法性体现的,总之,现代国家在法理和法律上接受并确保社会的自治能力。没有一个现代国家成长的法理要素会拒绝接受以社会的自治能力作为其合法性资源。

马克思指出:"人民是否有权来为自己建立新的国家制度呢?对这个问题的回答应该是绝对肯定的,因为国家制度如果不再真正表现人民的意志,那它就变成有名无实的东西了。"[①]只要人类社会各共同体步入现代国家的

---

① 《马克思恩格斯全集》,第1卷,人民出版社1956年版,第316页。

行列,人民主权原则就必然成为现代国家成长的法理要素并成为法律体系的最高追求。当然,当现代国家率先在西方社会确立后,为维持其国家认同,人民主权的原则就逐步地制度化为个体对公共生活的参与的保障,以及国家对人权的保护和对公共利益的维护。因此在法理上,西方思想家更多强调个体价值对于国家价值的意义,在法律上则偏向坚持个体权利和权力分立对于有限政府的意义。马克思指出:"资产阶级通常十分喜欢分权制,特别是喜欢代议制,但资本在工厂法典中却通过私人立法独断地确立了对工人的专制。"①最终,关于法的现代性的思考的历史渊源以及所形成的知识优势所直接或间接地表现出来的西方中心主义偏见确实是一个不争的事实。人民主权作为现代国家成长的法理要素,是所有革命后国家转型和国家建构必然在法理上接受并在法律上落实的。但是法理上对国家与社会之间现实关系的尊重进而在法律上对个体权利与社会正义之间平衡的关注,这些问题在不同的现代国家成长过程中必然是以不同的方式和持续的行动来解决的。一个事实是,西方的现代国家"根本不具有普遍意义",那些在法理上不厘清人民主权与个体权利、有限政府与社会正义之间的紧张关系,就在法律上简单照搬的国家,可能形式有所不同,但结果往往是一样的,都以失败告终。②

二、中国现代国家建构的法理依据

革命后现代国家的成长当然是建立在国家建构的基础之上的。美国学

---

① 马克思:《资本论》(节选本),人民出版社 2018 年版,第 155—156 页。马克思在分析 19 世纪英国工厂法的历史、内容和结果时进一步地指出:"现在的统治阶级,不管有没有较高尚的动机,也不得不为了自己的切身利益,把一切可以由法律控制的、妨害工人阶级发展的障碍除去。"《马克思恩格斯选集》,第 2 卷,人民出版社 1972 年版,第 207 页。这说明法的现代性的要求,工人阶级的利益在现代西方法律体系中获得了合法化,但这是为了更有利于实现资本对劳动的雇佣关系或者说获得自由的劳动力,当然它不自觉地为劳苦大众提供了通过法律维护自身权利的规范。所以马克思说:"劳动力的买和卖是在流通领域或商品交换领域的界限以内进行的,这个领域确实是天赋人权的真正乐园。"《马克思恩格斯选集》,第 2 卷,人民出版社 1995 年版,第 176 页。
② [美] 弗朗西斯·福山:《国家构建:21 世纪的国家治理与世界秩序》,黄胜强等译,中国社会科学出版社 2007 年版,第 2 页。

者查尔斯·蒂利(Charles Tilly)在1975年第一次提出"国家建构"的概念，就是用它来叙述革命后现代国家在西欧成长的历史过程，而且这个概念也着意强调国家对社会的权力强化过程。与此相联系，蒂利将国家建构直接定义为"国家对于社会的权力强化进程"。① 在蒂利那里，国家建构是与现代国家在西欧的成长过程紧密联系在一起的。国家建构的关键就在于怎样建立一个运行良好的国家，以及这种国家的权力怎样在社会之中被有效行使。他以欧洲内源式的现代国家建构之路为例证提出国家建构"为领土的巩固、专业人员的产生、忠诚的捍卫，以及持久性机构的产生提供了一种对于既定人口垄断暴力的集权，并在此基础上形成了具有自主性的国家"。② 然而需要说明的是，"国家建构"自其提出之日起就一直存在着含混而多维的研究向度，以至于这一概念在理论表达和具体使用过程中存在大量似是而非、莫衷一是的情况。③ 其中较具代表性的情况是以西方中心主义视角而进行的研究和以"失败国家""强大国家"为本位而进行国家建构的理论设计。蒂利就是前者的代表。亨廷顿、福山则属于后者的阵营。仔细分析后者的学理逻辑，本质上也是西方中心主义。福山提出"把强有力的制度移植到发展中国家来"的重要命题。尽管在这一命题中，福山辩称"我们没有帝国的野心。我们正在推行的人权、自治和民主，任何统治其他国民的措施都是过渡性的"，然而这种苍白的辩解无法消除人们对于西方中心主义背后西方国家通过国家建构的模糊叙事而向包括中国在内的发展中国家输出意识形态、法律制度以及法理主张的反感和质疑。究其根本，以福山为代表的西方学者过多地赋予国家建构以西方中心主义色彩。如果说在西方用自然法学说或者社会契约论从法理上完成国家建构尚有其历史正当性的话，那么在包括中国在内的发展中国家依然无视革命的历史资源、社会发展的基本

---

① Charles Tilly, The Formation of National States in Western Europe, Princeton University, 1975, p.27.
② Ibid., p.31.
③ 于春洋：《现代民族国家建构：理论、历史与现实》，中国社会科学出版社2016年版，第25页。

矛盾以及国家建构的外部形势地套用西方理论,则在理论上缺乏说服力,在实践中只能沦为帝国野心的遮羞布。革命后国家建构出现"失败国家"和"脆弱国家"的原因往往是,在法理上无视以历史素养分析现代国家成长的合法性基础,因而在法律上放弃用系统眼光来处理国家与社会之间、个体权利与公共利益之间的关系。20世纪80年代以来,无论是西方国家内部,还是发展中国家的学术界都出现了自身性反思的声音。美国学者霍华德·威亚尔达(Howard J. Wiarda)就明确指出:"美国和发展主义的政策主张都难以正确解答第三世界所面临的那些问题;事实上,他们的答案往往是错误并且具有破坏性的。"①在中国,解放思想、实事求是就代表了这样一种努力。无论是把西方现代国家建构的法理要素抽象化,还是把马克思主义国家观的法理依据教条化,都将面对真正的失败。

因此,我们要真正回到中国社会自身,科学地把握人类制度文明发展的基本规律,全面领悟"马克思的整个世界观不是教义,而是方法。它提供的不是现存的教条,而是进一步研究的出发点和供这种研究使用的方法"。②同样是革命后国家转型与现代国家建构,中国现代国家建构的法理依据不可能从西方的法理想象与法律实践中获得。"因为,中国的古代国家与西方的古代国家是完全不同的两种国家,其中央的整合力、其制度的完备性、其国家的规模与质量都大大优于转型前的西方古代国家,它们所处的实际状态更是天差地别。再者,就国家转型本身而言。一个是外在冲击引发的,一个是内生的。这些差异决定了中国国家转型有自己的任务、路径、议程、方式与最终目标,而这些都直接影响到中国在国家建构中的制度选择与发展方式。"③虽然我们也无需夸大现代性因素在革命后中国社会内部的积淀程度,但是我们必须承认法的现代性的共识在革命后中国现代国家建构的法

---

① [美]霍华德·威亚尔达:《新兴国家的政治发展——第三世界还存在吗?》,刘青等译,北京大学出版社2005年版,第52页。
② 《马克思恩格斯选集》,第4卷,人民出版社2012年版,第664页。
③ 林尚立:《当代中国政治:基础与发展》,中国大百科全书出版社2017年版,第14—15页。

理依据中的意义。"如果考察法律规定的内容,法的多样性确实是可观的;反之,如果考虑更基本、更稳定的要素,用这些要素可以发现规定,解释规定,明确予以评价,那么,它的多样性就小了。"①法国著名比较法学家勒内·达维德(Rene David)这句话值得我们深思。衡量一个法律体系的形成,主要标准是考察期具有独自性的"样式构成要素"是否得以产生和确定,②因此革命后中国现代国家建构的法理要素必须考虑三个因素:

一是超大社会法律秩序在历史上的来源与发展以及由此而表现出来的独特的法律文化,必然注入革命后中国现代国家成长的法理要素之中。"当代中国的法律和中国历史上的法律是有历史联系的。这种历史联系是不能切断的。"③同样是"现代国家",对于在概念层面思考的人来说,往往忽视同样分析单位背后所具有的差异,而这种差异对于永远不能停留在抽象语境中的当代中国法律体系的构建与完善而言恰恰是至关重要的。一个大国和一个相对来说的小国在法律体系的有效确立与有机协调的难度上存在差异是可想而知的。大国意味着更为繁复的小型社会的秩序体系,意味着形成统一的规则的艰难,也意味着更漫长的时间,意味着立法者必须更多考虑既成的地方性秩序,意味着维护社会共识和界定公共利益的困难。因此,一个社会的地域空间并不仅仅是一个空间问题,它还意味着形成统一规则体系所面临的难度和所需要的时间。④

另外,革命后现代法律体系的构建必然受到中国在漫长的传统文明过程中所积淀下来的文化和制度遗产的影响。"法律的继承和任何法律体系的形成发展以及任何统治的成功,有着永远不可分割的关系。"⑤传统中国

---

① [法]勒内·达维德:《当代主要法律体系》,漆竹生译,上海译文出版社1984年版,第23页。
② 米健等:《当今与未来世界法律体系》,法律出版社2010年版,第26页。德国著名比较法学家茨威格特和克茨就提出了五个样式的构成要素,其中三个因素特别值得我们在分析现代国家建构的法理要素时引起重视,即一个法律秩序在历史上的来源与发展;在法律方面占统治地位的特别的法学思想方法和思想意识因素。[德]茨威格特等:《比较法总论》,潘汉典等译,法律出版社2003年版,第110页。
③ 沈宗灵:《比较法总论》,北京大学出版社1998年版,第69页。
④ 苏力:《道路通向城市:转型中国的法治》,法律出版社2004年版,第36页。
⑤ 杨兆龙:《法律的阶级性与继承性》,《华东政法学报》1956年第3期。

治理是建立在宗法一体化的社会结构之上的,因此伦理所确立的规则主导了社会生活的经营和公共秩序的提供。附着在中国古代文明上的法律传统,也得以在现代社会延续和演变,不时地从中国大地上冒出来左右着人们的行为。① 全盘否定伦理秩序的意义,反而会使伦理规则不断以各种形式修复,最终影响立法过程或立法效果。② 因此,"在不违反政体原则的限度内,遵从民族的精神是立法者的首要职责"。③

现代国家成长在空间上所具有的特点只有在尊重历史这一时间维度的前提下才能形成和呈现。而中国正是一个具有悠久历史文化传统的国家。尊重历史不是要迁就传统社会所主张的伦理秩序,而反对法的现代性置入革命后现代国家建构的法理要素的努力,也不是简单而粗暴地反对传统的遗产以及悠久的文明传承所积淀下来、依然在影响着现代国家建构的因素,而是要创造性转换。从这个意义上说,"所谓新中国法治现代性之生成,也并非全新之物,实为接力之作,是一种渐然消退革命激情与教义、面向传统和现代法治经验的历史性回归与综合"。④

二是马克思主义的世界观和社会主义制度的选择对中国现代国家建构的法理要素的制约。革命后中国社会曾经对如何建成和如何维护社会主义制度有教条化和机械化的理解。把法律简单地理解为阶级统治的工具后,法律在当代中国社会发展和国家建设中的意义就没有政治运动或者说执政党和国家政策重要了。革命后围绕社会主义制度建设所形成的政治浪漫主义和政治全能主义⑤给革命后中国现代国家建构的法理要素增添了过多的道德理想和政治情感因素,而忘却了如何在为革命后现代国家的法理要素

---

① 梁治平:《在边缘处思考》,法律出版社 2003 年版,第 126—131 页。
② 金观涛等:《兴盛与危机:论中国社会超稳定结构》,法律出版社 2011 年版,第 208 页。
③ [法]孟德斯鸠:《论法的精神》,上册,张雁深译,商务印书馆 1961 年版,第 305 页。
④ 田飞龙:《中国宪制转型的政治宪法原理》,中央编译出版社 2015 年版,第 8 页。
⑤ 政治全能主义,指的是国家通过一个高度组织化的政党,全面渗透于社会生活的基层细胞,并运用意识形态对全社会进行政治动员,用诸如单位制这种形式来分配社会资源,进而形成人对单位的依附,最终实现国家对社会生活的垄断。萧功秦:《中国的大转型》,新星出版社 2008 年版,第 55 页。

上确立现代国家公共权力运行规则和制度原理来体现社会主义制度对现代性的朴素本质的理解,这也使得革命后当代中国社会通过法律体系的有效构建以展现国家统治正当性和国家治理合理性的努力被放弃。[1] 即使是革命后三十年中国社会所制定的少量成文法律,也往往在解决具体的现实利益冲突、维护社会成员的平等和保障个体自由等方面显得苍白无力。[2] 因此革命后通过否定以财产权为表征的个体利益来教条式地强调公有制为唯一基础的公共利益、否定以市场制度正当性为基础的社会活力来机械地维护以计划经济为基础的社会秩序,在体现自身的特点的同时让法律体系的构建本身失去了社会基础和维护社会主义制度的能力。

1978年中国社会启动改革开放,中国共产党重新认识社会主义制度的本质诉求,明确当代中国社会正处于并将长期处于社会主义初级阶段。在这一认识的前提下,当代中国法律体系的构建必须考虑社会主义初级阶段的社会结构、制度安排和法理要素。在以私有产权为基础的现代西方国家,法律体系的构建及其变迁所秉持的价值选择是从个体利益的维护出发平衡个体利益与公共利益之间的关系。而在当代社会主义中国,法律体系构建所秉持的价值选择是从公共利益的维护出发平衡个体利益与公共利益的关系。所以,我们不能否定个体利益和社会自主性在现代国家构建的法理要素中不可或缺的意义。

从马克思主义的世界观出发,通过社会平等来落实人民主权,通过公共利

---

[1] 夏勇:《中国民权哲学》,生活·读书·新知三联书店2004年版,第42页。
[2] 董必武就对革命后群众运动与法制进行过深刻反思,他说:"过去我们为了解放生产力,就要搞群众运动。""群众运动是一种风暴式的革命运动,它主要是依靠群众的直接行动,而不依靠法律。过去土改、镇反、'三反''五反',都是依靠群众运动,不是先有了法律才搞起来的。我们法律是从群众运动中产生的,例如土地改革法、惩治反革命条例、惩治贪污条例,都是在群众运动中总结了群众斗争的经验才制定出来的。"他进一步指出:"要解放生产力没有群众运动是不行的,而法律就没有这样大的力量。搞群众运动是完全必要的。现在情况变了,国家的任务已经由解放生产力变为发展和保护生产力,就必须进一步健全人民民主法制。"董必武:《董必武政治法律文集》,法律出版社1986年版,第517页。葛洪义等也对群众运动给社会生活带来的影响有较为具体的分析。葛洪义等:《法治中国:中国法治进程》,广东人民出版社2015年版,第120—121页。

益来捍卫社会正义,无疑是中国现代国家建构的法理依据。同时,这一法理依据中也必然包含着对社会主义制度的价值共识。"马克思主义必须和我国的具体特点相结合并通过一定的民族形式才能实现。马克思列宁主义的伟大力量,就在于它是和各个国家具体的革命实践相联系的。"① 纵览马克思主义从科学到实践,从实践到成长的历程,始终是发展着的理论,而不是必须背得烂熟并机械地加以重复的教条。马克思主义的世界观及其对法的现代性的反思的生命力始终在于摆脱教条主义的窠臼,同时避免机会主义的风险。

三是革命后中国现代国家建构始终需要解决中国作为后发国家迈入现代国家的特殊性问题。这种特殊性表现在两方面:一方面是维护国家权威的诉求在中国现代国家建构的法理要素中占据重要的位置,因此我们必须把维护国家权威正当性作为法律体系构建的核心内容。因为我们必须承认"西方国家现代化是以现代经济与社会的自然发育为现代化的历史起点;而后发现代化国家则是以建构现代化权威为历史起点的;西方社会的现代国家是现代社会发展的结果,而后发现代化国家的现代社会则是现代国家发展的结果。所以,对后发国家来说,建构一个有权威的现代国家体系是其现代化的重要前提"。② 另一方面,在后发国家迈向现代国家的进程中,帝国主义的殖民行动及与此相配套的西方中心主义的理论主张对后发国家现代国家建构的法理要素始终有着不可忽视的影响。一个严重的后果就是,法的现代性始终与西方中心主义纠缠在一起。再加上革命后中国社会选择了社会主义这一根本制度,社会制度的差异、价值共识的分歧都会限制中国现代国家法理要素中关于法的现代性的理解与阐释。西方中心主义赋予法的现代性太多的教条主义独断,③ 与之对应的则是中国社会赋予法的现代性

---

① 《毛泽东选集》,第 2 卷,人民出版社 1991 年版,第 534 页。
② 林尚立等:《政治建设与国家成长》,中国大百科全书出版社 2008 年版,第 34 页。
③ 从维柯到斯宾格勒,从雅斯贝尔斯到亨廷顿,前前后后有许多人参与了这种西方中心主义的"世界图景"的塑造和神话化,他们之间有一个思维和逻辑的链条。历史本体论的"西方中心"传统也必然使得"法治"概念本身以及一切与法律进步性有关的阐释话语都打上西方强势文化和霸权话语的烙印。冯玉军:《法治中国》,北京师范大学出版社 2017 年版,第 209 页。

太多的民粹主义偏见。①

因此,我们必须在中国现代国家构建的法理依据中摆脱所有浪漫主义的想象,必须着力厘清国家主权的正当性与政府权力承担有限性之间的关系、社会正义的必要性与个体权利的可欲性之间的关系。在这一法理依据中,国家主权、政府权力的有效性非常关键,但维护这一关键因素以及其在法律体系中的实现不是依靠前现代性理论资源或后现代性理论主张中关于国家和社会之间关系的阐述。对于走向现代国家建构的超大规模的中国社会来说,政府权力的有效性对国家存在非常关键。如果说对于西方现代国家建构的法理依据"最大的挑战是如何弱化深植于自由主义意识形态中的离心力,同时强化其向社群、向公民美德的趋向力",②那么对于中国现代国家建构的法理依据最大的挑战是如何全面把握马克思主义意识形态中的对立性,同时有效强化其向个体、向公民权利的趋向力。在此过程中,我们无需屈从于西方近代以来形成的关于法的现代性概念,也不用对法的现代性有过多的谱系化的误读。③ 在日益开放的格局下,中国现代国家建构的法理依据将法的现代性与国家成长的发展阶段、社会制度的价值共识相结合以,寻找一种有效的制度安排与社会结构,实现国家、社会与个人之间的适度平衡,从而建立中国社会关于现代国家的话语体系。在这一话语体系的法理逻辑中,国家主权、社会平等和个体自由具有特别的意义。"在这一天到来之前,我们不能够确知最后的结果,不过有一点应当是确定的,那就是,我们既需要强有力的和守法的国家,也需要一个健康而有活力的社会,更需

---

① 从现代文明发展的经验看,民粹主义的问题在于,它有着在原来并非截然对立的价值之间作绝对化取舍的倾向:信任人民而怀疑甚至反对精英分子,强调大众参与而反对代表制,要求平等而反对一切等级关系,以及对外来者的排斥态度等。肖雪慧:《何谓"民粹主义思潮"》,《书屋》2008 年第 1 期。
② [美]理查德·西诺波利:《美国公民身份的基础:自由主义、宪法与公民美德》,张晓燕译,复旦大学出版社 2019 年版,第 59 页。
③ 韦伯曾对"尾随者"的现代化问题进行过研究,指出了单纯引进作为工具与形式的自由的制度条件的实践困境,即"轻飘飘的斗篷变成了沉重的铁笼"。李猛:《现代化及其传统:对韦伯的中国观察》,《社会学研究》2010 年第 5 期。

要无数享有自由与尊严的个人。"①

三、中国现代国家成长的法理逻辑

麦迪逊在《联邦党人文集》中曾指出:"在构建一个我们希望长治久安的制度体系时,我们不能忽略由时间所带来的变化。"时间对于空间的意义必须置入中国现代国家成长的法理逻辑之中。对中国现代国家建构的法理依据的坚守绝对不能无视时间所带来的变化。这些变化主要体现在中国社会内部矛盾的变化、社会交往方式的变化以及国家与社会之间关系的变化,最终体现在现实问题所带来的社会生活的持续性变化。无论是出于主动求变,还是消极响应,20世纪70年代末中国现代国家成长的法理逻辑开始面对新的问题。

没有适应现代社会发展的现代法律体系,也就不可能有现代国家的成长。可以说,现代国家成长的过程在本质上就是现代法律体系建构和成长的过程。从这个意义上,我们认识到,"将各个法律秩序归入此一法系或彼一法系,是不能独立于历史发展与变化之外的"。② 对于追求良法善治的现代国家来说,现代国家成长的法理逻辑的基本出发点不外两个:一个是为人与社会的发展提供充分的正当性;二是为国家主权与社会合作提供充分的正当性。前者是从人的发展出发,后者是从社会合作出发的。没有对个体自由的追求就无法实现对人的发展的落实,没有对国家主权的维护就无从实现对社会合作的促进。前者关系着国家成长如何体现在社会活力的激发中,后者关系着国家成长如何体现在社会合作的维护中。对中国社会而言,现代国家建构的法理依据不同于西方国家,现代国家成长的法理逻辑自然也不同于西方国家。如果说,革命后现代国家建构的法理依据要回答中国社会建立何种现代国家的问题的话,那么改革后现代国家成长的法理逻辑就是要回答中国社会以何种方式走向有效进而有生命力的现代国家的问

---

① 梁治平:《在边缘处思考》,法律出版社2010年版,第56页。
② [德]茨威格特等:《比较法总论》,潘汉典等译,法律出版社2003年版,第105页。

题。前一个问题的重心在国家独立与社会制度的合法性,从而展现中国性的法理表达。后一个问题的重心则在于国家有效与社会活力的正当性,从而演绎现代性的法理阐释。第一个重心的关键在于中国性如何面对现代性,第二个重心的关键则转换为现代性如何面对中国性。也就是说,中国现代国家成长的法理逻辑在聚焦于法的现代性的过程中如何表达中国性。任何非此即彼的法理逻辑都无法为中国走向有效的现代国家,进而最终迈向有生命力的现代国家提供知识基础。

中国现代国家成长的法理逻辑核心问题之一,是改革后中国社会为什么要选择法治并走向扎根于中国土地的国情、恪守人类文明的世情的现代国家治理观。"通往法治国家的道路漫长而艰难,充满了危险、失误和幻想。许多国家数百年来在奔向民主,有时还为此付出了昂贵的社会代价。法治国家的建设应当以仔细思考的战略和策略为基础。在这里也很难不借助于其他国家的经验,但这种经验应当与本国的传统和现实相结合。"[1]可以说,当代中国社会正是在不断寻求现代法治文明的知识基础中得以展现其生命力,而这种生命力的潜质来自于对当代中国国家治理观的变革与人类文明体系发展的一般规律的把握。

中国社会的法治实践越深化,中国现代国家成长的法理逻辑越要自觉摆脱形形色色笼罩在现代法治话语、现代法律体系和现代法律实践上的教条主义和机会主义。于摆脱教条主义而言,中国现代国家成长的法理逻辑要致力于"总结和运用党领导人民实行法治的成功经验,围绕社会主义法治建设重大理论和实践问题,不断丰富和发展符合中国实际、具有中国特色、体现社会发展规律的社会主义法治理论,为依法治国提供理论指导和学理支撑"。[2] 我们反思现代性在现代中国的法理要素中的表现时,要特别注意摆脱权力与权利的二元思维定式,切不可教条地将两者简单对立起来。[3]

---

[1] [俄]拉扎列夫等:《法与国家的一般理论》,王哲等译,法律出版社1999年版,第357页。
[2] 《习近平谈治国理政》,第2卷,外文出版社2017年版,第117—118页。
[3] 张中秋:《传统中国法理观》,法律出版社2019年版,第291页注①。

于防范机会主义而言,中国现代国家成长的法理逻辑无论在法治话语建构、法律体系还是国家治理观的型塑中都不能故步自封、坐井观天和画地为牢。也就是说,从中国国情、传统和制度出发,不等于关起门来搞法治。相反,要善于同包括西方法学在内的一切致力于探索并为人类社会美好生活提供制度安排的法学话语、法学学科和法治理论对话,在对话与交流中夯实社会主义法治实践的知识基础,并为人类法治文明发展规律贡献价值选择和学理依据。因此,一方面要充分考虑文化中国传统价值。基于群体和谐的法思维本身即是一种解决现实问题的智慧,且其在现代社会交往秩序中也没有失去意义,对丰富现代国家的法理要素亦不失积极意义。另一方面,当代中国法理学从法的现代性出发,在现代法律体系的建构中贯彻了"权利与义务"或者说"权利本位"的结构,这在法理上是有说服力的。"因此,传统中国法的结构要有一个转换,要承认'私'的正当性和合法性,只有这样,法律自身才拥有建构现代和谐社会的正当性。"①

中国现代国家成长的法理逻辑核心问题之二,是如何与当代中国经济结构、社会结构和观念系统的变迁紧密相连,如何实现与当代中国特色社会主义法治道路的探索与发展整体性的耦合。"在整个历史上,法律形式的发展都与商品交易形式的发展相伴随的。"②因此,厘清革命后当代中国马克思主义法律观的困境,把握改革后当代中国马克思主义法学的成长以及全面深化改革后当代中国马克思主义法学的走向,必须且只能从革命后、改革后和全面改革后法治理论、法治体系和法治道路三者之间关系的整体性、系统性出发。如果说现代国家法治理论建构、法治体系的成长与法治道路的拓展在人类社会发展过程中被广泛接受是由于其饱含着对人类自身尊严的尊重的话,那么中国现代国家成长的法理逻辑就是要把这种对人类尊严的尊重放在商品社会交往形式的发展进程中予以深刻解读。同时,由于法治

---

① 张中秋:《传统中国法理观》,法律出版社2019年版,第290—291页。
② [美]富勒:《帕舒卡尼斯与维辛斯基:马克思主义法律理论发展的研究》,载[苏联]帕舒卡尼斯:《法的一般理论与马克思主义》,杨昂等译,中国法制出版社2008年版,第144页。

体系提供了对现代民族国家的制度安排,法治道路显示了对公共生活制序①的努力,法理逻辑必须与这样历史逻辑与实践前提结合在一起。也就是说,中国现代国家成长的法理逻辑是从对革命后当代中国社会致力于现代民族国家的生成与中华民族复兴路径的解读中提炼出具有学理生命力和实践指引性的理论体系,因此不是"天马行空般的"和"非场景化的"。"思想若要摆脱生活,理论若想脱离社会,就一定会使自己出丑;如果进一步想使社会生活迁就思想理论,想以某种思想理论来对社会生活'整齐划一',则更是荒诞不经。"②从逻辑生活回归到生活逻辑,中国现代国家成长的法理逻辑应该在现代国家建构的法理依据的前提下,着眼于为不仅仅是一个有效的现代国家的延续,更是一个有生命力的现代国家的成长提供思想基础。"合理的制度一定基于国家对制度的自主选择,一定基于选择的制度具有坚实的现实基础;一定基于现实的制度拥有促进国家进步与发展的能力。合理的制度才能形成相应的制度自信,而合理的制度不是基于价值的设定,而是基于制度与发展长期互动中实现内在的协调与统一。"③中国现代国家成长的法理逻辑归结为一点,就是要在中国国家治理体系和治理能力现代化进程中提出国家治理的中国观,进而形成法律体系的中国观。法律体系的中国观需要对法律体系的中国性、法治体系的社会主义规定性和法治道路的现代性进行清晰、开放且有说服力的界定。

中国现代国家成长的法理逻辑核心问题之三,是如何基于中国共产党执政规律、社会主义建设规律和人类社会发展规律以型塑致力于走向民主、富强、文明、和谐、美丽的,有生命力的现代国家的国家治理观。解决问题的关键在于,在这一法理逻辑中,通过回答独特的文化传统所约束的现代性

---

① 这里的"制序"一词是英文"institution"的翻译。它在此处所包含的意义是指宪法制度规则所调解着的秩序。哈耶克在《法律、立法与自由》中主张"社会秩序"是建立在"规则"基础之上的理解是一致的。现代人类社会的公共秩序是建立在宪法制度规则基础之上的。韦森:《文化与制序》,上海人民出版社2003年版,第1—3页对"institution"的详细分析。
② 雷颐:《精神的年轮》,复旦大学出版社2011年版,第179页。
③ 林尚立:《当代中国政治:基础与发展》,中国大百科全书出版社2017年版,第221页。

(法治与德治之间的关系在当代中国国家治理观中的有效表达)、独特的历史命运所选择的社会主义规定性(社会正义与个体正义之间的张力在当代中国法治体系的社会主义规定性中的清楚表现)以及独特的基本国情所界定的中国性(制度自信与人类文明之间的差异在当代中国法治道路的现代性追求中的适时平衡)来体现其永不僵化、绝不故步自封地扎根于中国国家有效治理和社会发展实情、社会主义制度发展的实际以及人类文明成长的现实的理论生命力和实践说服力。

善治(good governance)与善政(good government)不同,基于善治诉求的国家治理体系和治理能力现代化,已成为现代政治治理与国家秩序的理想目标。无论在何种政治体制下,每个政权都希望自己的治理体系和治理能力是良好的,而不是无效的和失败的,中国也不例外。"为了达到这个目的,每一种统治制度必须提出一种知性,一旦市民分享了它,便会使他为一种道德义务的素养所以所支配。"① 对致力于实现国家治理体系和治理能力现代化的当代中国而言,法治与德治关系的如何定位,如何互动,如何在具体法治运行中敬畏德治,将决定中华民族能否实现复兴,中华文明能否得以体面地延续。中国正处于全面深化改革和全面推进依法治国的社会大转型中,但社会转型并不会自动地成功地转向一个有生命力的现代文明秩序。与国家治理体系和治理能力现代化配套的国家治理观的成熟与完善,其主要资源来自于当代中国社会对社会正义的法理要素的恪守,来自于超越西方社会从个体正义出发的对法的现代性的独断,也必然有来自于对中国的国家治理传统的尊重。中国通过国家治理体系和治理能力现代化,追求的是体现法的中国性的国家治理观。基于秩序供给与有效治理的需求,无论是西方社会,还是中国社会都面临伴随国家治理体系和治理能力现代化而来的国家治理观型塑问题:现代国家治理体系的正当性与国家治理的现代性如何在法理上表现、如何通过德治价值的展开以维系社会成员对现代国

---

① [美]贾恩费兰科·波齐:《近代国家的发展》,沈汉译,商务印书馆1997年版,第100页。

家治理体系的认同以及如何通过法治秩序的建构以型塑社会交往对规则之治的接受。

国家治理体系和治理能力的现代化不仅依靠经济增长、社会发展和生活秩序改善,还需要法治要素的支持以获得不同于传统国家的国家理性,也需要德治价值的展开以获得不同于西方社会的文明秩序,最终需要构建有效的中国特色社会主义法治体系,以发展不同于传统社会和西方社会的国家治理观。在坚持基于革命、建设、改革后关于现代国家建构的法理要素与法律体系的中国观相一致的方法论前提下,通过对以阶级性与社会性为核心的法律本质再思考、坚持人民主体地位的现代法治观再定位以及基于制度自信和道路自信的法治体系再发展三个层面的抽象思考,展现其理论生命力和实践可行性。

两千多年前,古希腊大思想家亚里士多德有言:"法律是人类理性的体现,按照法律生活是获得幸福的根本保障。"[①]随后他在深入城邦的现实生活后为追求美好的生活提供知识基础的学术观点,"应该考虑适合于不同公民团体的各种不同政体。最良好的政体不是一般现存城邦所可实现的,优良的立法家和真实的政治家不应一心想望绝对至善的政体,他还必须注意到本邦实现条件而寻求同它相适应的最良好的政体"[②]。在此,亚里士多德点出了一个失败的政体的缘由,那就是回避现实的公共生活的需求,失去对公共生活的价值共识的平衡能力,把某一种价值推向极端。

二百多年前,美国的立国者在建构美国宪法和制度的时候从另外一个角度提出了同样深刻的问题,"人类社会是否真正能够通过深思熟虑和自由选择来建立一个良好的政府,还是他们永远注定要靠机遇和强力来决定他们的政治组织"[③]。有生命力的制度安排和有说服力的法理论述,一定不能忽略由时间所带来的特定空间里的变化。而在这种变化的背后,我们要深

---

① [古希腊]亚里士多德:《政治学》,吴寿彭译,商务印书馆1956年版,第348页。
② 同上书,第176页。
③ [美]汉密尔顿等:《联邦党人文集》,程逢如等译,商务印书馆1980年版,第3页。

刻地认识到：为现代国家的成长保持原有的有益的知识与智慧是非常重要的。① 也就是说,现代国家在中国社会的成长,其法理逻辑就是要避免这种情况的出现：把法的现代性——即使是其中某方面,诸如个体权利和社会自主——推向极端,抑或把法的中国性——即使是其中某方面,诸如公共利益和社会合作——推向极端。钱穆先生有言："若中国人不能自己创制立法,中国今后将永远无法。我们若只知向外抄袭,不论是民主抑或集权,终究是一条行不通的一边倒主义!"② 从法理上把握现代中国,就是要避免走一条行不通的一边倒主义的道路。无论是以抱残守缺的姿态否定法的现代性,还是以谄媚迷信的立场肯定法的现代性,都是不可取的。现代国家的构建不考虑其有效性,最终要走入困境;而有效的现代国家不关注其生命力,最终则将走入绝境。现代国家的法理要素一定要回答何为现代国家,何为中国的现代国家,其回答要有意义,就必须有历史素养和系统眼光。以此为依据的法律体系的中国观则必须有经验立场和实践预期。因此,现代国家的法理要素与法律体系的中国观是相辅相成的、联系在一起的。

在厘清何谓现代国家的前提下,现代国家的法理要素面临三个问题：中国如何在经济文化相对落后的社会条件下建立一个现代社会主义国家？如何在人民日益增长的物质文化的需要条件下走向一个有效的现代社会主义国家？如何在人民日益增长的美好生活的需要条件下迈向一个有生命力的现代社会主义国家？英国哲学家伯特兰·罗素在其1928年所著《怀疑论》中曾说过："中国是一切规则的例外。"黑格尔也曾说过："中国是一切例外的例外,西方的逻辑一到中国就行不通了。"我们且不去管他们是否在刻意贬低中国,这至少提醒我们两点：一是中国社会不能回避建立现代国家的法理证成,二是不能全盘接受西方式现代国家的法理教条。我们在一个大前提和三个具体问题的框架下去追问现代法律体系的中国观。同为现代性事业的一部分,面对传统国家的整体性危机,现代国家的法理是与现代法

---

① 王永钦等：《中国的大国发展之道》,上海人民出版社2006年版,第254页。
② 钱穆：《中国历史研究方法》,生活·读书·新知三联书店2001年版,第36页。

律体系的构建密切联系在一起的。国家与社会、政府与市场、权力与权利之间的动态关系既是我们理解现代国家的法理要素的重要方面,也是理解现代法律体系的中国观的关键所在。建立新国家形态和建立新法律体系从一开始就是由现代革命所催生的人类社会关于国家建设与制度重建的历史事件,但是这两者之间的关系,实较表面上看到的更加复杂。对于中国社会而言,秉持一种历史素养和系统眼光以厘清现代国家成长的法理要素,进而表达法律体系的中国观,不失为一条具有说服力的道路。无论在法理叙事中,还是在法律运行中,走向现代国家的道路上,应当认真面对法的现代性所表达出来的法理追求和法律表达,但要拒绝任何形式的教条。

在一种最宽泛的意义上,法律可以被理解为一种运用规则和使人类行为受到规则统制的事业。① "但是如果不把法律传统仅仅看成是书本上的法律,而且把它们理解为一种行为、观念、态度,简言之,一种具有丰富经验内容的生活实践,我们就可能注意到传统与现代之间可能存在的极其复杂和微妙的联系。"②基于人类文明发展的大趋势,我们所面对的问题是在现代国家的成长能力中如何处理体现法的现代性的法理要素,以及如何在现代法律体系构建中历史地、系统地在整体性社会变革中寻找方向与出路。"由现代世界呈现的紧张情势来看,倘若文明想要存续,那么对于这种基本观念的依赖当更为殷切。即使没有其他的原因,只为这个缘故,今天对法律理念从事创造性的研究也比过去任何时代还要重要。"③

---

① 富勒把法律定义为"使人类行为受规则统制的事业",L. Fuller, *The Morality of Law*, revised edition, Yale University Press, 1996, p.74。
② 梁治平:《在边缘处思考》,法律出版社 2010 年版,第 26 页。
③ [英] 丹尼斯·罗伊德(Dennis Lloyd):《法律的理念》,张茂柏译,新星出版社 2005 年版,第 278—279 页。

第一章
何谓现代国家？

在马克思主义的世界观中思考人类社会所有问题的根本和基础，即"全部人类历史的第一个前提无疑是有生命力的个人的存在"。① 有生命的个人存在，创造了社会交往和社会生活，由此也创造了具有无限丰富性和多样性的人类文明。进入文明时代，任何个人的存在，实际上是三种形式的存在：作为类的存在、作为族群的存在以及作为社会成员的存在。作为类的存在，是人之为人的客观属性所带来的；作为族群的存在是历史文化所存在的，通过语言、惯例等载体表现出来；而作为社会成员的存在是社会交往能力和社会发展水平规定的。"任何与人的生存和发展相关的文明产物，都是基于人的这三种存在所形成的综合规定性而形成的，必然受到人的自然观、世界观以及人所秉承的民族性、历史与文化传统的决定和影响。"②

国家，无论是在古代世界的缘起，还是在现代世界的出场，都是人的这三种存在的内在规定性所催生的。所以，马克思指出："人们自己创造自己的历史，但是他们并不是随心所欲地创造，并不是在他们自己选定的条件下创造，而是在直接碰到的、既定的、从过去承继下来的条件下创造的。"③现

---

① 《马克思恩格斯选集》，第 1 卷，人民出版社 2012 年版，第 146 页。
② 林尚立：《当代中国政治：基础与发展》，中国大百科全书出版社 2017 年版，第 24 页。
③ 《马克思恩格斯选集》，第 1 卷，人民出版社 2012 年版，第 669 页。

代国家不同于传统国家,但是现代国家的出场一定是在传统国家的基础上开始。不同的传统国家中的国家与社会张力下的社会结构、国家秩序与社会交往中的信仰体系以及为社会成员所依赖的制度安排,都会对一个社会走出古代世界国家,走向现代世界国家产生深刻影响。因此,我们要对这个结论抱有必要的审慎态度,即"今天我们看到的任何现代国家,都是基于1100年到1600年在欧洲出现的模式"。①

当然,我们明确承认现代世界的国家要受到古代世界的国家里既有的传统与历史的影响,现代国家的建构与成长也同样受到这种影响。但是丝毫不能否认的是,现代世界里商品交易关系的深入发展以及其所影响着的社会交往广度不断拓展,这使所有的现代国家对法律的依赖变得越来越深。基于法律依赖所生发出来的普遍的、非人格化的法律体系也越来越成为社会成员认同的基础,进而成为国家动员能力和治理体系现代化的制度共识。"在古代世界,国家往往分成两个主要的类型:庞大的、整合有缺陷的帝国,以及小型的但高度统一的政治单元,如希腊城邦。"②困扰着前者国家的是忠诚和治理的成本的问题,后者则是社会的排斥和维护的成本问题。因此,在历史上,前者往往是通过周而复始的暴力来应对这个自身无法解决的问题,后者常常就沦为帝国的附属或牺牲品。从欧洲,确切地说是从西欧开始的革命才真正揭开了解决古代世界里无论是帝国还是城邦都无法解决的问题的序幕。③ 革命后现代国家在西欧的出场,开启了抽象的、非人格化的法律体系建构。在这一建构过程中,无疑是自由主义的国家观提供了人类社会最初关于现代国家的法理想象。马克思在《资本论》中对这一法理依据予

---

① [美]斯特雷耶:《现代国家的起源》,华佳等译,格致出版社2011年版,第7页。
② 同上书,第6页。
③ 哈佛大学史学教授斯文·贝克特以历史学家的高度对此分析后指出:"虽然世界上许多地方都有技艺、市场、资本和科技,但一个能够保护国内市场、进入偏远市场以及建设促进制造的基础设施的国家,是早期工业领袖才有的显著特征。而且这些日益强大的国家也打造出支持工业资本主义的必要制度——从雇佣劳动力市场(通过破坏农村前资本主义依附和获得生存的替代手段)到由法律和行政机构所创造的产权。"[美]斯文·贝克特:《棉花帝国———一部资本主义的全球史》,徐轶杰等译,民主与建设出版社2019年版,第146—147页。

以深刻地揭示:

> 流通中发展起来的交换价值过程,不但尊重自由和平等,而且自由和平等是它的产物;它是自由和平等的现实基础。最为纯粹观念,自由和平等是交换价值过程的各种要素的一种理想化的表现;作为在法律的、政治的和社会的关系上发展了的东西,自由和平等不过是另一次方上的再生产物而已。这种情况也已为历史所证实。建立在这一基础上的所有权、自由和平等的三位一体,不仅在理论上首先由17和18世纪的意大利的、英国的和法国的经济学家们加以论述的。而且这种三位一体也只是在现代的资产阶级社会中才得到实现。古代世界不是以交换价值为生产的基础,相反地是由于交换价值的发展而毁灭,它产生了具有完全相反的和主要是地方性内容的自由和平等。①

但是这种国家观一旦陷入资本利己主义和西方中心主义的窠臼中,不仅会失去理论上的说服力继而陷入现实中的社会对立,而且只能沦为现代世界里西方国家对外殖民的帮凶。所以,我们一方面要看到西欧社会所开启的现代国家建构的法理贡献,另一方面要基于现代国家的当代转型的客观趋势,准确地识别并抛弃现代国家建构的法理要素之中的西方中心主义。也就是说,把一种发展或成长的经验上升到一种普遍的共识是需要格外谨慎小心的。正如科斯在《经济学中的灯塔》一文中所警示的那样:"我认为我们应该去发现能指导我们如何组织和经营各种活动的普遍原则。但这种普遍原则不一定是有益的,除非它们是从研究这种活动在各种不同的制度内的实际工作情况中得出来的。这类研究使我们能够发现在决定结果中哪些因素是重要的,哪些是不重要的,以便使结论有一个坚实的基础。这样做还有一个用途,就是能向我们展示可供我们选择

---

① 《马克思恩格斯全集》,第46卷下册,人民出版社1980年版,第477—478页。

的社会方案的多样性。"①抱持这一学术研究的立场,我们去分析革命后现代国家在西方社会里是如何出场的,自由主义又是如何对现代国家的法理要素进行一般化叙述的,以及这种叙述的局限。最终我们通过从西方开始的关于现代国家的法律建构与当代转型的分析,去反思人类社会迈向现代国家所要解决的一般化的问题和无法回避的共识。

第一节 革命后现代国家的定义与重构

现代国家是人类在政治解放的实践中诞生和形成的。这种解放过程植根于经济与社会的发展,以及由此产生的对人自身的新信仰和对国家的新认同。想要在现代国家之外,去发现正义、自由或者人民主权和代议制政府,几乎是不可能的任务。但除此之外,还需要非常重要的过程,即摧毁既有的社会结构、制度体系和信仰所支持着的传统国家,并创造全新的制度体系和信仰体系所支撑的现代国家。对此,英国学者芬纳从现代西方国家建设的历史进程中提炼出现代国家的五大特征:特定地域之上的人口,承认共同的最高统治机构;有专门人员为其服务,其中包括执行决策的文官和必要时对其给予武力支持的武官;得到其他类似国家的承认,承认其对特定因此也是特定地域内的人民采取行动的独立性,即国家'主权';一个国家的人口共同组成一种情感化的礼俗社会,这种社会建立在对共同民族性的自觉意识基础之上;这个国家的人口组成一个社区,其成员共同参与责任与义务的分配和共享。而且这种现代国家的形成,开始于"已知边界的建立,是围绕边界的建立而形成"。② 基于主权的国家认同和民族信仰构成了现代国

---

① Coase, R. H., "The lighthouse in Economics", *The Journal of Law & Economics*, 1974, 17(12): 357—376.转引自方钦、苏映雪、李钧:《公共品的起源、论题与逻辑》,《南方经济》2017年第12期。
② [英]芬纳:《统治史(卷一:古代的王权和帝国)》,马百亮等译,华东师范大学出版社2010年版,第2—3页。

家超越传统国家的前提。

当然这一前提是通过革命来开启的。所有的现代国家都是在这种革命后诞生的,革命与现代国家之间有了天然的联系。现代革命超越了传统暴力,为这种天然的联系提出了崭新的正当性要求:一方面让我们深知革命后现代国家需要建立与传统国家不同的法律体系,这是所有现代国家的共同使命,另一方面我们深入革命进程之后就可以发现国家与社会之间的关系对革命后现代国家的出场的影响是不同的。"在12、13世纪,几乎在西欧的每个地方都出现了构成现代国家的基本元素。但是当他们在每个地方出现时,他们发展的速度是不均匀的。"① 这种不均匀的根源在于革命前国家与社会之间的互动关系的差异。更重要的是,这也会导致不同的革命后现代国家在法律体系的选择上出现差异。"与过去断裂之情境和对新开端之需要,随着国家的不同而有所差别,但是,在现代的几乎每种情形下,国家需要宪法,是基于非常简单和基本的原因:它们基于某种理由,想要重新开始。"② 这一幕是从西方社会开始的,现代国家是在传统国家无法包容或吸纳社会结构变迁、社会交往方式拓展以及信仰体系变化的历史背景下通过政治革命与社会革命的相互激荡,即所谓的"双元革命"后出场的。

要全面理解革命后现代国家在法理要素选择上的差异,首先要从分析革命后西方国家内部的差异开始。西方中心主义在相当程度上掩盖了西方国家内部的差异,简单地用了一个"内生形态的现代国家建构"来说明革命后现代国家在西方的出场。其实,革命后现代国家当然有着共同的法理要素,③ 例如人民主权为基础的国家权威、代议民主制为基础的官僚制、以法律的普遍性为基础的法治。因此,无论是为体悟革命后现代国家的法理要素的共识,还是为认真对待其中的差异,我们都需要清晰地分析革命后西方社会是如何走向现代国家的,它们内部的差异又是如何出现的,以及这种

---

① [美]斯特雷耶:《现代国家的起源》,华佳等译,格致出版社2011年版,第19页。
② [英]惠尔(K. C. Wheare):《现代宪法》,翟小波译,法律出版社2006年版,第6页。
③ [德]马克斯·韦伯:《经济与社会》,下卷,商务印书馆1997年版,第227页;[德]艾利亚斯:《文明的进程》,下卷,生活·读书·新知三联书店1999年版,第89页。

差异对现代国家的法理要素的表达会产生何种影响。如此,现代国家的法理要素才能真正避免陷入"荷兰诱惑"或"苏联幻觉"所造成的困境。① 荷兰诱惑的根源是社会革命后忽视了国家再造,最终失去社会革命后走向现代国家的契机。这个教训被英格兰人吸取了,光荣革命之后的《权利法案》正式揭开了现代国家的出场序幕。苏联幻觉则是政治革命与社会革命脱节,以政治革命的逻辑再造国家,忽视了为社会力量的成长提供充分的制度空间。国家通过政府全能主义抑制了社会活力,最终导致了国家的失效和政府失败。

社会革命后有效地避免了"荷兰诱惑"的代表性国家是英国和美国,而政治革命后走出"苏联幻觉"的代表性国家是中国。美国在20世纪通过国家转型以缓解革命后英国在19世纪所面临的相同困境,中国则是在20世纪70年代末开始思考如何走向有效的现代国家。如果说英国和美国对于革命后现代国家的法理要素是从社会出发重构国家的话,那么中国则是从国家出发发现社会。我们必须承认革命后现代国家的出场必须从英国和美国先讲起。这不仅仅是对现代国家的出场的历史尊重,也是为了检视这种历史背后的自由主义的国家观及其局限,以及其实际所持续推动着的现代法律体系的转型。也是从革命后现代国家在西欧——当然率先从英国社会的出场——开启了一段关于如何从法理上厘清何谓现代国家的历史。我们可以从法理中发现何谓现代国家的初始定义,以及英国和美国对这种初始定义的贡献,却没有办法在法理上终结何谓现代国家的定义。学术史上出现的形形色色所谓的终结,不是西方中心主义对现代国家在人类文明上的

---

① 所谓"荷兰诱惑"指的是,荷兰人对兴起的民族国家政治漠不关心。结果,沉溺享受的荷兰人竟然宁愿做亡国奴也不愿再造国家。在西班牙与英国的奴役之后,荷兰建立过一个联合自治省的商人政体。在国家建构没有起色的情况下,荷兰不得不以世界贸易应对日趋激烈的国家间竞争。最后是英国通过光荣革命再造国家而崛起。而"苏联幻觉",是一种国家综合实力不足以支撑强大国家运行,但却硬生生地以强大国家自我确认、以强大国家介入国际事务、以强大国家掩盖国内尖锐矛盾、以强大国家来为各种弊端遮羞的国家幻象。任剑涛:《国家发展中的"荷兰诱惑与苏联幻觉"》,《读书》2014年第5期。

不断成长的无知以及这种无知背后所隐藏的不可告人的目的,就是我们忘记了一点,即需要国家的理由其实是藏在国家的生命力内部的。也就是说,我们要从革命后现代国家的出场发现法理上关于现代国家的初始定义以及其演变。如果说17世纪的英国在13世纪开始积淀的基础上对现代国家的初始定义上有贡献,那么20世纪的美国则在19世纪现代国家的初始定义边际效应递减的情势下寻找突破口。这样,13世纪英格兰启动对现代国家的初始定义的努力,这一努力在光荣革命后全面展开。进步时代后美国着力展开重构现代国家的初始定义的行动,这一行动到新政时期达到高潮。当然,正如即使在西方社会内部,英国也无法垄断这一初始定义权一样,美国也不是现代国家初始定义重构路上的独行侠。我们只是说革命后这两个国家关于现代国家法理要素的定义与重构是持续着的,其持续性有利于我们系统把握何谓现代国家的内涵。

一、现代国家初始定义的展开:光荣革命后英国范式

有个事实是谁都否定不了的,即英格兰人率先启动了对现代国家的初始定义。① 虽然这一努力至少可以追溯到13世纪以《自由大宪章》为集中代表的行动,但是现代国家的定义依然是在光荣革命之后才真正出场。英国著名法律史学家威廉·塞尔·霍尔斯沃思对此精辟地分析道:

> 正如在16世纪,文艺复兴、宗教改革和罗马法继受三大联合运动用现代理念替代了中世纪理念一样,在18世纪和19世纪早期,随着法国大革命和工业革命宣扬的新的思想的传播,人们开始用于工业革命、日益民主的社会相配套的新思想替代与18世纪的

---

① 黑格尔曾说,密涅瓦的猫头鹰总在傍晚才起飞,每个事物都是在它快要完成的时候,其本质才会充分展现在人们的眼前。无论是从个人权利观念兴起而开启现代国家的法理想象,还是从权利法案出发而构建现代国家的法律建构,都在西方具有原创性意义,而且是人类关于现代国家的法理要素和法律体系最具原创性的探索。马克思的理论大多把英国作为典型。每一个有志于研究现代国家的法理要素和现代法律体系的人都要首先研究英国。曹沛霖:《制度的逻辑》,上海人民出版社2019年版,第24—26页。

农业社会、贵族社会相配套的旧思想。在两个时期,作为社会变化后果的法律改革在英国是以比大陆国家更渐进、更和平的方式进行的,这使英国法迅速地适应了新秩序,并且,其发展的连续性未被人们粗暴地打断。对法律进行如此渐进和平的调整之所以可能,部分是由于英国是一种宪制型政府——正是这一特征才使英国政府成为大多数英国人真诚依恋且引以为傲的政府,部分是由于立法机关和法官为满足新的需要、对英国法进行调整的方式非常恰当。①

正如恩格斯所说:"英国自上一世纪中叶以来所发生的变革,却比其他任何国家所发生的变革都具有更重大的意义;这种变革愈是无声无息地进行,它的影响也就愈大;因此,在实践上它一定会比法国的政治革命或德国的哲学革命更快地达到目的。英国发生的革命是社会革命,因此比任何其他一种革命都更广泛、更深刻。人类知识和人类生活关系中的任何领域,哪怕是最生僻的领域,无不对社会革命有所影响,同时也无不在这一革命的影响下发生某些变化。只有社会革命才是真正的革命,政治的和哲学的革命也必然以社会革命为依归。"②光荣革命是英国社会通向政治革命的集中表现。因为正是光荣革命之后,英国社会从中世纪的封建制和后期的绝对主义国家中汲取限权的理念和主权的追求之后走向了现代国家。从这一过程中,一方面我们发现由于社会革命在英国是持续、渐进地推开的,这也是社会革命不同于政治革命之处,才有英国法学家"沾沾自喜地强调自己的法具有历史的连贯性。在他们看来,英国法是长期演进的产物。没有受到任何革命(其实是政治革命,引者注。)的干扰,他们对此感到自豪,从而他们不无理由地认为普通法高度明智,适应能力强,具有永久性价值"。③ 另一方面,

---

① [英]霍尔斯沃思:《英国法的塑造者》,陈锐等译,法律出版社2018年版,第265页。
② 《马克思恩格斯全集》,第1卷,人民出版社1956年版,第656页。
③ [法]勒内·达维德:《当代主要法律体系》,漆竹生译,上海译文出版社1984年版,第298页。

我们必须指出的是,在光荣革命之前,即使在封建制的社会结构中出现了对限制君主权力的制度安排(以自由大宪章和等级会议为代表),例如在都铎王朝时期绝对主义国家中出现了满足日益发展起来的贸易交往的、对民族认同的制度建构的实践,国家形态依然没有走出传统国家的范畴。"绝对主义国家仍然还是传统国家",因为在绝对主义国家里"仍然存在着此前封建秩序中的大多数要素";①所实施的"政治统治其实只是在商品经济的发展阶段为确保封建统治及其剥削方式而形成的政治形式"②而已。由此,社会革命的持续性显然为政治革命及其之后现代国家的初始定义的展开提供了特殊的条件,"把英国推进到了可以发动现代化的起点"。③ "经历都铎王朝之后,英国完全走出了旧时代,向着现代民族国家大踏步地前进了"。④ 但是这一大踏步就是通过光荣革命后现代国家的出场实现的。"十分明显的是,人们需要新的、更精致的法律体系,以处理国家与臣民之间以及这些国家彼此之间的新型关系,并处理臣民之间更为复杂的私人关系——这些关系是在当时的社会与经济发展基础上产生的。"⑤由此我们可以发现,"从《大宪章》到《权利宣言》,我们的宪法一以贯之的做法是,在要求及主张我们的自由时,将其作为我们得自于我们的祖先,我们又将其传之我们的后代的不可剥夺的遗产……在我看来,这种做法乃是深思熟虑的结果,或许毋宁说是依循自然的幸运的效果,而自然是一种不需要反思,而高于反思的智慧"。⑥ 不同于法国、德国,英国通过光荣革命走向现代国家的缘由就隐含在其中。

19世纪英国历史学家麦考莱在回顾英国立宪历程后总结道:"在古老的英国政体属于有限君主制类型……(国王的)权力虽很充分,却受三大宪

---

① [英]安东尼·吉登斯:《民族-国家与暴力》,胡宗泽等译,生活·读书·新知三联书店1998年版,第116页。
② [英]佩里·安德森:《绝对主义国家的系谱》,刘北成等译,上海人民出版社2001年版,第19页。
③ 钱乘旦等:《英国通史》,上海社会科学院出版社2007年版,第125页。
④ [英]G. R. 波特:《新编剑桥世界近代史》,第1卷,中国社会科学院世界历史研究所组译,中国社会科学出版社1999年版,第608页。
⑤ [英]霍尔斯沃思:《英国法的塑造者》,陈锐等译,法律出版社2018年版,第86页。
⑥ [英]伯克:《法国革命论》,何兆武译,商务印书馆1998年版,第44页。

政原则的限制;这些原则如此古老,没有人能说出它们起自何时;这些原则又如此有效,其顺乎自然的发展已持续了这许多代,产生出我们生活于其中的事物秩序。"①等级会议即使在英国绝对主义国家时期也没有被抛弃,等级会议的存在为新生的社会力量提供了政治博弈的场所。实际上,麦考莱的"三大原则"可以形象地归结为"王在议会中"和"王在法下"。英国绝对主义国家始终是有限专制政体。若与法国等国家相比,"英国的专制制度具有未完成的性质。其表现在于:英国依然保留国会这种形式的等级代表机关和地方自治制度。英国既没有常备军队,也没有分支系统繁多的官僚机构"。② 这种有限专制的制度安排本身,证明着封建时代社会经济结构所支持着的国家与社会之间的分离。正是这种分离在英国传统国家时期里君主权力的有限性进而表现为国家权力的非绝对性,需要一种崭新的制度安排。以普通法为表现形式的制度安排就在传统国家体系内部慢慢成长起来,进而通过限制国家权力完成了现代国家的制度建构。"普通法是当今世界的一支主要的法律体系,而且在政治方面意义重大。在 17 世纪的紧要关头,普通法作为反对不可一世的国王的专制同意和保障民众个体自由的'堡垒',在由普通法律家坚定团体组成的议会手中成为最强有力的斗争工具。"③光荣革命后英国从议会主权、代议民主和严格法治入手,从法理上确立现代国家初始定义,从而实现与封建制和绝对主义国家不同的现代国家的合法性与合理性。

我们承认英格兰早在光荣革命之前的绝对主义国家时期就出现了民族国家的征兆,比如"国家已经可以利用有形的高压统治来实现和加强其中央集权,政权结构相对集中化,有可供继续发展的地域主权实体"。④ 然而英

---

① 转引自钱乘旦等:《在传统与变革之间——英国文化模式溯源》,浙江人民出版社 1991 年版,第 45 页。
② [苏联]费多罗夫:《外国国家和法律制度史》,叶长良等译,中国人民大学 1985 年版,第 112 页。
③ [英]卡内冈:《英国普通法的诞生》,李红海译,中国政法大学出版社 2003 年版,第 113 页。
④ Charles Tilly, *The Formation of National States in Western Europe*, Princeton University, 1975, pp.26-27.

格兰所具备的这些特征只有到了光荣革命后通过《权利法案》对议会主权的确认才使英国完成了现代民族国家的初始定义,且获得世界意义的、关于现代民族国家的法理共识。① 议会主权从法理上重新定义了公共权力的合法性,为现代国家的来源找到了新的依据。同时,议会制定的法律在公共权力运行中获得了最高的地位。以国家的名义行使公共权力的政府必须以议会制定并公布的法律为最高准则。"巴力门(Parliament,议会,译者译为巴力门)在英宪之下,可以造法,亦可以毁法;而且四境之内,无一人复无一团体能得到英格兰的法律之承认,使其有权利以撤回或弃置巴力门的立法。是为巴力门主权的原理所有真谛,不能增多亦不能减少。"②议会主权在《权利法案》中的确立不是对普通法所坚持的社会造法传统的抛弃,而恰恰是把普通法的精神上升到现代国家的宪制架构层面。③ 其中最重要的就是,议会民主对君主专制的否定,法律统治取代恣意专断,社会成员的财产权对国家公共权力的制约。最终,议会主权改变了人类社会自有国家以来国家与社会之间的法理关系,即不再是国家决定社会的存在,而是社会的存在与发展决定国家。英国历史学家汤因比就君主立宪制度评论道:"英国所以能顺利地在旧瓶里装进新酒,还不至于引起爆炸的原因——可以说是一种宪法方面的胜利,这种胜利应该当作是一种惊人的技艺。"④我们可以发现,现代国家区别于传统国家的特征不是不再有君主,而是国家权力的合法性来源于社会而不再是形形色色的超验法则,以及国家权力根据事先公布的法律来

---

① 艾恺对此进行了生动的说明:"现代意义上的国家主义、民族国家以及现代化都是首先发生在英、法两国。而英、法两国一旦走向了现代化,建立了官僚制的民族国家,世界上的其他国家——如果没有其他的理由——哪怕是出于自卫的需要,也不得不随之改变。"[美]《世界范围内的反现代化思潮——论文化守成主义》,贵州人民出版社1991年版,第29页。与法国不同的是,英国不仅有议会主权的确认,同时还有代议民主和严格法治的法理坚守与法律建构,现代国家在英国的展开就相对平顺得多。
② [英]戴雪:《英宪精义》,雷宾南译,中国法制出版社2001年版,第116页。
③ 《权利法案》第一条规定:凡未经议会同意,以国王权威停止法律或停止法律实施之僭越权力,为非法权力。这就意味着国家权力的重心从君主转移到议会,这是英国对现代国家的初始定义的关键一步。何勤华等:《西方宪法史》,北京大学出版社2006年版,第316页。
④ [英]汤因比:《历史研究》,上卷,曹未风等译,上海人民出版社1997年版,第300页。

运行,而不再是专断的人格化恣意。议会主权取代君主专制后,接下来的问题就是议会主权如何有效实现的问题。

议会主权为现代国家提供了合法性依据以解决现代国家的权力来源问题,而代议民主制为现代国家实现其合法性依据提供了制度安排的具体方式,解决了现代国家的权力运用问题。"因为政府整个说来只是一个手段,手段的适当性必须依赖与它的合目的性。"①"在某种意义上,民主的不同形式的发展历史正是一定政治观念和政治实践形成的历史。"②光荣革命后英国通过颁布《王位继承法》《议会法》等一系列立法从制度上保障了议会主权,最终通过代议民主制的方式走向现代国家民主化的道路。代议制在与专制王权的对抗过程中,排除了和神的权威同样绝对的专制君主的权威,体现了社会的权威。密尔就曾指出:"理想上最好的政府形式就是主权或作为手段的最高支配权力属于整个社会集体的那种政府。"③列宁对此敏锐地指出:"没有代表机构,我们不可能想象什么民主,即使是无产阶级民主。"④从这个意义上说,"国家制度只不过是政治国家与非政治国家之间的协调。"⑤这样,代议制民主制作为现代国家合法性的实现形式,既是现代国家所需要的政府形式,也为民主制发展所需要。代议民主制在推动古代社会繁荣的基本条件一去不复返的情况下继续推进政治发展,激发积极的理想和公民责任感。

如卢梭所言:"政治体的本质就在于服从与自由两者的一致。"⑥那么,代议民主制政府在形式上使以国家名义行使公共权力的政府从属于市民社会的同时,又给政府权力打上了属人的性质:服从政府就是服从自己。正如马克思评价的那样:"市民社会通过议员来参加政治国家,这正是它们互

---

① [英]密尔:《代议制政府》,汪瑄译,商务印书馆1982年版,第17页。
② [英]戴维·赫尔德:《民主的模式》,燕继荣等译,中央编译出版社1998年版,第6页。
③ [英]密尔:《代议制政府》,汪瑄译,商务印书馆2009年版,第40页。
④ 《列宁选集》,第3卷,人民出版社2012年版,第152页。
⑤ 《马克思恩格斯全集》,第1卷,人民出版社1956年版,第316页。
⑥ [法]卢梭:《社会契约论》,何兆武译,商务印书馆1980年版,第121页。

相分离的表现,并且也只是二元论的统一的表现。"①这样,选举权就成为人民委托权力的表现。"选举是市民社会对政治国家的直接的、不是单纯想象的而是实际存在的关系……选举构成了真正市民社会的最重要的政治利益。"②因此,围绕着代议民主制下的选举权配置以及对多数暴政的民主平庸化风险的担忧,一个不争的事实是,虽然英国在光荣革命后确立了代议民主制作为现代国家合法性实现的方式,因而被称为"议会之母",但是以财产权为核心的要素在相当长的时期里仍限制着民主的社会基础扩展。1832年《议会改革法》被称为"第一道旨在系统检修议会的代表性的立法"。工厂主成为1832年改革的主要受益者,但是浴血奋斗的工人阶级在1832年之后仍然是两手空空,他们被迫继续斗争。③

　　代议民主制的确立从法理上提供了国家与社会互动的正当性,创造了现代国家民主政治发展的体制形式。④ 然而我们可以从英国对现代国家的初始定义中看到,议会主权和代议民主的成长始终受到经济社会发展的水平的限制,资产阶级在商品交易中壮大的结果就是在法理上实现国家权力的世俗化和民主政治的正当性,其进步性和局限性始终是纠缠在一起的。不能因其局限性而否定光荣革命后英国对现代国家初始定义的努力,也不能因其进步性而无视这一定义对出卖劳动力为生的社会成员的偏见。只要现代社会开启了国家权力合法性的世俗化,只要代议民主制巩固国家权力合法性世俗化进程,那么国家权力不断向社会开放就是不可逆的。这从根本上取决于社会发展如何突破财产权对民主的限制,以及公民精神突破个

---

① 《马克思恩格斯全集》,第1卷,人民出版社1956年版,第394页。
② 《马克思恩格斯全集》,第3卷,人民出版社2002年版,第150页。
③ 蒋劲松:《议会之母》,中国民主法制出版社1998年版,第82页。
④ 密尔为此还提出了区分政府好坏的一个标准:"对于任何政治制度来说,首要问题就是在任何程度上它们有助于培养社会成员的各种可想望的品质——道德的和智力的,或者可以说,道德的、智力的和积极的品质。在这方面做得最好的政府,就有可能在其他一切方面是最好的,因为政府的实际工作中一切可能的优点正是有赖于这些品质(就它们存在于人民中来说)。因此,我们可以把政府在增加被统治者(集体地和各个地)的好品质的总和方面所能达到的程度,看作区别政府好坏的一个标准"。[英]密尔:《代议制政府》,汪瑄译,商务印书馆1982年版,第26—27页。

体自由对政府的限制。光荣革命后现代国家在英国的出场以及随之展开的关于现代国家的初始定义,始终包含着自我突破的力量。否则议会主权和代议民主只是表明,民主在现代国家只是一种滑稽。

　　法律之治的追求则是英国在革命后对现代国家初始定义的第三个关键主张。这一主张是基于三个理由:其一是对个体自由的保护;其二是对财产权的强调;其三是对政府权力的限制。"法律与其说是限制,不如说是指导一个自由而聪慧的人去追求他的正当利益,它并不规定此法律所约束的人民的一般福祉之外的东西。……无论法律会引起怎样的误解,其目的不是废除和限制自由,而是保护和扩大自由;因为在一切能够接受法律支配的人之状态中,哪里没有法律,哪里就没有自由。"① 可见,虽然法律早在古代世界的国家中就已出现,但只有到了光荣革命英国明确了个体自由的保护在法律之治中的价值后,才成为现代性的基本要素。从个体自由出发,法律之治在本质上是通过产权在现代国家的初始定义中的至高无上的地位来确认和实现。"无代议士,不纳税"这一原则是现代国家出场的动力,因而也是法律之治的最高价值。② 税收法定和预算民主成为现代国家展现法律之治的最高价值的基本制度安排。最终,法律之治就落实到政府权力的有限性上。在法律之治的法理中,政府权力有限性是由于政府的目的是尊重个体自由、保护财产权。

　　英国通过法律之治对现代国家的初始定义,无疑从个体自由这一消极权利的极端强调而否定政府的社会职能。这一定义被 19 世纪的经济危机证明了其风险就是无法有效缓解阶级对立,也就无法维护社会合作。法律之治否定自由裁量权而贯彻严格法治主义,其结果必然是社会对立摧毁现代国家成长的社会基础。在现代国家的初始定义中,严格法治强调个体自由、有限政府和产权保护的意义,只能让现代国家坐视利己主义的滋长、市场机会主义的蔓延和社会对立的日渐尖锐。由此,现代国家的初始定义为

---

① [英]洛克:《政府论》,下篇,叶启芳等译,商务印书馆 1964 年版,第 35 页。
② [英]彼得·斯坦等:《西方社会的法律价值》,王献平译,中国人民公安大学出版社 1990 年版,第 147 页。

特定阶级服务的本质就充分暴露了。恩格斯在《反杜林论》中针对现代国家初始定义中国家表现出来的自主性和政府所坚持的有限性作过精当的分析:"现代国家也只是资产阶级社会为了维护资本主义生产方式的一般外部条件使之不受工人和个别资本家的侵犯而建立的组织。现代国家,不管它的形式如何,本质上都是维护资本主义的机器,资本家的国家,理想的总资本家。"①这样看来,现代国家的初始定义中,严格法治把"正当法律"与自由裁量权对立起来,不仅无法缓解经济危机、阶级对立与社会冲突,而且从根本上摧毁了现代国家的生命力。严格法治对现代国家的初始定义强调个体自由、产权保护和权力限制,确立了不同于传统国家的合法性基础,但现代国家坐视市场机会主义和极端个人主义,这种合法性基础最终无法获得持续的社会认同。

"英国宪政史表明它是一种为满足不断变化的文明的需要而对机构加以发展和修正的持续实验的过程。"②但是在这个修正和发展现代国家初始定义的过程中,美国显然扮演了更为积极的角色。当然,这种积极的角色使美国出现了不同于英国的趋势和变化,正如普通法在美国社会的一样,"几乎没有必要去研究为什么普通法取得了胜利。英语加上美国的来自英国的移民,就把这个国家保持在普通法笼罩之中"。③ 1774 年大陆会议通过的《权利宣言》明确断言:"各殖民地居民享有英国普通法规定的权利。"因此,独立战争后美国关于现代国家的想象无疑是与英国关于现代国家的初始定义保持一致的。正如"普通法规定的权利是我们固有的权利,是我们继承的遗产。"④但是,19 世纪的经济危机与社会对立暴露了由英国开启的现代国家的初始定义内部的危机之后,美国着手对现代国家的初始定义进行重构。

---

① 《马克思恩格斯选集》,第 3 卷,人民出版社 2012 年版,第 666 页。
② [英]詹宁斯:《法与宪法》,龚祥瑞等译,生活·读书·新知三联书店 1997 年版,第 7 页。
③ [法]勒内·达维德:《当代主要法律体系》,漆竹生译,上海译文出版社 1984 年版,第 376 页。
④ [美]伯纳德·施瓦茨:《美国法律史》,王军等译,中国政法大学出版社 1990 年版,第 12 页。

二、现代国家初始定义的重构：进步时代后美国范式

进步时代之前，美国关于现代国家的法理想象无疑源自英国，只不过美国在独立革命后走上了成文宪法典的现代国家制度建构的道路。但是美国依然坚定地接受普通法的遗产，把个体自由作为法律之治的前提，把财产权作为国家权力合法性的现实依据。自由相对于民主的地位是如此突出，以至于美国史学家霍夫施塔特说，在美国立国者那里，"自由同民主无关，而是同财产有关"。换言之，独立战争后从美国宪法中我们可以发现英国在现代国家初始定义中的核心要素，诸如个体权利与契约自由，法律之治与有限政府，都被美国接受了。但是这种情况到了19世纪后半叶，随着社会危机的不断加深而出现了重构的动向。① 进步主义运动在19世纪的最后十年开始兴起，推动了现代国家初始定义的重构，开启了一个新时代。进步时代美国对现代国家初始定义的重构无疑是深受19世纪后期美国乃至整个现代西方国家的社会危机这一共同经验的影响。而这种社会危机的集中表现就是劳资之间的冲突。② 因此，解决阶级对立与社会冲突是美国重构现代国家初始定义的出发点。

要想让美国社会接受平等对于自由的意义、摆脱市场机会主义对公共权力的反抗、真正体现美国宪法序言中所说的"我们，美国人民"以落实主权在民的诉求、摆脱严格法治对政府有效性的无视，从而重新让美国赢得社会合作，只能改变由英国开启的从自由入手定义现代国家的法理要素的逻辑教条，转而从民主入手重构现代国家的初始定义。进步时代的思想旗手——克罗利就提出当时美国亟待做的事情，乃是"更高阶段的民主"。③

---

① 美国学者伍德考察了18世纪60年代至19世纪20年代的美国历史后认为，这段时期潜藏着美国社会的强烈震动。一切都四分五裂了，背负着自由和收获的预期带来的重担，谋杀、自杀、偷盗和暴动层出不穷。城市骚乱较早先更普遍、更具破坏性。1800年后，在街道、酒馆和戏院里发生惹是生非的情况，以及罢工、种族冲突猛增。[美]戈登·伍德：《美国革命的激进主义》，胡萌琦译，中信出版社2019年版，第308—310页。
② 马骏等：《美国进步时代的政府改革及其对中国的启示》，格致出版社2010年版，第90页。
③ [美]赫伯特·克罗利：《美国生活的希望：政府在实现国家目标中的作用》，王军英等译，江苏人民出版社2006年版，第126页。

这意味着要重新厘定民主本身的含义,因为"对美国政治思想进行重要重建,最好的办法就是对民主含义进行重新确立。因为美国人民对民主思想的忠诚不容置疑,所以推广对民主原则内容的清晰理解,无疑是对美国最有政治意义的做法"。① 虽然美国接受普通法的精神以及英国从自由出发对现代国家的初始定义,但对民主和平等的信奉是一种更现实的需求,这乃是自托克维尔以来解读美国现代政治的经典方式。托克维尔甚至为此下过这样的结论:"只有在美国,才能对民主作出正确的判断。"②事实也证明了这一点。

在进步时代以前,美国社会所持的民主观是杰斐逊式的个人权利平等意义上的民主,而进步时代重构了这一民主观,提出一种"新民主"。这种民主之所以叫"新民主",其核心要素是在不放弃个体自由和个人权利的基础上注入社会权利、社会责任的维度。③ 由此,美国通过1919年宪法修正案和制定专门法律(《1875年公民权利法案》)以突破公民权利在性别、种族上的限制,扩大现代国家合法性的社会基础。④ 选举权不断下移、摆脱财产权的限制、公民权利的主体资格范围扩大从根本上表明,进步时代后美国社会正视经济力量对民主的控制,认为其将从根本上削弱现代国家合法性的社会基础。也就是说,民主不仅是一种个人的生活方式,也是一种社会的生活方式。因此美国要改变英国对现代国家初始定义过多关注人的个体性所带来的民主危机,从人的社会性切入,重构民主。"真正有益的和标准化的民主目的是要让民主组织机构能够代表个人成就和社会进步的共同利益",⑤而不仅仅是个人自由。现代国家不仅需要政治民主来表达其合法性,也要

---

① [美]赫伯特·克罗利:《美国生活的希望:政府在实现国家目标中的作用》,王军英等译,江苏人民出版社2006年版,第147页。
② [法]托克维尔:《论美国的民主》,上卷,董果良译,商务印书馆1988年版,第222页。
③ M. A. Flanagan, *America Reformed: Progressive and Progressivism 1890s - 1920s*, Oxford University Press, 2007, pp.33-34.
④ 实际上,直到1965年《投票权利法案》通过,美国才落实普选权从而最终成为完全意义上的民主国家。可见资本对美国重构现代国家初始定义的限制。
⑤ [美]赫伯特·克罗利:《美国生活的希望:政府在实现国家目标中的作用》,王军英等译,江苏人民出版社2006年版,第171页。

接受经济民主来延续其合法性。对经济民主的关注必然引向对个体自由、严格法治和有限政府在现代国家初始定义中的地位的质疑。西奥多·罗斯福明确提出了"新国家主义"。富兰克林·罗斯福则重塑了美国人的自由观,在国家的社会责任方面和公民的积极权利方面迈出了更大的步伐。

由此可见美国开始推动现代国家走向一个明显的变化,就是不再过分强调个人权利和有限政府。虽然"个人意志自主在社会上的优先地位仍然得到承认,同样,契约范围的扩大在法律史上发挥了积极的作用。"但是"人们开始对从'身份到契约'的运动是代表社会进步的唯一途径的观念提出了异议。契约自由让位于社会福利和对一个更公平的工作和生活水准的维护。福利国家的出现使梅因格言的效力大减"。① 美国社会对市场缺陷或者说市场失败的承认和反思,为政府广泛而积极地参与经济和社会事务提供了现实依据。萨缪尔逊等人就认为:"从福利经济学的立场出发,批评者指出,资本主义制度在四个重点上同他们的关于社会最优的说法相违背:不适当的收入分配、不完全竞争、外部经济效果,以及宏观经济的不稳定性。"② 通过经济危机和工人罢工表现出来的市场机会主义是现代国家初始定义必然伴生的。

进步时代后美国社会对公民权利的关注超过了对个人权利的极度偏好,努力在政府权威与市场自由之间寻找重构现代国家初始定义的可能性和现实性。最为明显的趋势是:试图把自由与民主、民主与效率、自由与公正联系起来,并考察它们在现代国家的法理要素中的存在价值以及在法律体系建构中的变迁方向,以向人们提供一个完整地体现自由、民主、正义和效率精神的现代国家。从"新国家主义"的提出到新政的推进,美国社会不断探索进步时代以来关于现代国家的法理要素在强大的国家与繁荣的社会之间的平衡关系。自由主义国家观对美国关于现代国家初始定义的重构,

---

① [美]伯纳德·施瓦茨:《美国法律史》,王军等译,中国政法大学出版社1990年版,第211页。
② [美]萨缪尔逊等:《经济学》,下册,杜月开译,中国发展出版社1992年版,第1161页。

关键在于把自由与安全、经济平等与国家责任、个人权利与社会正义结合在一起，在法律体系建设上改变了公共领域与私人领域的分离状态以及立法权在政治框架内的中心地位。在罗斯福看来，没有经济上的安全与平等，就没有真正的自由。美国的自由已经处于经济垄断所导致的威胁之中。为此，富兰克林·罗斯福主张国家干预经济生活，推行充分就业和广泛的社会福利计划。他认为现代国家得以继续存在的唯一依据和理由，就是存在着一个坚强得足以保卫人民利益的政府，以及坚强而又充分了解情况，足以对政府保持至高无上统治的人民。罗斯福再三阐述了现代国家解决社会分配危机的必要性，"限制少数人集团滥用权力和特权"的必要性，以及维护"民主政治的道德"的必要性。① 由此，罗斯福把公共领域与私人领域、政治自由与经济公平、公民权利与社会正义、国家主权与国家治权联系在了一起。约翰逊的"伟大社会"计划进一步推动了现代国家对经济生活、政治发展以及社会冲突领域里的变化的适应能力。② 我们可以看到在这种变化中，法律之治从英国人的严格法治以及对政府权力的限制，走向美国的程序法治以及对自由裁量权的规范。这一变化的背后其实就是在保持法治对社会活力的激发的前提下如何维持社会的凝聚力的问题。这不仅仅是对资本主义制度的考验，更是对西方民主制和大众理性的考验。马克思对资本主义制度的现代国家的法理批判没有过时，他的预言"依旧像乌云一样徘徊在资本

---

① ［美］富兰克林·德·罗斯福：《罗斯福选集》，关在汉编译，商务印书馆1982年版，第126、128页。
② 这种变化当然受到了美国代表资本力量的所谓精英阶级的抨击，但是对现代国家初始定义的重构一旦启动就没有回头路了。二战后民权组织、劳工组织、消费者和环境组织以及其他具有改革现代国家头脑的人支持的一些进步的政治和社会运动，导致以新政为基础的国家政策的扩大，为美国工人阶级有效地增加了广泛的机会，包括经济、就业和身体健康领域的机会。这些政策包括约翰逊总统的"伟大社会"计划，如联邦民权法、联邦医疗保险、联邦医疗补助、向贫穷宣战以及在消费品安全、就业歧视、交通安全、消费金融、工作安全和环境等六大领域的联邦监管措施，其中包括1969年《煤矿健康与安全法案》、1969年《国家环境政策法案》和1970年《美国职业安全与健康法案》等开创性措施。对于工人阶级来说，这些进步立法的净效应是现代国家初始定义重构后所带来的可喜的变化。厄尔·怀松等：《新阶级社会：美国梦的终结？》，张海东等译，社会科学文献出版社2019年版，第112—113页。

主义的上空,随时准备化作'席卷旧世界'的倾盆大雨"。①

"为改善劳工境遇的战斗打响了,一开始是在大街上,接着是在立法机关的会堂里,然后是在法院里。在每一种场所,言词都是不同的,但利害关系大体都是相同的。"②如果说英国对现代国家的初始定义是以个体自由(消极权利,即免于政府干预的权利或称之为免于恐惧的权利)为价值共识的话,那么美国则是在民主的社会基础拓展和政府权力的有效性实现的同时接受个体权利(积极权利,即公民经济文化权利或称之为免于贫穷的权利)以重构现代国家的价值共识。英国提出的个体自由(消极权利)之所以在独立战争后的美国社会生根,当然与普通法所表现出的"拓荒者式的个人主义"有关。但是随着经济危机和社会冲突的发生,这种以非干涉的消极自由为法理要素的现代国家观就显得不合时宜了。20 世纪美国著名哲学家杜威就指出了新旧个人主义的区别,认为"美国已从其早期的拓荒者的个人主义进入到一个合作占统治地位的时代"。③ 一个显见的变化是,美国积极推动社会保障立法以落实公民的经济、社会、文化权利。1900 年以后,各州纷纷制定了许多关于工人补偿、寡妇生活津贴以及工伤者复员补贴的法律。国会开始就联邦范围内的社会事务制定立法。罗斯福总统于 1935 年提议将社会立法的目标系统归纳为三点:保证通过更好地利用自然资源改善生活;保证防止生活中的主要危险和变迁;保证实现小康之家。20 世纪 30 年代以后美国的许多法令和总统命令都是针对这三个目标颁布的。④ 社会法在法律体系构建中变得越来越重要,积极权利在现代国家的法理要素中获得不可否定的意义。

如果说光荣革命后英国对现代国家的初始定义揭开了人类文明对国家

---

① 刘瑜:《观念的水位》,江苏文艺出版社 2014 年版,第 153 页。
② [美] 劳伦斯·M.弗里德曼:《美国法律史》,苏彦新等译,中国社会科学出版社 2007 年版,第 614 页。
③ [美] 杜威:《新旧个人主义——杜威文选》,孙有中等译,上海社会科学院出版社 1997 年版,第 64 页。
④ [美] 查尔斯·比尔德:《美国政府与政治》,上册,朱曾汶译,商务印书馆 1987 年版,第 524—525 页。

的新定位,那么进步时代后美国对现代国家初始定义的重构,则着力探索了一条在不放弃法的现代性的前提下的现代国家成长的新道路。这条道路显然没有超越马克思主义对西方现代国家的本质揭示,但西方现代国家至少在形式上发生了革命。私有制决定了英国开启的、并由美国重构的现代国家的法理要素的现实基础。这一现实固然让个体自由、财产权和有效政府的法理要素及其在法律体系中的制度转化成为人类社会关于现代国家最初的想象,但改变不了由现实基础所决定的根本冲突。

关于他们的现实基础,马克思写道:

> 平等和自由不仅在以交换价值为基础的交换中受到尊重,而且交换价值的交换是一切平等和自由的生产的、现实的基础。作为纯粹观念,平等和自由仅仅是交换价值的交换的一种理想化的表现;作为在法律的、政治的、社会的关系上发展了的东西,平等和自由不过是另一次方上的这种基础而已。①

但紧接着,马克思指出,这种平等和自由纯粹是形式上的。马克思说:"交换价值,或者更确切地说,货币制度,事实上是平等和自由的制度,而在这个制度更进一步的发展中对平等和自由起干扰作用的,是这个制度所固有的干扰,这正好是平等和自由的实现,这种平等和自由证明本身就是不平等和不自由。"②资产阶级民主派比资产阶级经济学家更多地求助于这种简单的货币关系,是为了替"现存的经济关系辩护"。③

从 20 世纪 80 年代以来美国里根和英国撒切尔时期再次强化个体自由、市场制度以及有限政府的主张中可以清楚地认识到:只要现代国家的法理要素的现实社会基础不变,无论是英国对现代国家的初始定义,还是美国对这一初始定义的重构,均动摇不了马克思对西方社会关于现代国家的

---

① 《马克思恩格斯全集》,第 30 卷,人民出版社 1995 年版,第 199 页。
② 同上书,第 204 页。
③ 同上书,第 195 页。

法理要素的本质揭示。正如伍德罗·威尔逊总统公开所说的那样:"美国政府的主人是美国资本家和制造商的联合体。"但美国又不得不把公共利益、社会合作和政府干预置入现代国家的法理要素之中,进而重构现代国家的初始定义,并表明"国家的所有活动都必须缓和和协调财产权与民主制之间的紧张关系"。① 但是这种缓和始终不能触及其由现实基础所决定的资本所强调的个体利益的维护。认真对待权利本质上是认真对待免于政府干预的权利。这一点西方自由主义思想家自己也是承认的。"只有在国家的进一步干预,将导致消灭生产资料的私有制的情况下,自由主义才会断然拒绝国家的干预行为。"②

英国从个体自由、严格法治和有限政府的角度定义了现代国家,并在宪制上加以落实。面对19世纪的社会冲突,美国努力通过个体自由与社会责任、政府权威与契约自由、消极权利与积极权利之间的平衡来重构现代国家的定义。但是其现实基础和所有制的约束不变,这些艰难的平衡终究无法让改革者摆脱迈克尔·卡门所说的"自相矛盾"或两重性。③ 英国和美国对现代国家的定义与重构在法律体系上的转化所面临的危机,同时也是自由主义国家观在把法的现代性置入现代国家的法理要素所必然面对的问题。美国对现代国家初始定义的重构依然无法回避晚期资本主义社会的合法化危机。这种合法化危机的本质是政府干预与社会民主的并行发展以及这一发展的异质性。"因为前者服务于资本主义生产资料私有制,而后者却是对这种发展的揭露。"④这种通过扩大民主的社会基础、强调程序法治和拓展公民权利在法理要素中的意义以获得国家认同的行为,与该行为的目的最终必然成为彼此的障碍。换言之,"政治权力运行中受阶级限制的内容与否认该内容及以某种方式与人民主权思想联系的自我正义的资产阶级民主变

---

① 唐贤兴:《产权、国家与民主》,复旦大学出版社2002年版,第141页。
② [奥地利]路德维希·冯·米瑟斯:《自由与繁荣的国度》,韩光明等译,中国社会科学出版社1995年版,第78页。
③ [美]迈克尔·卡门:《美国文化的起源:自相矛盾的民族》,王晶译,江苏人民出版社2006年版,第198—199页。
④ 郁建兴:《马克思国家理论与现时代》,东方出版中心2007年版,第259页。

成了彼此的'障碍'"。① "阶级妥协的机制自身已成为阶级冲突的目标。"②由此,奥菲提出了著名的"奥菲悖论":"尽管资本主义不能与福利国家共存,然而资本主义国家又不能没有福利国家"。③ 从国家成长与社会发展的长远立场看,美国对现代国家初始定义的重构始终无法摆脱这一悖论。我们可以进一步在为之提供合法化的理论根据的自由主义国家观中发现这一悖论。"这种对强大的国家——其实力的主要来源——的依赖现在也是他们最大的弱点,因为国家实际上赋予了工人阶级在工厂车间和政治中的权力。事实上,从资本家的角度看,国家既是友又是敌。它促成了工业资本主义的兴起(主要是契约自由的保护带来的充分的劳动力资源,引者注)……但也'困住'了资本家,因为个人可以利用进入国家政治的机会,来改善自己的工作条件和工资。"④

第二节 自由主义国家观及其当代转型

革命后现代国家出场后,无论是英国对现代国家的初始定义,还是美国对这一初始定义的重构行动,都不仅需要通过法律体系的构建予以合法化,

---

① Claus Offe, "Structural Problems of the Capitalism State: Class Rule and the Political System. On the Selectiveness of Political Institutions", *The State: Critical Concepts*, 1993: 104-201.
② [德]奥菲:《福利国家的矛盾》,郭忠华等译,吉林人民出版社 2006 年版,第 2 页。
③ 同上书,第 7 页。
④ [美]斯文·贝克特:《棉花帝国——一部资本主义的全球史》,徐轶杰等译,民主与建设出版社 2019 年版,第 330 页。美国对现代国家初始定义重构后其实潜藏了一个因没有重大社会危机而往往被忽视的事实,那就是:"超级阶级精英们早就认识到,公然承认占据头版的强盗式富豪统治是与美国民主和政治平等的文化理念不一致的。——而且对他们的利益也是危险的。公开揭露超阶级政治统治的性质和程度,会使美国政治和公共政策的制度合法性受到质疑,从而放大民主制理念与集中化权力的现实之间的张力。出于这些原因,超级阶级领导人更倾向于让他们的阶级权力的存在和细节远离人们的视野。"厄尔·怀松等:《新阶级社会:美国梦的终结?》,张海东等译,社会科学文献出版社 2019 年版,第 129 页。

而且需要法理论述的展开为现代国家合法化的行动进行辩护。① 如果说法律体系通过对个体权利和有限政府的确认来确立现代国家的初始定义,那么就需要在法理上为个人权利和有限政府提供理论证成。我们从英国关于现代国家初始定义以及美国的重构过程,包括在这一过程所面临的危机中,可以发现这一过程围绕的是以个人权利为核心要素的自由主义国家观。显然,自由主义国家观是从以个人权利为核心的法的现代性出发,来论证现代国家的法理要素,以回应现代社会的异化风险。"自从希腊城邦没落以后,人类无差异的公共生活便成为了历史中的记忆。在这个过程中,现代性逐渐滋生、显形。"②如果说,现代国家的初始定义及其重构取决于该社会的历史和文化条件,以及体现这一条件的法律体系,那么,要了解现代国家的法理要素,就不得不从自由主义国家观入手。在不同的现代国家、不同的成长阶段,自由主义国家观的相对影响并不相同,而且就某一特定的现代国家来说,自由主义国家观中任何一个要素的重要作用都可能在学术史存在着不同的定位或明显的分歧。但是,毫无疑问,就基于法的现代性阐述而来的自由主义国家观关于现代国家的法理叙述的每一个要素在现代国家初始定义和重构的实施中都起着重要的作用。因此,我们想要理解现代国家的初始定义及其重构,就必须彻底理解自由主义国家观及其当代转型。与革命一样,自由主义国家观表达了一种基本的信念:为了创立一个世俗化的现代国家,他们已经与"腐败老朽的欧洲一刀两断"。从这意义上说,现代国家是

---

① 英国著名法律史学家霍尔斯沃思在一系列关于英国法的追问之后一针见血地揭示了英国关于现代法律体系背后的法律理论。只不过他使用了建立在具体的生活事实与人类的需要的基础之上的法律理论来描述自由主义法律观而已。他指出:"英国法学家为何能使他们的法律体系成为世界上最伟大的法律体系之一?他们为何在18世纪建构并运行起一个备受世人景仰的宪制体系?他们如何能够为自己设计出一套完全原创性的,有关财产法、合同法和侵权法的理论?事情的真相是:英国的法学家们从未忽视法律理论的作用。……他们倾向于将法律理论建立在具体的生活事实与人类的需要等稳定的基础之上,而不是建立在机智的哲学家们相互冲突的理论流沙之上。"[英]霍尔斯沃思:《英国法的塑造者》,陈锐等译,法律出版社2018年版,第289页。

② 郁建兴:《马克思国家理论与现时代》,东方出版中心2007年版,第35页。

有意识的创造物。① 当然,我们必须清楚地知道这样一个前提,即在西方世界内部,一个国家的政治生活与自由主义国家观之间的正式或非正式结构性的关系,是个极其错综复杂的问题。

自由主义是一种现代现象,自由主义国家观则是自由主义作为现代现象的重要表现。因此,它既是一种意识形态,又是一种社会秩序。② 如果说现代宪法在英国的出现从法律体系层面标志着现代国家的制度安排的出现,那么 17 世纪后出现的自由主义国家观则从法理要素方面表征着现代国家的价值选择。约翰·格雷在《自由主义》一书中明确把自由主义作为近代学说和近代的意识形态。"尽管历史学家从古代世界,尤其是从古希腊与罗马中,找出自由观念的成分,然则,这些成分仅仅构成自由主义史前的内容,而不是现代自由主义运动的组成部分。作为一种政治思潮与知识传统,作为一种可以辨认的思想要素,自由主义的出现只是 17 世纪以后的事。"③17 世纪英国革命就成为我们追溯自由主义的历史起点,④这样一来,自由主义的历史源头与现代国家的初始定义是同步展开的。诚如拉姆赛所言,在光荣革命后现代国家出场以来,"自由主义概念支配一般大众的思想并影响形形色色政党的实践。可以毫不夸张地说,整个西方的政治制度都建立在自由主义原则及价值观之上并受其制约"。⑤

正是在这个意义上,我们可以说,自由主义国家观是现代社会出场后占主导地位的国家理论叙事。也就是说,无论是英国对现代国家的初始定义,还是美国对现代国家初始定义的重构,自由主义国家观从未缺席,而且其意义及其局限性在这种过程中彰显出来。像西方学者所说的那样,西方现代

---

① [英]维尔:《美国政治》,王合等译,商务印书馆 1981 年版,第 5 页。
② 葛洪义:《法律与理性:法的现代性问题解读》,法律出版社 2001 年版,第 366 页。
③ John Gray, *Liberalism*, Open University Press, 1986, p.ix.
④ 应该指出的是,尽管自由主义的起源可以追溯到 17 世纪,但"自由主义"作为一个名词起源比较晚。现在通行的看法是,"自由主义"这一称号只是在 19 世纪才第一次被用来称呼一种政治运动。李强:《自由主义》,中国社会科学出版社 1998 年版,第 15 页。
⑤ Maureen Ramsay, *What's Wrong with Liberalism: A Radical Critique of Liberal Political Philosophy*, Leicester University, 1997, p.1.

思想其实只有一套学说,那就是自由主义。保守主义是要"保守"自由主义取得的成就,而激进主义则是企图用激烈的方式实现极端化了的自由主义理想。因此,在某种意义上,西方近代思想史就是一部自由主义兴起、发展、受到挑战的历史。① 伴随着现代国家在西方社会的出场和成长,作为自由主义最核心的要素,自由主义国家观对国家与社会、政府与市场、权力与权利之间的法理关系不仅是自由主义本身不可或缺的内容,也是现代国家初始定义与重构必须依赖的知识基础。

一、自由主义国家观的缘起

人类文明的发展总有许多不解之谜,自由主义国家观的缘起便是一例。最早点燃自由主义星火的是欧洲大陆,文艺复兴、宗教改革以及罗马法的复兴推动了西方法律观的革命进程,并指明了价值方向。文艺复兴"于发现外部世界之外,由于它首先认识和揭示了丰满的人性而取得了一项尤为伟大的成就"。② 宗教改革则"将宗教心理以及许多以前一直是借各种形式的天主教和新教教义表达的宗教理想,注入到世俗的政治和社会运动中去"。③ 把人类对上帝的信仰与对人、个体的人、他的本性、他的理性和他的权利的信仰结合在一起。罗马法被欧洲大陆国家普遍接受,则意味着契约观念和所有权主张被西方社会普遍接受,为此必须接受法律高于世俗国家的观念以及以这一观念为基础的制度安排。④ 但颇为有趣的是,自由主义作为一种理论、一种制度,最早出现在英国。当然,我们也可以说是现代国家在英国的率先出场为自由主义提供了现实的舞台,而英国自由主义国家观满足了这一舞台所需要的知识体系。光荣革命后的英国成为自由主义的天堂,

---

① See, Anthony Arblaster, *The Rise and Decline of Western Liberalism*, Basil Blackwell, 1984, p.6.
② [瑞士]雅各布·布克哈特:《意大利文艺复兴时期的文化》,何新译,商务印书馆1979年版,第302页。
③ [美]伯尔曼:《法律与宗教》,梁治平译,中国政法大学出版社2003年版,第61页。
④ [美]伯尔曼:《法律与革命》(第二卷),高鸿钧等译,北京:中国大百科全书出版社1993年版,第356页。

是自由主义关于现代国家的法理想象的精神偶像。孟德斯鸠在《论法的精神》中,以英格兰的法律为楷模,阐释了表彰自由的法律之基本原则与特征。他以难以抑制的情感将英国的法律介绍给法国读者:"世界上还有一个国家,它的政制的直接目的就是政治自由。我们要考察一下这种自由所赖以建立基础的原则。如果这些原则是好的话,则从那里反映出来的自由将是非常完善的。"① 对英国宪法更全面、更系统的讴歌在英国著名法学家布莱克斯通的《英国宪法释义》中,该书认为英国宪法达到近乎完美。② 路易·哈茨在他的《美国自由主义传统:诠释美国革命后的政治思想》一书中称自由主义为美国历史上唯一占主导地位的政治思想传统。

洛克的《政府论》诉诸个人自然权利,探讨了符合自然法的政府起源、目的与范围,讴歌现代政府的到来。密尔在《论自由》中直言不讳地提出国家的价值归根结底在于个人价值的实现。英国学者麦克法兰在其颇有影响的著作《英格兰个人主义的起源》中做过详尽的考察。麦克法兰在研究中发现,在光荣革命之前相当长的一段时间内,作为自由主义基础的个人主义便已经在英国滥觞。英格兰的社会结构、财产关系、家庭生活、道德文化等都表现出某些独有的特征。这些特征不仅不同于亚洲生活与东欧社会,而且在很大程度上区别于欧洲大陆。这些特征的核心要素是个人主义。美国则提供了一种自由主义的天然环境,洛克《政府论》一书的关于政府的理解在这里如鱼得水。《独立宣言》和《合众国宪法》的字里行间充斥着洛克的气息。③ 可见,17世纪英国开启现代国家初始定义的行动不仅体现在现代宪制架构中,而且体现在自由主义国家观之中。也就是说,自由主义国家观的缘起与英国对现代国家的初始定义是同步展开的。自由主义把对个人价值的强调这一核心要素提炼为一套关于现代国家建构的知识传统,并通过强

---

① [法]孟德斯鸠:《论法的精神》,上册,张雁深译,商务印书馆1978年版,第155页。
② See, Alan Macfarlane, *The Origins of English Individualism: the Family, Property and Social Transition*, Basil Blackwell, 1978. 李强:《自由主义》,中国社会科学出版社1998年版,第46页。
③ 钱满素:《美国自由主义的历史变迁》,生活·读书·新知三联书店2006年版,第22页。

有力的政治运动表达出来。这一过程发生在英国光荣革命之后开启现代国家初始定义期间。美国独立战争后也接受了这一知识传统。在这一知识传统中，洛克的主张无疑具有重要的影响力。阿那森在其主编的名为《自由主义》三卷本的著作中直接把洛克列入自由主义殿堂的第一位思想家。这显然不是就其思想的深刻性，而是就其学说所具有"普通人的理性"而言的。①洛克为自由主义国家观的缘起设定了两大基石：一是个人自然权利的主张，我们可以进一步理解为从个人权利出发来界定国家与社会之间的关系；二是政府必须基于被统治者同意的主张，从中我们可以进一步推导出政府权力与公民权利之间的关系。最终，从两大基石中衍生出现代国家的法理要素关于法的现代性的基本定位。在对英格兰法律表达赞赏之余，孟德斯鸠以自由与权力之间的关系为切入点，为自由主义国家观的缘起也作出了理论上的贡献。综上所述，自由主义国家观在英国的缘起及其对现代西方国家宪制的影响表明，其不仅仅是一种学术发展意义上的思潮，也是一种制度建构意义上的教义。自由主义国家观主要有以下几方面的内容。

第一，个人权利是先验存在的，不可侵犯的。在自然状态下，人类是自由且生而平等的，因为理性使他们有对事物发展的预见能力，使他们能够自觉遵守自然法。他们享有自然权利。管理自己事务的权利和执行自然法的权利是先验存在的。在自由主义国家观看来，"人天生都是自由、平等和独立的，如得不到本人的同意，不能把任何人置于这种状态之外，使受制于另一个人的政治权力"。② 这一主张为后来被称为自由主义核心价值的个人主义提出了最初的论述。在个人自然权利的主张中，财产权是典型的和最重要的权利。未经本人同意，国家不能剥夺任何人对财产的排他权。"所有

---

① 关于洛克的思想在自由主义国家观缘起中的地位，萨拜因的评价有一定的代表性。萨拜因说："他的天才的主要标志既不是学识渊博，也不是逻辑缜密，而是集中了无与伦比的常识，他借助于这些常识把过去经验产生的关于哲学、政治、伦理和教育的主要认识集中起来，纳入他这一代更为开明的思想之中。他把这些道理用简明、朴实而有说服力的语言传给18世纪，成为英国和欧洲大陆往后政治哲学赖以发展的渊源。"[美] 萨拜因：《政治学说史》，下卷，盛葵阳等译，商务印书馆1990年版，第587页。

② [英] 洛克：《政府论》，下篇，叶启芳等译，商务印书馆1964年版，第59页。

权的意义就是把使用有限资源的最高权力授予个人。"①这样,财产权既排斥其他人对其财产的侵害,也排斥国家对其财产的戕害。个人结束自然状态就是要寻求更好地保护个人财产权的政治社会,而不是抛弃财产权。因此国家的合法性与合理性基础的关键就在于国家主权不得戕害个人财产权。为了维护政治社会的公共安全,又必须协调个人产权与国家主权的关系。在个人产权不可任意剥夺的前提下,自由主义国家观提出了这样的思路:"财产是神圣不可侵犯的权利,除非有明显的公共需要,经过合法手续,并事先给予补偿,不得剥夺。"②自由主义国家观通过对个人财产权的强调,为政府扩张设置了障碍,有限政府有赖于个人财产权的保护和政府权力及其范围的界定。个人权利与国家权力的界定使私人领域与公共领域分离,个人权利和国家权力及其范围最终以宪法的形式落实下来。在这个前提下,"'宪政'就是'限政',即政府的权力受到宪法和法律严格限制的政治体制。"③这种国家制度不可能在传统政治框架内形成。自由主义国家观缘起于对个体自然权利——特别是财产权——的维护,为超越传统政治逻辑的现代国家的出场提供了知识基础。

第二,个人权利是政府权力的基础。个人权利先于政府而存在,在自然状态中,对个人权利进行规定的困难,是促使"同等自由的人们"建立社会和政府的关键原因。对自然状态的不便之处的补救办法是一种协议或契约,以此创立一个独立的社会,并形成一个"公民组织"或政府。政府的权力是通过个人权利的让渡实现的,政府权威是由社会中的个人赋予政府的。④洛克还提出,当政府权力丧失个人权利的这一基础时,政府将解体。如果政府权力来自于个人权利的让渡,那么这种让渡就不能是不可回收的。天赋人权的理论不仅构建了现代国家的合法性的基础,还包括对现代政府形式

---

① [英]雅赛:《重申自由主义》,陈茅等译,中国社会科学出版社1997年版,第94页。
② [英]托马斯·潘恩:《潘恩选集》,马清槐等译,商务印书馆1981年版,第185页。
③ 赵汀阳等:《学问中国》,江西教育出版社1998年版,第83页。
④ [英]戴维·赫尔德:《民主的模式》,燕继荣等译,中央编译出版社1998年版,第102页。

的看法,即现代政府形式必须是共和制的,政府权力是通过自由且定期的选举来维持其合法性基础的。这在理论上否定了自有国家以来公共权力世袭制和终身制的合法性基础。政府的目的是更好地维护个人权利。伴随着现代国家的出场,自由主义国家观对政府的目的进行了反思。虽然制定和执行法律的权利被转移了,但是整个转移过程是有条件的,这个条件就是,政府遵循它的基本目标:保存生命、自由和财产。用洛克的话来说,"政治权力就是为了规定和保护财产而制定法律的权利,判断死刑和一切较轻处分的权利,以及使用共同体的力量来执行这些法律和保卫国家不受外来侵害的权利;而这一切都只是为了公众的福利"。① 为了实现政府的目的必须实行政治权力的划分,从洛克到孟德斯鸠的横向权力的划分,到杰斐逊的纵向权力的划分,体现了自由主义国家观对政治权力的警惕。

个人权利的完整性和社会的最终目标要求一个其公共权力依法受到限制和分割的立宪政府。洛克从财产权的角度切入,对现代政府起源和目的进行分析:人们有权拥有他们在其中注入了自己劳动的东西,所以人们组成政治社会并不是放弃拥有的东西,也因此政治生活必须使参与者可以接受。而孟德斯鸠侧重于从权力划分的角度,阐述他对专断权力的蔑视以及对正当权力的赞赏。所谓正当权力,孟德斯鸠指的是由一部明智的宪法加以完善界定和约束的政治权力,这部宪法提供了对权力本身的制约机制。"政治自由只在宽和的政府里存在。不过它并不是经常存在于政治宽和的国家里;它只在那样的国家的权力不被滥用的时候才存在。但是一切有权力的人都容易滥用权力,这是万古不易的一条经验。有权力的人们使用权力一直到遇有界限的地方才休止。……从事物的性质来说,要防止滥用权力,就必须以权力约束权力。我们可以有这样一种政制,不强迫任何人去作法律所不强制他做的事,也不禁止任何人去作法律所许可的事。"②由此,我们可以清楚地看到,在孟德斯鸠的心目中,公民真正的政治自由可以在中庸

---

① [英]洛克:《政府论》,下篇,叶启芳等译,商务印书馆1964年版,第4页。
② [法]孟德斯鸠:《论法的精神》,上册,张雁深译,商务印书馆1961年版,第154页。

的国家里得到保障,只要其宪法规定了限制政治权力的具体规则。因为政治自由不能停留在纯粹的概念或抽象的理想上,它应该得到所有公民的良好领悟和感知。① 长期以来,人们认为孟德斯鸠的分权学说是其关于法的精神的反思中的最具原创性的部分,从而为自由主义国家观关于现代国家的法理要素注入了可以制度化的内容。

自由主义国家观体现了它所处的时代特征,它以"清道夫"的姿态为现代国家在西方社会的出场提供了理论论证和制度设想。这些论证和设想不仅构成了现代自由主义的渊薮,更设定了现代国家的合法性框架和法律制度发展的方向。总的说来,自由主义国家观是一个大规模的运动,影响到西欧所有国家和美洲,当然最典型的发展是在英国。自由主义国家观两大基石所承载的价值系统与议会政治、市场经济的耦合结构使英国在17世纪即成为超越城市共和国和绝对主义国家的最早的现代国家。② 只有在英国,"自由主义才同时取得了民族哲学和国家政策的地位"。③《合众国宪法》则是被称有着自由主义天然成长土壤的美国社会对自由主义国家观的体制化的最直接的表现。在法国,虽然有孟德斯鸠、贡斯当和托克维尔对自由主义国家观的阐释,但是自由主义的发展与现代国家的成长一样并不顺利。而在德国,自由主义哲学绝大部分仍然停留在学术研究上,并未扎根到人民的思想中去。自由主义国家观在德国人的思想中被民族统一问题所掩盖。④

物质生产方式的变革是政治生活方式和精神生活方式变革的基础。马克思和恩格斯在《德意志意识形态》中强调:"在起源于中世纪的民族那里,部落所有制先经过了几个不同的阶段——然后才变为由大工业和普遍竞争所产生的现代资本,即变成抛弃了共同体的一切外观并消除了国家对财产发展的任何影响的纯粹私有。现代国家是与这种现代私有制相适应

---

① [美]阿兰·S. 罗森鲍姆等:《宪政的哲学之维》,郑戈等译,生活·读书·新知三联书店2001年版,第82—83页。
② 金观涛:《探索现代社会的起源》,社会科学文献出版社2010年版,第52—53页。
③ [美]乔治·霍兰·萨拜因:《政治学说史》,下册,刘山等译,商务印书馆1986年版,第744页。
④ 同上书,第743—744页。

的。……由于私有制摆脱了共同体,国家获得了和市民社会并列的并且在市民社会之外的独立存在;实际上国家不外是资产者为了在国内外相互保障自己的财产和利益所必然要采取的一种组织形式。"①因此,随着现代所有制形式的建立,现代国家权力的基础和归宿就是保护个人财产权。

自由主义国家观从个人财产权出发论述现代国家的合法性基础,一方面使其获得了对现代性阐释的理论制高点,由此出发,现代西方国家获得了对法的现代性阐述的话语权;另一方面,正如现代国家在19世纪所面临的社会危机一样,自由主义国家观包含着内部的紧张因素。这种紧张因素使自由主义国家观始终要面对一个悖论,即政府是个人权利实现的工具,国家的价值在于个人价值的实现,但由个人组成的社会却对个人的权利构成了危险。当然也可以说是个人的权利对个人组成的社会以及所表达出来的社会性延续造成了障碍。这种危险和障碍到了19世纪通过经济危机和阶级冲突表现出来,进而从根本上削弱了现代国家的社会基础。美国思想家萨拜因也承认,"要说立宪政治和个人自由的理想代表的只不过是资产阶级的利益,这完全是扩大……可是要说在开始时期,这个阶级是这些理想的主要发言人,倒也是事实"。②马克思和恩格斯在《共产党宣言》中则直接分析道:"我们的时代,资产阶级的时代,却有一个特点:它使阶级对立简单化了。整个社会日益分裂为两大敌对的阵营,分裂为两大相互直接对立的阶级:资产阶级和无产阶级。"③当然,只要自由主义国家观还试图为现代国家在西方社会的成长提供知识基础和价值系统,那么就必须用以个体自然权利为核心的现代性要素对其进行修正。

二、自由主义国家观的当代转型

约翰·密尔是推动自由主义国家观的当代转型的代表,同时也是最后

---

① 《马克思恩格斯选集》,第1卷,人民出版社1972年版,第69页。
② [美]乔治·霍兰·萨拜因:《政治学说史》,下册,刘山等译,商务印书馆1986年版,第742—743页。
③ 《马克思恩格斯选集》,第1卷,人民出版社1972年版,第251页。

一个全面阐述自由主义国家观的思想家。自由主义国家观的当代转型是一个持续的过程,而且也是一个价值系统日益复杂的过程。它不仅要面对内部的分歧所引发的激烈冲突,还要面对马克思主义国家观的有力挑战。在弥合冲突和应对挑战的进程中,自由主义国家观的当代转型通过对自由的性质和国家的功能再思考来实现从"清道夫"向"卫道士"的转变。作为"清道夫",自由主义国家观作为现代国家不同于传统国家的价值系统,以超验的叙事方式将个人自由与有限政府作为现代性的核心要素。而承担"卫道士"的角色则要在不放弃自由主义国家观为现代国家价值系统所注入的核心要素的前提下,走向经验生活,寻找转型的契机。"任何人的行为,只有涉及他人的部分才须对社会负责。在仅涉及本人的那部分,他的独立性在权利上是绝对的。"①密尔的这句话表达了自由主义国家观面对经验生活的一种功利立场,这一立场内部的紧张随着经验生活的展开而日益显现。

所谓经验生活可以概括为:19世纪的政府逐步从资本秩序的助产士和监护人转变为资本主义生产关系框架内各种利益及其冲突的协调者,政府自觉或不自觉地积极参与社会和经济生活。"简约说来,促成这一转变的,是工业时代的严峻社会现实和个人主义的深刻危机。只有当个人无法保护自由和不能维护自己的权利时,才会要求他所极其厌恶的政治权力来帮助自己。"②自由主义者对国家的戒备观念日益转化为体制内具体政策的分析。这种转变的背景是:一方面,资本主义政治秩序和经济秩序已经确立,国家本身自然成为"资本家的共同委员会";③另一方面,通过代议制民主政体形式,资产阶级取得了对政治统治权的独占,国家已经成为资产阶级为自己提供服务的工具。因此自由主义否定国家的条件和动力已不复存在。功利主义改造自由主义国家观的现实基础出现了。经济

---

① [英]约翰·密尔:《论自由》,许宝骙译,商务印书馆1959年版,第10页。
② 李剑鸣:《大转折的时代——美国进步主义运动研究》,天津教育出版社1992年版,第120页。
③ 《马克思恩格斯选集》,第1卷,人民出版社1972年版,第253页。

危机的严峻现实和个人主义的深刻危机也使自由主义对政府的态度从排斥转向积极利用。

从另一个角度分析,自由主义"最低限度"国家的概念,实际上是直接与狂热信奉某种干预的思想相联系的,这种干预就是抑制向由所谓的自由市场造成的不平等挑战的行为:自由主义国家观实际上必然是强制性的或强力国家。① 出于捍卫生产资料私有制的需要,现代资本主义国家不可能完全摆脱市民社会的权力关系,而只作为超越所有特殊利益的机构,即作为"公共权力"为"公众"服务。相反,它深深地陷于社会经济关系之中,并与特定的资本利益结合在一起。马克思主义一贯承认,追求普选权和政治平等的运动具有重大的历史进步意义,但是由于阶级不平等和随之而来的对许多人政治、经济和社会生活选择范围的一系列限制,使现代资本的解放潜力受到严重削弱。因此,现代政治发展在质上的突破是不可能在资本体制内完成的。维护生产资料私有制与"自由和平等"公民构成的政治和经济秩序的自由主义理想是存在矛盾的。但毫无疑问的是,"占统治地位的思想不过是占统治地位的物质关系在观念上的表现,不过是以思想的形式表现出来的占统治地位的物质关系……例如,在某一国家的某个时期,王权、贵族和资产阶级为争夺统治而争斗,因而,在那里统治是分享的,那里占统治地位的思想就会是关于分权的学说,于是分权就被宣布为'永恒的规律'"。② 自由主义国家观最终会随着资本雇佣劳动的法理逻辑的完全确立,而完成历史性的转变。

在自由主义国家观的法理叙事中,个人权利和有限政府是现代国家的基石。社会进步的基本观念与个人权利的扩大被认为存在着密切的联系。梅因关于从身份到契约的进步这一著名论断,作为一个基本原则被采纳。社会只有面临陷入混乱的危险时,才能背离这一原则。如经济危机或战争发生的时候,才会出现宪政独裁的时期。一俟经济危机或战争结束,宪政民主体制就恢复。20世纪以来,自由主义国家观发生了一个明显的变化,就

---

① [英]戴维·赫尔德:《民主的模式》,燕继荣等译,中央编译出版社1998年版,第166页。
② 《马克思恩格斯选集》,第1卷,人民出版社2012年版,第178—179页。

是不再过分强调个人权利和有限政府了。虽然"个人意志自主在社会上的优先地位仍然得到承认,同样,契约范围的扩大在法律史上发挥了积极的作用",但是"人们开始对从'身份到契约'的运动是代表社会进步的唯一途径的观念提出了异议。契约自由让位于社会福利和对一个更公平的工作和生活水准的维护。福利国家的出现使梅因格言的效力大减"。① 自由主义国家观对市场机会主义的承认和反思,为政府广泛而积极地参与经济和社会事务提供理论依据。萨缪尔逊等就认为:"从福利经济学的立场出发,批评者指出,资本主义制度在四个重点上同他们的关于社会最优的说法相违背:不适当的收入分配,不完全竞争,外部经济效果,以及宏观经济的不稳定性。"②市场失败是政府干预的直接前提。自由主义国家观对公民权利的关注超过了对个人自由的极度偏好,也搁置了对有限政府的片面强调。这里非常重要的一点是,在自由主义国家观的当代转型中,出现了积极意义的自由观,它是"从事值得做或享受值得享受的事物的一种积极的力量或能力",而且这种自由必须是我们与其他人共享的。③ 那么,以民主的名义行使权力的政府就必须促成这种共享。

这种共享不断要求自由主义国家观提供一种适应于新时代的新的智慧。在自由主义国家观的当代转型中,一个重要内容就是把公民权利和社会正义当作自由主义不可回避的问题加以阐述,为此他们认识到私人领域和公共领域的对立以及经济力量与政治力量的分离之危险。英国的霍布豪斯、格林,美国的悉尼·胡克、罗尔斯和德沃金等人是这一时期自由主义的重要代表人物。他们试图把个人权利上升为公民权利,把已经法律化的政治范畴,诸如平等、民主、公正,引入经济生活领域,以实现现代国家的改造过程。罗素主张通过合作主义来限制私有制在经济上的绝对自由,"按照合

---

① [美]伯纳德·施瓦茨:《美国法律史》,王军等译,中国政法大学出版社 1990 年版,第 211 页。
② [美]萨缪尔逊等:《经济学》,下册,杜月开译,中国发展出版社 1992 年版,第 1161 页。
③ [美]乔治·霍兰·萨拜因:《政治学说史》,下册,刘山等译,商务印书馆 1986 年版,第 799 页。

作主义的观点,政府的支配能力已经提高,这就使它能够为经济和政治事务构建一个框架"。① 其目的在于维护社会正义和经济民主。胡克等人则提出把经济安全作为现代民主的积极条件。在他们看来,"事实上一切公开形式的经济压迫,既然它是直接为个人所体验到的而且因为他的生活的其他许多方面都依靠经济上的安全,这就是对民主的公开挑战"。② 由此他进一步提出,经济控制服从政治控制是民主的前提之一;真正的民主必须包含着被统治者有通过他们的代表来控制经济政策的权利。实用主义者约翰·杜威在谈到现代自由主义时指出,"凡是不能给数以百万计的人们以基本的安全的任何制度,都不配称为拥护个人自由和发展的有组织的制度"。因而,"自由主义为了能够继续存在于目前的情况下,必须采取过激的态度,这就是说,不要用社会力量去改变现存主动的有害结果,而要用社会力量去改变制度本身"。③ 现在必须根据与社会生活需要相符合的条件使所有权的社会观念重新得到正确的位置,应该把经济上的公正作为国家的指南。"积极国家"对社会经济生活的干预是国家责任的题中应有之事。现代自由主义者霍布豪斯把国家干预经济的权力称为国家的"经济主权"。④ 罗尔斯的正义论、德沃金对美国宪法的道德解读都侧面强调了政府承担解决社会分配危机的责任。⑤ 可见,把个人权利上升为公民权利,个人公正上升为社会公正,在这个转型过程中自觉地提高了对现代国家对社会生活的强制能力和公共利益延续的信心。由此引出了20世纪以来自由主义国家观面临的最为艰巨的任务,即想方设法从自由放任式的个人主义和"经济无政府"状态过渡到一种体制,"它能够出于社会正义和社会稳定的考虑有意识地对经济力量进行控制和引导"。⑥

---

① [英]戴维·赫尔德:《民主的模式》,燕继荣等译,中央编译出版社1998年版,第287页。
② [美]悉尼·胡克:《理性、社会神话和民主》,金克译,上海人民出版社1965年版,第286页。
③ [美]约翰·杜威:《人的问题》,傅统先等译,上海人民出版社1965年版,第106页。
④ [英]霍布豪斯:《社会进化与政治学说》,廖凯声译,商务印书馆1935年版,第223页。
⑤ [美]罗尔斯:《正义论》,谢延光译,上海译文出版社1991年版,第11页;[美]德沃金:《自由的法——对美国宪法的道德解读》,刘丽君译,上海人民出版社2001年版,第50页。
⑥ [美]特伦斯·鲍尔等:《剑桥二十世纪政治思想史》,任军峰等译,商务印书馆2016年版,第48页。

自由主义国家观审视洛克设定的现代国家两个基本假设前提后,在理论上最为明显的转变是:试图把自由与民主、民主与效率、自由与公正联系起来,置于实际的事件背景下考察,以向人们提供一个完整地体现自由、民主、正义和效率精神的法理叙述。这一法理叙述不再是预先界定的,除非是在最一般的意义上。

自由主义国家观的转型在美国表现得最为积极。富兰克林·罗斯福对自由主义国家观的当代转型起了非常重要的推动作用。他对自由主义国家观的当代转型的贡献,在于他把自由与安全、经济平等与国家责任、个人权利与社会正义结合在一起,在现代国家的法理要素中改变了公共领域与私人领域的分离状态,并赋予了在宪制框架内的公共权力以公共责任。在他看来,没有经济上的安全与平等,就没有真正的自由。美国的自由已经处于经济垄断所导致的威胁之中。为此,他主张国家干预经济生活,推行充分就业和广泛的社会福利计划。他认为宪政制度得以继续存在下去的唯一依据和理由,就是存在着一个坚强得足以保卫人民利益的政府,以及坚强而又充分了解情况,足以对政府保持至高无上统治的人民。罗斯福再三强调了有效的公共权力解决社会分配危机的必要性,"限制少数人集团滥用权力和特权",维护"民主政治的道德"的必要性。[①] 由此,罗斯福把公共领域与私人领域、政治自由与经济公平、公民权利与社会正义、国家主权与国家治权联系在了一起,从而使自由主义国家观适应了经济生活、政治发展以及社会冲突领域的变化,修正了关于法的现代性的教义。

综观自由主义国家观的当代转型,我们不难发现自由主义国家观的变化轨迹以及流变性质可以归纳为以下几个重要方面:其一,自由主义开始承认私人领域和公共领域、个人利益和社会正义、政治民主和经济自由的对立统一关系;其二,现代自由主义对这些矛盾域的解决方式和思考理路与古典自由主义存在着明显的分野,他们清醒地承认政府在个人与社会之外的

---

① [美]富兰克林·德·罗斯福:《罗斯福选集》,关在汉编译,商务印书馆1982年版,第126、128页。

力量存在;其三,他们从市场经济体制运作的缺陷中体悟到了政府的积极意义;其四,观念的转变不意味着现代自由主义要否定市场本身,而是要矫正市场的制度偏好,他们相信只要在现有的制度框架中充分发挥政府的积极作用,就能避免社会革命。这几个方面的变化只不过是自由主义成为现代西方国家意识形态以来,对社会发展过程的现代回应。正如法哲学家哈特对国家观的这种变化所形象地描述的那样:"旧的信仰是,某种形式的功利主义必定能够把握住政治道德的本质",新的信仰则是"真理必定存在于关于基本人权的学说,它倡导保护特定的个人的基本自由和利益……而在不久之前,许多哲学家花费大量的精力和才智撰写功利主义著作,现在哲学家们则把其主要精力和才智花在表达基本权利的理论上"。① 现代自由主义在阐述基本人权观念的过程中开始对国家产生信任甚至仰仗了。现代国家不仅要维护正义——这是私人之间相互作用的基础——而且要制定公共政策。自由主义国家观不否认在法律体系中政治生活的民主化是件好事,但它需要表明立宪政府怎样能够既是受到制约的又是能动进取的,也就是说,既能积极促进社会福利,又不陷入仅仅在其组织得最好的公民之间分配利益的专制之中。②

然而,自由主义国家观当代转型以来,始终存在着另一种批评声音,这种批评指责现代自由主义对国家的回归背叛了自由主义传统,这将颠覆西方宪政制度。③ 但不可否认的是,无论积极自由、有效政府、公共利益与社

---

① 转引自俞可平:《社群主义》,中国社会科学出版社 1998 年版,第 20 页。
② [美]斯蒂芬·L.埃尔金等:《新宪政论》,周叶谦译,生活·读书·新知三联书店 1997 年版,第 39 页。
③ 这种批评声音中比较有代表性的就是美国著名学者诺齐克。他在罗尔斯发表《正义论》三年后发表了《无政府、国家和乌托邦》,该书对罗尔斯运用无知之幕演绎分配正义的主张提出了猛烈的抨击。诺齐克认为,20 世纪政治哲学和法律哲学的一个最显著特征是分配主义和再分配主义,它鼓吹运用政府权力重新审定财产权,限制私人财产的增殖和转让,从而对社会财富进行再分配。诺齐克针对此提出了他的"资格理论",认为财产权与自由权是不可分割的,财产权是个人行使自由权所获得的一种资格。不论个人行使权利的过程造成的财产差别如何悬殊,只要这一过程符合正义的程序,国家和政府都无权对财产权(资格)进行分配和再分配。诺齐克不否认不加限制的财产权会造成财产集中于少数人手中的可能性,但他争辩说,由于财产权的不平等符合历史原则和(转下页)

会正义在自由主义国家观的当代转型中获得多大的关注,其目的依然在于延续消极自由、有限政府、个体自由与个体正义。如果说自由主义国家观的当代转型"试图在自由主义中引入国家主义因素的话,他们的目的是以国家主义拯救自由主义,而不是以国家主义取代自由主义"。①

可见,自由主义国家观的当代转型的每一步都包含有自己的对立面。"在一般词句中标榜自由,在附带条件中废除自由。"②从密尔对代议民主的阐述中同样可以发现这种悖论:一方面要以最高权力掌握在人民手中的名义推进民主,另一方面又要以所谓的社会暴虐名义限制民主。这种悖论是从自由主义国家观缘起时就附带着的,并不因当代转型而消失。在某种意义上,当代转型暴露了自由主义国家观对人的社会性的漠视和对经济事实的千方百计的掩盖。正如恩格斯所说:"国家一旦成了对社会来说是独立的力量,马上就产生了另外的意识形态。这就是说,在职业政治家那里,在公法理论家和私法法学家那里,同经济事实的联系就完全消失了。因为经济事实要以法律的形式获得确认,必须在每一个别场合都采取法律动机的形式,而且,因为在这里,不言而喻地要考虑到现行的整个法的体系,所以,现在的法律形式就是一切,而经济内容则什么也不是。"③但就是这种什么也不是的经济内容,从自由主义国家观成为现代国家意识形态那一刻起决定了其无法克服的内在悖论。

三、自由主义国家观的悖论

托克维尔面对现代世界的兴起,直截了当地说了一句:"一个全新的社会,要有一门新的政治科学。"④当代著名经济学家道格拉斯·诺斯在研究

(接上页)顺乎自然的事实,对财产权的再分配会造成更大的不平等,即个人权利的不平等,这样,对个人权利的干涉就使社会正义丧失意义。[美]诺齐克:《无政府、国家与乌托邦》,何怀宏等译,中国社会科学出版社1991年版,第172—177页。
① 李强:《自由主义》,中国社会科学出版社1998年版,第110页。
② 《马克思恩格斯选集》第1卷,人民出版社2012年版,第682页。
③ 《马克思恩格斯选集》,第4卷,人民出版社2012年版,第260页。
④ [法]托克维尔:《论美国的民主》,上卷,董果良译,商务印书馆1988年版,第8页。

制度经济史论时提出了经济秩序的知识社会学,"如果没有一种明确的意识形态理论或知识社会学理论,那么,我们在说明无论是资源的现代配置还是历史变迁的能力上就存在着无数的困境"。[①] 自由主义国家观就是在全新的社会里,从现代国家应该是什么出发,阐释现代国家的法理要素,并为现代法律体系构建和发展提供理论依据。虽然我们可以从形形色色的国家观中接受这样一个结论:"如果认为我们可以发展出一个完全确定性的国家理论,那么它必须被拒绝。"[②] 但是我们要肯定自由主义国家确立了现代国家的法理要素并影响了革命后西方社会对现代国家的想象。同时,我们必须厘清自由主义国家观的悖论。也就是说要理解何谓现代国家,可以从自由主义国家观中寻找。这个过程与发现其悖论是同时展开的。

悖论之一表现为工具理性困扰价值理性。自由主义国家观的一个核心问题是:在一个以合法合理地追求私利为特征的世界上,政府应该如何维持,应当采取何种形式。洛克提出,没有可靠的理由可以让人们相信统治者会为公民自由地追求其利益而主动提供一个适当的制度框架。洛克和孟德斯鸠以相异却又相互补充的方式认为,必须对得到合法认可的政治权力加以限制。但是古典自由主义思想家没有进一步发展他们的观点,也没有形成我们现在看来至少是他们应该推演出的逻辑结论。这其中一个深层的原因就是自由主义国家观内部对现代国家的制度设计的价值理性与工具理性之间的冲突。他们既要为行将到来的现代国家提供合法性论证,又要为市民社会提供合理性的制度框架。偏向任何一方都无法回到自己的理论起点。如果说作为"清道夫"尚可以用自然权利观来回避价值理性与工具理性之间的冲突,那么要扮演"卫道士"这一角色的话就无法回避了。密尔用功利主义来改造自由主义国家观时,坚守个体价值这一价值起点,但又不得不接受国家价值的正当性,一方面要落实民主的最好形式,另一方面又以"好

---

① [美] D. C. 诺斯:《经济史中的结构与变迁》,陈郁等译,上海三联书店、上海人民出版社1991年版,第51页。
② Bob Jessop, *The Capitalist State: Marxist Theories and Methods*, Blackwell, 1982, p.211.

的专制"的风险极力限制民主的社会基础。

20世纪现代世界总体格局的演化,一方面是来自于西方国家内部对自由主义国家观的争论,尤其是在所谓最富有自由民主精神的魏玛宪法失败之后,对于自由主义国家观的争论更为激烈;另一方面是社会主义政治制度的建立无疑使自由主义更为自觉地承担起资本主义制度卫道士的角色,推动了自由主义向工具理性的立场倾斜。现代自由主义对政府的认识及新自由主义的反思体现了自由主义国家观在价值理性与工具理性之间存在着的冲突。新自由主义的反思代表了自由主义自其产生以来在这个问题上的困惑。"只要人们认为有可能达到某种标准并按照这些价值构想出未来的政治秩序,就足以激起人们对过去的政治思想进行创造性的检验,但一旦得出结论说,一切价值是个人或团体偏爱的表现,并说这些偏爱又反过来反映个人或团体的生活经验,那么这种积极研究价值的动力似乎就消失了。"① 这句话已经昭示了自由主义宪政观的价值理性与工具理性之间的冲突。

价值理性与工具理性之间的冲突是自由主义国家观本身无法解决的难题。如果我们不承认自由主义国家观在实践中的真正实现取决于政治关系的起初论述的话,我们就会陷入对自由主义国家观的性质的严重误解。同时,"任何单一的价值,不论是自由还是正义。如果被看作绝对的和压倒一切的,并且被严格运用的话,就可能导致极端"。② 当法律体系成为有产阶级的政治工具时,它就被代表狭隘利益的力量所扭曲。自由主义国家观试图平衡限制政府的价值主张与保护财产权的利益要求之间的冲突,但是那种限制权力并使其服务于自我约束之道德的更普遍和抽象的愿望由于这种以利益为中心的法律体系的出现而面临一个艰难的时期。③ 自由主义国

---

① [美]詹姆斯·A.吉尔德、文森特·A.瑟斯比等:《现代政治思想》,杨淮生译,商务印书馆1985年版,第388—389页。
② [美]丹尼尔·贝尔:《资本主义文化矛盾》,赵一凡等译,生活·读书·新知三联书店1989年版,第321页。
③ [美]埃尔金等:《新宪政论》,周叶谦译,生活·读书·新知三联书店1997年版,第92页。

家观把个体价值作为现代国家的法理要素的核心,但是"自由主义并不憎恶政治权力。……不管是优点还是缺点,自由主义是迄今出现的最有效的国家建构哲学"。① 20 世纪以来,这种最有效的国家建构哲学在西方社会内部服从其价值理性的法理,在外部世界则显示其工具理性的法理。前者是为维护资本对劳动的自由雇佣关系,后者则是为了维护中心与外围的英美中心主义逻辑。

悖论之二表现为代议制民主反对私有财产权。马克思发现:"在研究国家生活现象时,很容易走入歧途,即忽视各种关系的客观本性,而用当事人的意志来解释一切。"②这里说的"各种关系的客观本性"是什么?马克思分析的结果,便是发现了私有财产在国家政治和市民生活中的作用。在此之前,马克思用"私人利益"和"国家利益""现实和管理原则之间的矛盾""人类本性的普遍自由和特权等级的特殊自由""特权和普遍权利"等概念来规定这层关系。现在,马克思把这种形式上的对立归结为私有财产与人的对立。这也就加深了马克思对现代资本主义国家的认识。他明确表示:"最高阶段的政治制度就是私有制"。"政治国家对私有财产的支配权究竟是什么呢?是私有财产本身的权力,是私有财产的已经得到实现的本质。"③"独立的私有财产,即抽象的私有财产以及与之相适应的私人,是政治国家的最高构成。政治的'独立'被说成'独立的私有财产'和'拥有这种独立的私有财产的人'。"④私有财产的意志是政治国家的最高存在。在这里是没有人的真正自由可言的。

自洛克以来,自由主义一直把私有财产作为最高的伦理性存在。一方面把财产权与自由联系在一起。按照这种观念,私有财产权是神圣不可侵犯的权利,对私有财产权的侵犯就是对人的自由的侵犯,因此私有财产

---

① Stephen Holmes, *Passions and Constraint: on the Theory of Liberal Democracy*, the University of Chicago Press, p.xi.
② 《马克思恩格斯全集》,第 1 卷,人民出版社 1956 年版,第 216 页。
③ 同上书,第 369 页。
④ 同上书,第 375 页。

权越少受到外界的干预，人的自由度就越大。"这种思路源于约翰·洛克关于物质财产是个人自由的延伸的概念，即私人纯粹是拓宽人们行动范围的工具。"① 另一方面把私有财产权的保护与政府的目的联系在一起。把对私有财产的保护与创造有利于私有财产扩大的外部环境作为现代国家的法理要素的核心，从私有财产权的角度提出有限政府的主张，继而提出以代议制政府作为最好的政府形式是自由主义国家观的必然结论。在他们看来，管辖范围和权力容量受到自由原则严格限制的代议制政府，和从总体上支配着经济关系的自由放任原则，是"自由的共同体"和"辉煌的繁荣"的根本条件。在相当长的一段时间里，限制选举权的主张与实践的本质就在于此。

首先，从私有财产权的角度来分析。就私有财产权本身来说，默认不同等的个人天赋，因而也就默认不同等的工作能力是天然特权。所以就它内容来讲，它像一切权利一样是一种不平等的权利。② 而洛克关于私有财产权作为基本人权的结论是与他在分析财产权时所展开的前提相关的。他的前提是：第一，每个人对财产的占有"以供我们享用为度"；第二，自然是丰裕的，上帝是恩惠的，每个人都是可以通过劳动，取得属于自身的一份，而又不构成对他人自由的侵犯。③ 但事实上，人类可用资源是有限而稀缺的，财产是可以无限制地积累和扩张的。私有制历史发展的逻辑必然导致社会贫富分化。一旦出现这种局面，财产权与人的自由就开始分离了。如果自由意味着首先和主要是资本的自由，那么自由就不可能普遍实现。实际上，这种自由意味着人们的生活条件处于资本主义私有财产权的公然支配之下，它意味着屈从于少数富人的经济决定，而这些决定是不会考虑任何普遍利益的，它也意味着对密尔笔下的所谓"好的专制"的否定。正如美国历史学家比尔德通过对《联邦党人文集》、美国制宪会议上的辩论、当时的报纸和宣传册的分析指出，财产权是先于宪章的，宪法承认和保证了这些权利，少数

---

① [美] 阿瑟·奥肯：《平等与效率》，王忠民等译，四川人民出版社1988年版，第50页。
② 《马克思恩格斯选集》，第3卷，人民出版社2012年版，第364页。
③ [英] 洛克：《政府论》，下篇，叶启芳等译，商务印书馆1964年版，第21页。

人的实质利益永远是免于遭到大多数人的攻击是立宪者坚守的底线共识。①

其次,从代议制民主的角度来分析。代议制民主在历史上"并不是民主理论的产物",而是封建社会晚期阶级力量的对比中,产生的"制度性妥协"的产物。"赢得纳税人的合作。君主们不得不作出必要的让步——建立一个机构,使纳税人的代表能够对政府的财政收入和财政支出有所控制。这便是议会的起源。"②可见,代议制政府的初衷是排斥政府对财产权的干预,控制政府的非政治行为。资本主义制度的确立,自由主义国家观进一步把现代权力的主要根源——生产资料私有制——非政治化。私有财产权被专断地视为似乎完全不是一个政治问题,经济被认为是具有非政治性的问题。据此,生产资料的拥有和控制者与必须靠工资谋生者之间的分裂,也就被认为是随意的个人比较结果,而不是涉及国家的问题。但是,由于捍卫生产资料私有制,国家不可能摆脱市民社会的权力关系,而只作为超越所有特殊利益的机构,即作为"公共权力"为"公众"服务。相反,它深深地陷在社会经济关系之中,并与特定利益结合在一起。③ 另一方面,代议制民主本身将产生对自由主义国家观初衷的反动。为什么密尔一再强调社会暴虐问题,提出实行复票制,就是因为他意识到若要深化民主必然带来对私有财产权的反动问题。作为一种政府形式,代议制民主从体制上承认了人民主权的实现形式,承认现代国家的合法性基础在于人民的同意。既然它可以在封建社会里为资产阶级保护自己的利益提供制度框架,那么它同样可以在资本主义社会里为无产阶级保护自己的利益提供制度框架。这就是从各种政治力量对比的角度得出国家权力的相对自主性问题。从最终和根本意义上说,这种国家权力的自主性是虚幻且暂时的。但问题在于,代

---

① [美]比尔德:《美国宪法的经济解释》,夏润译,江苏凤凰科学技术出版社2017年版,第118—119页。
② 王绍光:《公共财政与民主政治》,《战略与管理》1996年第2期,第32页。
③ [英]戴维·赫尔德:《民主的模式》,燕继荣等译,中央编译出版社1998年版,第167页。

议制民主承认普选权的前提下,随着无产阶级政治觉悟的上升,普选权必然会成为废除私有财产权的现代工具,成为无产阶级改造现代国家的"现成"制度框架。新自由主义阵营里的公共选择学派理论家布坎南在《自由的限度》一书中提出这样的论断:"我们时代面临的不是经济方面的挑战,而是制度和政治方面的挑战。"①他们看到了代议制民主体制对私有财产权的反动。按照他们的解释,由于穷人在数量上超过了富人,在实行普选权的情况下,收入较低的阶级将会通过立法来反对已经确立的私有财产权。这才是密尔所忧虑的所谓议会民主被"普遍的无知"和"阶级立法"绑架的真面目。

从上面的分析中不难发现自由主义国家观在私有财产权与代议制民主问题上的冲突。自由主义国家观一方面要维护私有财产权的神圣不可侵犯的地位,把经济问题与政治问题割裂开来;另一方面又要论证现代国家的合法性基础,主张通过代议制民主体制实现人民主权。而问题的严重性在于,代议制民主必定与特定的利益结合在一起,如果把代议制民主的逻辑真正贯彻下去,必然与私有财产权这一特殊利益相违背。自由主义宪政理论给西方现代国家出了一道难题:对私有财产权究竟干涉到什么程度,才不至于伤害资产阶级和劳动人民两方面的利益,从而维护现代国家的合法性。这是自由主义国家观最大的困境,因为这是不可能在资本主义制度框架内解决的。也正在这个意义上说资产阶级国家的宪法"每一节本身都包含有自己的对立面"。②

悖论之三则是公民权利对抗个人权利。以人民主权原则提出的现代国家合法性基础,是新兴市民阶层的政治权利诉求的表达,以此取代以神权政治原则提出的古代国家合法性基础的地位。"这种转变引发了市民们旷日持久的争吵,换言之,现代民主理论导致了国家政制正当性的不稳定局面:

---

① 布坎南:《自由的限度:在无政府状态和极权主义国家之间》,芝加哥大学出版社1957年版,转引自[法]亨利·勒帕日:《美国新自由主义经济学》,李燕生译,北京大学出版社1985年版,第153页。
② 《马克思恩格斯选集》,第1卷,人民出版社2012年版,第682页。

民主意味着'人民'作主,但这个'人民'从来就不是一个和谐、平等的整体,利益冲突引致的无休止的争辩不可避免。"①一方面广大劳动人民基于宪法倡导的公民权利平等的政治原则不断引发社会革命的政治行动;另一方面以个人主义作为宪政主义国家合法性的基础,又使国家的合法性基础有如建立在一个沙堆之上。② 这一自由主义国家观的内在缺陷,最深层地植根于自由主义共同肇始的理论假设,即个人乃使一种孤立的、非社会的造物和一种只关注个人私利的造物,而所谓社会和政体只是个人与个人的联合的结果。因此他们强调个人权利对社会的绝对优先性,把个人权利当作评判社会政治结构和政治行为的基本准则。如果说个人主义在自由主义国家观建立伊始尚可为现代法律体系的建构提供价值支撑的话,那么随着现代国家对公民权利的张扬,必然产生个人权利与公民权利的冲突。自由主义国家观从一副虚构的人性图景出发,建构起了对社会的解释,即社会契约只有在这样一种情形中得到正当性证明:调整个人间关系的诸原则必须与那些达成社会契约的个人所自愿接受的原则相一致。但这种解释完全忽略了人作为社会存在的本质。换言之,这种基于自由主义国家观原子式个人主义的理论假设,未能而且也不可能对支配社会互动的经济、政治和历史过程给出真实且充分的解释。③ 在启蒙时期,卢梭就对霍布斯所谓自然状态中人的观念进行了批判,④当代支持社群主义的西方思想家正是拽住了自由主义这个无法解决的冲突,展开对自由主义的猛烈批评。⑤

---

① 刘小枫:《现代性社会理论绪论》,上海三联书店1998年版,第94页。
② [英]约翰·基恩:《公共生活与晚期资本主义》,马音等译,社会科学文献出版社1992年版,第287页。
③ 邓正来:《哈耶克的社会理论——〈自由秩序原理〉代译序》,载[英]哈耶克:《自由秩序原理》,邓正来译,生活·读书·新知三联书店1997年版,第46—47页。
④ [法]卢梭:《论人类不平等的起源和基础》,李常山译,商务印书馆1962年版,第70—71页。
⑤ 自由主义与社群主义的争论为我们了解自由主义在个人权利与公民权利问题上的冲突提供了一个分析的窗口。关于他们之间的争论,俞可平:《社群主义》,中国社会科学出版社1998年版,第21—43页;关于方法论的社群主义与规范性的社群主义对个人主义的批判,韦森:《文化与制序》,上海人民出版社2003年版,第88—89页注释2;当然我们必须把自由主义与社群主义之争脱离西方文化的背景来理解。应奇:《从自由主义到后自由主义》,生活·读书·新知三联书店2003年版,第94页、第97页注释46。

无论是自由主义国家观初期关于个人自然权利的设想,还是 19 世纪功利人假设,都是超阶级的理论预设或有意掩盖,因此他们在赋予这些抽象的个人以生命、健康、自由和追求幸福的权利时,也同时把这些权利普遍地赋予每个共和国的公民。也就是说,自由主义国家观不能从法理上排除公民普遍人权的要求。但是其关于个人权利的抽象主张却必然在私有制经济基础上演绎为"赤裸裸"的资产阶级的"一己之利"。这在以私有制为经济基础的社会里是必然的普遍性结局。从理论自身的逻辑来看,由于自由主义未能也不可能对支配社会互动的经济、政治和历史过程给予真实而充分的解释,使他们没有看到或不愿承认,现代社会的经济、政治和历史过程本身就限制了人们在实现公民权主张时的初始条件,这就意味着不平等地对待人们。这是一种不可避免的逻辑。马克思对这个逻辑所体现的冲突分析道:只有在流通领域,才"确实是天赋人权的真正乐园。那里占统治地位的只是自由、平等、所有权和边沁"。但是一旦离开了流通领域,"就会看到,我们剧中人的面貌已经起了某些变化。原来的货币所有者成了资本家,昂首前行;劳动力所有者成了他的工人,尾随于后。一个笑容满面,雄心勃勃;一个战战兢兢,畏缩不前,像在市场上出卖自己的皮一样,只有一个前途——让人家来鞣"。①

　　资本主义经济运行的逻辑暴露了自由主义国家观在个人权利问题上的真实面目。正是自由主义国家观在个人权利与公民权利上的冲突使我们更为深刻地理解,自由主义有限政府的概念实际上是与过分地信仰某种干预的思想联系在一起的,这种干预就是抑制一切向所谓自由市场造成的不平等提出挑战的行为。也就是说,自由主义人权理论的抽象性和超阶级性,无法在逻辑与实践上排斥其他阶层的对公民权的要求。因此,一方面是其他阶层基于宪法上规定的公民权对政治权利的诉求,另一方面是以个人主义作为契约论的基础,使国家的合法性建立在一个流动的沙堆上,国家对公民权的限缩也成为必然的选择。在关系到现代国家合法性的选举权问题上,

---

① 马克思:《资本论》,第 1 卷,人民出版社 1975 年版,第 199—200 页。

这种冲突表现尤为直接。①

"20 世纪自由主义面临最核心的挑战在于确定适当的政府和金融结构以持续协调货币、知识与不确定性之间的关系。"②对于自由主义国家观的悖论及其所面临的困境,哈贝马斯认为,不存在根本解决之道,因为危机的避免有赖于以生产资料所有制为核心社会结构的根本变动,而这在西方资本主义国家范围内是不可能的。经过当代转型以及 20 世纪下半叶以来的反思,自由主义国家观接受了政府干涉和积极权利,从而为现代资本主义国家通过社会性立法的制度安排,来预防和补救合法性面临的威胁提供法理支持。正如哈贝马斯指出的那样,"国家合法性问题不在于如何掩盖国家活动和资本主义经济之间的功能联系,以利于解释意识形态的共同利益……相反,国家的合法性问题在于把资本主义的经济成就,表现为普遍利益的最大可能的实现。在这种表现和假设中,国家有责任在纲领和规划上把功能失常的副作用限制在人们可以接受的范围内"。③ 现代国家初始定义中的人民主权追求与阶级本质约束之间的矛盾,自由主义国家观中的以个体自由为核心的现代性诉求与社会合作必要性阐述之间的冲突,以及现实中的矛盾与学理上的冲突将伴随现代西方国家成长与自由主义国家观转型的未来。随着西方中心主义的出现,危机和对立在这一未来中变得更加复杂。"所有国家确实曾经给予西方思想一定的地位,因为他们感到为了保持独立与实现某些进步,这样做是必要的。但当代世界的人们并不曾因此而放弃最近还为他们的社会所普遍接受的看法。大家无疑都承认西方在技术上的优势;至于笼统地说西方文明的优势,那就众说纷纭了。"④这句话应该是针

---

① 美国学者比尔德在《美国宪法的经济解释》一书全面分析了主权在民的法理如何被经济利益所撕裂的现实。对选举权问题的不统一同样暴露了这个现实对民主的真实伤害。[美]查尔斯·比尔德:《美国政府与政治》,朱曾汶译,商务印书馆 1987 年版,第 42—43 页。
② [美] 特伦斯·鲍尔等:《剑桥二十世纪政治思想史》,任军峰等译,商务印书馆 2016 年版,第 64 页。
③ [德] 哈贝马斯:《重建历史唯物主义》,郭官义译,社会科学文献出版社 2000 年版,第 283 页。
④ [法] 勒内·达维德:《当代主要法律体系》,漆竹生译,上海译文出版社 1984 年版,第 29 页。

对自由主义关于现代国家的法理要素的主张的。问题在于,自由主义国家观关于现代国家的法理要素以及法律体系转换所要恪守的价值观的美好程度远超真实生活,而由于利益的诱惑往往大于现代性的使命感,自由主义国家对现代国家的法理要素的实际兑现程度(从人民主权的合法性表达到个体权利的合理性界定)从现代国家在西方社会出场起就有巨大的差距。

自由主义国家观及其当代转型与革命后现代国家的出场和改革紧密联系一起。革命、宪法和自由主义国家观三者结合在一起确立了现代国家的出场、法律和法理。革命改变了传统国家的社会结构方向,宪法确立了现代国家的法律框架,自由主义国家观则叙述了现代国家的法理要素。这一过程是从西方开始,但正如其内部的重构与转型一样,我们不可以把西方在革命、宪法和国家观三者之间的关系模式化。任何模式化都无助于我们真正理解这三者在现代国家建构与发展中的真实面相。更重要的是,正如前面的分析,借用帕森斯教授的话来说,凯恩斯在《资本主义、社会主义与民主》一书中所认定的自由民主和资本主义"包括许多可能性"是否正确?这其中有与社会主义相近的吗?与市场分配相结合的私有权与平等主义理想是否无法达成一致?在现代性的法理逻辑中,市场和私有化的范围在哪里?在何种程度上它们与社会公民权的要求相冲突?到了20世纪末,所有这些问题中没有一个得到最终的解答,甚或能够得到解答。① 自由主义国家观不仅没有削弱制度性阶级歧视,反而不断借助20世纪以来社会经济结构的变化巧妙地予以深化。②

以昂格尔为代表的批判法学的兴起在一定意义上代表了西方社会内部

---

① [美]特伦斯·鲍尔等:《剑桥二十世纪政治思想史》,任军峰等译,商务印书馆2016年版,第531页。
② "制度性阶级歧视是一股强大而隐藏理论的另一个抽象标签,这种力量有助于强化阶级体系,掩盖精英阶级和大多数其他特权阶级的利益。一般来说,阶级歧视是指美国社会中一种不言而喻但被广泛接受的观念,即特权阶级,尤其是比工人阶级(和底层群体)优越的精英阶级的价值观、词汇、社会规范、社会技能、文化知识、教育背景、文化品味和生活方式。"厄尔·怀松等:《新阶级社会:美国梦的终结?》,张海东等译,社会科学文献出版社2019年版,第278页。

对自由主义国家观的反思。在昂格尔看来，17世纪形成的近代西欧社会的深层结构是起源于霍布斯的自由主义世界观，而自由主义包含着深刻的矛盾和悖论：在心理学层面上，表现为社会成员的无限欲望和个体的有限理性的纠葛；在认识层面上，表现为形式正义的追求和实质正义的捍卫之间二律背反；在政治实践层面上表现为法律规则与法治价值的区别和紧张。这种矛盾在自由主义关于现代国家的法理要素和法律体系运行中表现尤为突出。因此，"要实现自己的纲领，社会理论必须要打碎自己"。① 自由主义法的目的是防止权力行使的恣意性。因此，无法突破私有制这一所有制结构的限制的法，一旦成为某种势力的恣意的表现，就无法真正实现法治价值。其力图用个体自由来掩盖社会矛盾，在其法理逻辑中现代国家最终只能是现代阶层制的一种正统化装置而已。② 因此，即使自由主义国家观试图从现代性的法理价值本身挖掘解决现代国家建设的建设性方案，从而像埃及神话中的不死鸟那样在批判的烈火中获得新生，但无疑也将同时成为以批判法学为代表的各种批判思潮实现其价值的另一种方式。批判法学深刻地指出了西方社会在追求现代性的各种不可克服的局限性或者必须考虑的副作用。

---

① ［美］昂格尔：《现代社会中的法律》，吴玉章等译，中国政法大学出版社1994年版，第8页。
② 季卫东：《法治秩序的建构》，商务印书馆2019年版，第406—407页。

第二章
革命后中国社会如何走向现代国家？

从法理要素上可以非常容易地界定现代国家与传统国家的差别。现代国家意味着两种全新价值在人类社会中涌现：第一是"人民主权"成为国家行动（法律体系）正当性的最终依据，这一依据在宪法上得以确认；第二是公民权利观念的兴起，这一兴起转变了国家治理体系现代化的方向。正是从这两种全新价值出发，马克斯·韦伯指出，可以把现代国家理解成在依照章程实施统治的情况下，服从具有合法章程的、事务性的、非个人的制度以及由她所产生的领导者——并且是在领导者的指令范围之内，遵循其指令的合法性而有限的服从他。[①] 由此，在中国社会，现代国家与传统国家没有直接的渊源关系，现代国家的成分来自西方革命后所开启的现代国家的法理要素以及法律体系。但从现代国家在中国社会的形成过程看，现代国家是中国人自己建构起来的，尽管革命的激烈程度力图超越中国的传统政治的价值系统和法律体系，但其所立足的还是几千年延续下来的中国社会。结果，在西方人看来，中国关于现代国家的法理不是西方的正统模式，是另类的，因而常常想如何"终结"；而在我们自己看来，中国现代国家不是从中国

---

① ［德］马克斯·韦伯：《经济与社会》，下卷，林荣远译，商务印书馆1997年版，第241页。

文明中长出来的,是学来的,因此也常常想如何"移植"。这使得中国社会缺乏关于现代国家的有效的法理认同,无法明晰地告诉世人:中国如何走向现代国家?何以表达现代国家的法理?为何如此表达现代国家的法理?

　　作为一个有自己漫长的文明史的超大社会,从传统国家走向现代国家,既是中国现象,也是世界现象。从中国现象的角度看,现代国家的法理要素与法律体系的构建必须面对自身的"历史-社会-文化"的约束。这种约束不是简单地肯定或否定的问题。中国历史的独特模式是我们思考和分析革命后中国社会走向现代国家时必须认真对待的。[①] 任何极端的主张或激进的行动,只会延误中国建设现代国家的步伐。从世界现象的立场看,鸦片战争以来的中国革命是世界革命的一部分,中国社会再也无法回到与现代文明相遇之前的状态。对于中国走向现代国家的实践,西方学者的观念与心态尤为复杂。既认为中国的历史与社会是特例,[②] 又认为中国只有按照西方的法理逻辑来定义现代国家才是正道,这种声音在20世纪90年代依然有市场。这种声音掩盖了西方内部关于现代国家法理定义与法律建构所存有的差异,强调怎样把强有力的制度移植到发展中国家,当然这里也指向中国。这种所谓强有力的制度对应的学理逻辑,就是所谓实现法的现代性的民主制度。[③] 这种矛盾的心态在一定程度上影响了中国对现代国家的法理要素的认知和判断,弱化了中国从"历史-社会-文化"的独特禀赋中获取资源以丰富现代国家的法理要素以及建构现代法律体系的信心,从而导致中国无法在法理上有效地阐释革命后现代国家的法理要素和改革后现代法律体

[①] 赵鼎新深入分析了前现代时期中西差异,指出了前现代时期中国社会国家权力与意识形态之间、国家与社会之间的关系与西欧存在截然不同之处。赵鼎新:《国家、战争与历史发展——前现代中西模式的比较》,浙江大学出版社2015年版,第29页。

[②] 在这方面的主张很多,例如英国历史学家霍布斯鲍姆强调了中国思想、观念以及思考世界的概念体系的独特性与例外性。[英]霍布斯鲍姆:《革命的年代》,王章辉等译,江苏人民出版社1999年版,第291页。美国社会学家查尔斯·蒂利在研究现代民族国家建构的历史与现实时也认为中国构成了一个特别的例外。[美]查尔斯·蒂利:《强制、资本和欧洲国家(公元990—1992年)》,魏洪钟译,上海人民出版社2007年版,第2页。

[③] [美]弗朗西斯·福山:《国家构建:21世纪的国家治理与世界秩序》,黄胜强等译,中国社会科学出版社2007年版,第98页。

系的中国观。为此,我们必须清楚地知道中国是如何通过革命走向现代国家的,革命的特殊性决定了走向现代国家的特殊性。中国社会与其他社会一样,要通过革命走向超越传统国家的现代国家。毫无疑问,现代国家的法理要素,诸如国家主权和公民权利的正当性是国家转型和现代国家建构要共同面对的。无此就不足以表明现代国家对传统国家在法理上的超越。但同样是革命,革命的历史遗产和时代境遇是不同的,由此决定革命后走向现代国家的社会制度的选择和法理要素的界定必然存在差异。同时,19世纪以来现代国家内部出现的经济危机与阶级对立、帝国主义对外部世界的殖民路线以及马克思主义对资本主义的批判和苏联的社会主义实践,也深刻影响了革命后的中国社会,使其能够超越西方社会以资本主义制度建设现代国家的法理想象与法律建构。

第一节　革命的法理逻辑与现代国家的宪法建构

创新现代文明的革命应该至少包含三个实质要件:一是具备了寻求自我解放的主体力量;二是新的社会和政治结构获得有效的成长;三是社会内部产生了促进新旧社会与政治结构彻底替代的历史行动。[①] 正是这三个实质要件在法理上把现代革命与传统国家时期里形形色色的暴力行动区别开来,也正是在这里我们发现同样为了创造现代国家的实质要件是不同的。这不仅可以用来厘清西方社会革命后走向现代国家的差异,比如英国和法国,更可以说明中国走向现代化国家的道路的独特性。虽然说鸦片战争以来的中国革命汇入世界革命的大潮流之中,也一定受到世界革命以及革命后现代国家在制度选择和价值系统上的影响,但是中国革命过程所产生的现代国家,不可能像西方国家尤其是英美两国那般,是整个革命的直接产

---

① 林尚立:《当代中国政治:基础与发展》,中国大百科全书出版社2017年版,第8页。

物,或者说在革命前就孕育现代国家某些法理要素。现代中国是整个国家转型的产物。

从三个实质要件中不仅能够发现革命的法理逻辑差异,也可理解中国走向现代国家的艰难。背后的实质在于:"中国革命不是爆发于内生的革命主体力量为实现自我解放而孕育的革命形势与革命行动,而是爆发于古代的国家与政权在现代化冲击下所深陷的全面危机。"① 中国关于现代国家的法理叙事不是从解放现代性的力量出发,而是从救亡图存的需要出发的。虽然中国社会与西方社会一样都是通过革命走向现代国家,但其本质上不是整个革命的产物(以商品交易为生产方式和交往方式下人实现自我解放的产物,在这里,现代国家的法理要素自然要与人的自我解放高度关联在一起),而是救亡图存下实现国家现代转型的产物。

救亡图存引发传统国家的合法性危机决定了国家独立和民族解放在革命的法理逻辑中具有特别重要的意义。且这种危机是已经完成现代国家建构的西方社会的冲击造成的,② 因此西方社会关于现代国家的法理想象和法律建构往往处于中国社会对于现代国家的宪法建构的对立面。可见,无论现代性的价值系统,还是个体自主成长的社会结构在中国社会内部孕育的碎片化,都决定着革命的法理逻辑在当代中国社会的展开,不可能是革命后现代国家的初始定义和重构的重演,现代国家的宪法建构以及所引领的法律体系也不可能是西方国家法律体系的移植。中国革命的法理逻辑与现代国家的宪法建构具有明显的复合性,这与西方国家,特别是英美两国所具有的突出的线性特征形成鲜明的反差。③ 这种复合性意味着不同于传统国家的朝代更替,中国革命的法理逻辑遵循民族国家建构的普遍规律,"中华人民共和国成立后所采取的一系列旨在解决国家社会所面临的重大现实问题的政治建设步骤与政策措施,其实都属于民族国家建构这一特定范畴,也

---

① 林尚立:《当代中国政治:基础与发展》,中国大百科全书出版社 2017 年版,第 8 页。
② 费孝通:《中华民族多元一体格局》(修订本),中央民族大学出版社 1999 年版,第 3 页。
③ 杨雪冬:《市场发育、社会生长和公共权力构建——以县为微观分析单位》,河南人民出版社 2002 年版,第 231—234 页。

都遵循着世界范围内的民族国家建构的普遍规律"。① 也就是把国家主权与人民民主结合在革命的法理逻辑之中并落实在革命后现代国家的宪法教义之中。同时,我们在《中华人民共和国宪法(1954)》(简称"1954 年宪法")中可以发现,"近代以来中国的国家建构……是在现代性全球扩张的背景下进行的。由此,中国国家构建带有鲜明的本土性与全球性既冲突又结合的痕迹"。② 这种既冲突又结合的痕迹事实上往往受到国际形势影响和社会内部矛盾的影响而加深。

一、革命的法理逻辑:如何面对法的现代性?

革命话语曾长期统治现代中国并渗透到整个社会生活之中,而革命过程本身不断展示的诉求,可追溯到"革命"这一词源及传统的革命话语。③ 早在《周易》中,已有"天地革而四时成,汤武革命顺乎天而应乎人,革之时大矣"的说法。易姓、天道、大动乱、改朝换代以及彻底改变构成了革命在中国传统文化中的意义结构。自此,在传统中国的文献中,革命一词就成为周期性王朝更替、改朝换代的代名词,或者说改朝换代(核心是破坏旧秩序以建立新秩序)型塑着传统中国的革命观。④ 自秦汉至清末历经二千余年,王朝更替成为传统中国革命观的核心表现。

分析传统中国的革命观,我们可以发现:第一,革命的正当性是基于一种天命的彼岸原则,这种原则在革命后只能转化为专制秩序的恢复,革而不变成为传统中国革命观的基本表现;第二,革命过程中的暴力与革命后的社会对立联系在一起,革命后的社会对立极端化后,又会产生新的革命,周而复始;第三,革命所要破坏的旧秩序与革命后所要建立的新秩序没有因革命

---

① 周平:《论中国民族国家的构建》,《当代中国政治研究报告》Ⅵ,社会科学文献出版社 2008 年版,第 107 页。
② 杨雪冬:《中国国家建构简论:侧重过程的考察》,《上海社会科学院学术季刊》2002 年第 2 期。
③ 陈建华:《"革命"的现代性:中国革命话语考论》,上海古籍出版社 2000 年版,第 1 页。
④ 金观涛等:《观念史研究:中国现代重要政治术语的形成》,法律出版社 2009 年版,第 366—367 页。

过程中的暴力以及革命后的社会对立而有本质的区别。无论是在价值取向上对伦理道德的强调、制度安排上对专制统治的维护,还是对社会成员间依附性关系的维护上,均表现为革命惯性的冲突性以及革命后秩序构建的高度同质性。①

人类社会在传统国家时期的革命是无法安顿革命的,这也使得革命周而复始,国家形态重复和法律体系建构迟滞。我们不是要回避或否定革命在现代国家取代传统国家进程中所发挥的作用,而是要反思不同革命以及其所形成的不同的革命观对革命后现代国家成长的影响以及对革命后以法律体系构建为核心的现代国家制度发展的影响。② 现代革命的法理逻辑通过现代国家的法理要素革新与法律体系创新来安顿革命。当然,安顿革命的关键在于革命后现代国家认同的广泛性与有效性,这在一定程度上受制于革命的法理逻辑的特殊性。

英国光荣革命的法理逻辑决定了英国以不成文宪制的形式赋予革命后现代国家的正当性;美国独立革命后的法理逻辑决定了美国以成文宪制的形式走上了不同于英国的现代国家制度建构之路;法国革命的法理逻辑中充满了社会对立的情势导致大革命后宪制建构的极度不稳定。尽管西方革命的法理逻辑之间存在差异,但有一点确实是共同的,即西方所发生的革命内生于西方社会的以商品交易为生产发展的新力量、追求个体自主的新价值。这两者在英国表现得高度切合,土地的商品化标志着土地贵族为代表的传统力量自我革命的能力,因此革命后现代国家的宪制架构就没有理由

---

① 潘伟杰:《革命后现代国家法律体系构建研究》,复旦大学出版社 2015 年版,第 2—3 页。
② 美国思想史教授苏珊·邓恩引用法国 19 世纪著名思想家托克维尔所提出的被誉为"托克维尔之问"来阐述美国革命与法国革命之间的区别,进而提出了不同的现代革命模式对革命后现代国家建设的影响。"托克维尔曾谈到,美国人的激情是用来追求民主理念的,而法国人的激情却是用来追求革命理念。能不能调和这两类激情,从而给现代革命运动提供第三种政治模式呢? 革命的时代尚未结束,未来的革命运动也许会在一个综合性的模式中获益匪浅:这个模式既保留了法国革命的活力,又具有美国革命的稳定性;这个模式缓和了革命热情与容忍意识形态分歧的冲突。"[美]邓恩:《姊妹革命:美国革命与法国革命启示录》,杨小刚译,上海文艺出版社 2003 年版,第 228—229 页。

排斥其存在的正当性。美国就没有传统力量的存在，革命的法理逻辑只是要求当时的母国按无代议士不纳税的法则对待拓荒者，这些拓荒者对现代国家的追求是没有内部包袱的。相比较而言，在法国，新社会结构与新价值系统两者有机成长在革命前显得极其孱弱，旧制度与大革命必然成为法国的选择，接下来的问题就是，1791年宪法也无法安顿革命，不断的冲突始终困扰着法国现代国家成长之路。

中国社会的情势就更为复杂。一方面，明末以来中国社会内部确实出现了我们今天称之为现代性的新力量和新价值主张，但是终究没有突破旧制度，由此导致新力量和新价值的成长极为缓慢，进而无法为中国革命提供足够的内生性资源；另一方面，"近代中国的转身，在很大程度上是被动的"，①也就是我们一直所说的中国革命是为了救亡图存，是世界革命的浪潮冲击和现代西方国家对外殖民行动导致的国家危机而引发的。"毫无疑问，现代国家在中国产生是革命与变革的结果，并受到了外部世界种种力量的影响。事实上，中国现代国家形成的关键，便在于借助于外部势力用以获得物质及社会主导地位的各种手段，来抵御外部势力的统治。"②这就决定了中国的历史逻辑是"自上而下"的政治革命在先，"自下而上"的社会革命在后。这一现实的历史逻辑又决定了安顿革命在革命的法理逻辑展开过程中的复杂性和长期性。从中国革命得以发生的现实逻辑来看，这种政治革命所催生的现代国家，只有在有效推动了相应的社会革命之后，才能获得其相应的经济与社会基础。③但问题是，中国社会走向现代国家对政治革命的路径依赖，这种政治革命不仅面对社会内部矛盾，而且受到西方社会的外部压迫，导致现代国家的法理要素聚焦于社会内部阶级关系的厘清与外部世界，特别是西方国家法律体系及其价值系统的张力。由于民族矛盾的特定历史背景，从现代国家这个概念在千年未有之变局后的中国社会出现之

---

① 罗志田：《中国的近代：大国的历史转身》，商务印书馆2019年版，第3页。
② ［美］孔飞力：《中国现代国家的起源》，陈之宏等译，生活・读书・新知三联书店2013年版，第1页。
③ 林尚立：《当代中国政治形态研究》，天津人民出版社2000年版，第165页。

日起,国人就认为中国现代化的最大障碍就是帝国主义、国际帝国主义、资本帝国主义。① 在这种厘清和张力的双重作用下,革命的法理逻辑演变为对政治革命的高度依赖,从而使中国社会面临现代国家的法理要素与有效的现代国家的法律支持之间的断裂。这种断裂的最集中表现是,强有力的国家与有活力的社会之间的关系和定位,在法理知识表达上的政治化与法律供给能力上的政策化在革命后三十年里仍然困扰着当代中国社会走向有效的现代国家。

马克思揭示了法律形式的存在植根于社会的经济组织,因此现代国家的法理要素以及反映法理要素的法律形式必然是与现代社会的经济组织和商品形式紧密联系在一起的。② 那么在一个经济文化相对落后的社会里通过政治革命建立现代国家后,所谓强有力的国家与有活力的社会之间的关系在法理知识表述上的政治化困扰,就表现为对社会的经济组织的成长以及由此带来的个体自由在法理上的否定,以及对与社会活力相关诸如个体自由、产权正当和社会自主等现代性要素作为资本主义制度的专利,从法的阶级性立场予以排斥。意识形态的法理化取代了现代性的法理表达,由此在革命后确立了反自由的化私为公的法理逻辑。这一法理逻辑的内在表现就是强化法的阶级性以弱化法的社会性,突出社会平等优于个体自由的法理价值系统。外在表现就是以国家包办社会、政府垄断市场、公共利益消解个体利益为核心,在革命的法理逻辑中直接或间接地支撑起政治全能主义的法理叙事方式。政治全能主义的法理叙事所存在的问题当然不是要不要法的阶级性、国家主权的正当性、政府权力有效性和公共利益必要性,而是革命的法理逻辑在革命后现代国家的法理要素阐述过程中出现了非此即彼的选择。如果说政治全能主义成就了一个经济文化相对落后的社会集中有限资源维护独立的现代主权国家,那么革命后政治全能主义依赖国家权力控制社会生活的主张,将抑制社会发展的活力和有效的现代国家的法律建构。

---

① 罗荣渠:《从"西化"到现代化》,北京大学出版社1990年版,第265页。
② [苏联]帕舒卡尼斯:《法的一般理论与马克思主义》,杨昂等译,中国法制出版社2008年版,第17页。

托克维尔早在 19 世纪中叶就提醒人们注意现代文明成长过程中无限权威的危险性。"无限权威是一个坏而危险的东西。……当我看到任何一个权威被授以决定一切的权利和能力时,不管人们把这个权威称做人民还是国王,或者称做民主政府还是贵族政府,或者这个权威是在君主国行使还是在共和国行使,我都要说:这是给暴政播下了种子。"①革命的法理逻辑支持下的政治全能主义,政治权力决定一切,一切都可以因领导人的改变而改变,因领导人的看法和注意力的改变而改变。与此相应,政治权力也就成了社会生活中最重要、最核心的资源,赢得权力或者依附权力成为人们生活和社会发展的基本前提。权力关系的人格化和权力运作的非制度化加剧了政治全能主义的恶性循环。社会对国家的依附关系,个人对权力的依附关系,这些前现代性的法理表现本该是革命的法理逻辑所要驱逐的对象,却以某种意识形态合法化的方式保留了下来。② 社会关系被不正常的阶级斗争完全破坏和扭曲,所有的社会关系和利益关系必须依据阶级出身、阶级立场和阶级关系来重新衡量和确定。整个社会结构单一化为"无阶层"的群众性社会,社会成员间的禀赋差异被阶级差异所代替,所有的社会资源配置必须依据阶级成分、革命立场和政治取向来重新配置和确定,社会生活失去激励机制和发展活力。社会秩序严重失范,社会生活的安全系数在阶级斗争中失去意义。这样一来,社会没有通过法律秩序的构建而对社会成员的禀赋差异充分尊重,导致社会发展失去活力,也没有通过法律体系的完善而对社会成员的稳定预期有效供给,导致社会生活失去秩序。也就是说,在革命的法理逻辑下法律体系为社会生活和社会发展提供规则体系的制度空间被破坏了。

一方面,这种破坏阻止了革命后宪法对现代社会成员间利益关系、社会权利与国家权力之间关系的合法化,把法的现代性意识形态化。尽管革命的法理逻辑注意到了法的现代性所具有的破坏性,但是通过否定法的现代

---

① [法]托克维尔:《论美国的民主》,上卷,董果良译,商务印书馆 1988 年版,第 289 页。
② 同上书,第 289 页。

性试图走出革命后现代国家的法律、建构一条新路的行为,不仅放弃了对社会成员权利的保护,而且使反现代性法理价值的前现代性因素以某种方式存续在国家治理和社会秩序之中。社会主义制度对现代性的拯救不是否定现代性,而是要超越资本主义制度。因此,不仅要在法理上承认法的阶级性以落实社会平等的价值,而且要在法理中接受法的社会性以提供个体自由的价值。政治化不仅无法有效捍卫法的阶级性,而且过于简单地把现代性与帝国主义相连接并予以拒绝,最终使革命后中国社会面临整体性贫困的困境。① 另一方面弱化了革命后当代中国法律体系对人类文明体系的价值共识、社会主义制度法律属性的接受能力与表现水平。庞德曾指出,法律体系必须根据其达到的结果和实现其自身目的的程度,而不是其逻辑过程的华丽加以评价。在政治全能主义国家的视野中,革命的法理逻辑从根本上说不是要不要法律的问题,而是法律服务于并依附于政治的需要,政治运动与政策立场决定革命后法律体系构建的正当性。政治全能主义在革命后现代国家公共生活和个体生活场域中的滋长必然会产生以下三种恶果:一是政治立场成为国家制度重建和社会利益分配的依据,从而挤占了法律在革命后公共权力运行与社会资源配置中发挥作用的空间;二是国家权力向社会生活非制度化地全面渗透,来取代国家权力有效性的制度建构;三是社会成员全面参与公共生活,来掩盖个体自主性成长的法理正当性叙述的缺失。这种负面影响集中表现为意识形态中的左倾激进主义、制度建设中的法律工具主义和国家成长中的政府全能主义,这就构成了革命后国家治理的革命模式。②

---

① 西方国家确实为现代性注入太多命定论的色彩,再加上殖民主义对现代性的污染,确实会使革命后中国社会对现代性产生反感,但是走出反感并不能通过对现代性进行政治化解读来实现。[美]阿里夫·德里克:《后革命时代的中国》,李冠南等译,上海人民出版社2015年版,第14—15页。
② [美]麦克法夸尔等:《剑桥中华人民共和国史·中国革命内部的革命(1966—1982)》,俞金尧等译,中国社会科学出版社1992年版。这里所表述的法律工具主义与西方法治中的法律工具主义是完全不同的。这里的法律工具主义是由政治动员及其对绝对正义的理想化所诠释的,而西方的法律工具主义往往是对形式法治的捍卫以及法律在实现社会正义上的缺位或失效而提出的一种主张。

从英美两国所开启的对现代国家的初始定义和重构以及自由主义国家观的法理叙事,以及西方国家殖民主义的残酷扩张行动来看,我们必须清醒地认识到现代性价值系统内部的破坏性或者弱点,或者我们不得不注意到(作为现代性认知一种的)"殖民现代性"(往往以西方中心主义的话语方式)无所不在。对中国社会而言,我们需要努力的是,在革命后现代国家的法理叙述中将过去的局限引入到现代性的记忆中,但又不因此而削弱现代性本身。至少从1956年到1976年的情况来看,革命的法理逻辑在中国社会超越传统国家正当性和西方关于现代国家的法理想象的努力中,确实削弱了现代性本身。这集中表现在:契约自由的法理价值、公共权力的非人格化规范以及法的社会性叙述没有得到认真对待,最终出现了社会整体性贫困。这种整体性贫困不仅表现在物质生活领域,也表现在法理知识生产领域。当然,我们不能否认1954年宪法对现代性的接受与表达,只不过这很快被随后展开的一波又一波的反自由的化私为公的运动遮蔽,最终被《中华人民共和国宪法(1975)》(简称"1975年宪法")抛弃。

二、现代国家的宪法建构:如何安顿革命?

革命的目的是什么?它不仅在于推翻旧制度以走出传统国家,还在于确立新国体以走向现代国家,实现革命对于广大参与者以及全体社会成员的政治承诺。当然这一政治承诺是与革命进程中的社会力量联系在一起的。正如英国光荣革命是贵族在土地商品化进程中完成自我革命后与现代力量联手建立现代国家,因此其通过君主立宪制表达安顿革命的制度化努力。美国没有旧制度和旧力量,所以独立革命后以共和宪制表达安顿革命的制度化方向。而中国革命尤其特殊的演进历程,最终在中国共产党的领导下分两步走,而且是以政治革命入手再通过社会革命走向现代国家。两步走的革命展开过程有两个关键环节,一是政治革命建立现代国家,实现主权独立和民族解放,二是基于中国共产党领导革命所依赖的社会力量和所接受的国家观,革命后现代国家有一个过渡的形式,最终要建立以社会主义制度为根本制度的现代国家。因此,中国革命与西方革命截然有别。

毛泽东认为中国革命取得成功的两条经验就是：在国内唤起民众；在国外联合世界上以平等待我的民族和各国人民。① 同时毛泽东指出："我们共产党人区别于其他任何政党的又一个显著的标志，就是和最广大的人民群众取得最密切的联系。全心全意地为人民服务，一刻也不脱离群众；一切从人民的利益出发，而不是从个人或小集团的利益出发；向人民负责和向党的领导机关负责的一致性；这些就是我们的出发点。"② 正因为如此，中共中央在讨论以及起草对革命后现代国家建设而言具有临时宪法意义的《中国人民政治协商会议共同纲领》（简称《共同纲领》）时，也毫不含糊地主张"民族资产阶级"与工人、农民、小资产阶级一道，在新中国拥有当家作主的地位，主张"私人资本主义经济"与其他各种经济成分有分工合作，各得其所的权利。③ 政协会议推举的 63 位新政府委员中，民主党派和无党派人士就占了 27 位；政务院副总理 4 位中一半是民主党派人士；政务院所辖 34 个部委中，14 位正职是民主党派或无党派人士。④

　　从革命的经验和指导革命的政党来看，从政治革命走向社会革命才能彻底完成现代国家对传统国家的超越，所以现代国家的宪法建构首先要从法理上和法律上兑现政治革命的承诺，最大限度地将推动完成政治革命的社会力量在宪法中合法化。但是政治革命只是中国革命的第一步，还要走向社会革命，这同样由革命所唤醒和依赖的社会力量和领导革命的中国共产党的使命所决定。因此，一方面，正如毛泽东所说："世界上历来的宪政，

---

① 《毛泽东选集》，第 4 卷，人民出版社 1991 年版，第 1472 页。
② 《毛泽东选集》，第 3 卷，人民出版社 1991 年版，第 1094—1095 页。
③ 《建国以来重要文献选编》，第 1 册，中央文献出版社 1992 年版，第 2—4、7—10 页。
④ 中共中央这时更是把新政府的经济政策简明扼要地归纳为："公私兼顾、劳资两利"，突出强调了其"发展经济、繁荣经济"的目的。不仅如此，新政府一成立，中共还通过中华全国总工会颁布了一系列旨在某种程度上约束工人和工会行为的规定。比如规定"劳方有受雇解约之自由"，资方也有按规定雇佣和解雇工人、职员之权利，坚决反对工人、店员随意要求提高工资和劳动待遇和任意怠工、罢工等。1949 年 11 月 22 日颁布的《中华全国总工会关于劳资关系暂行处理办法》，《建国以来重要文献选编》，第 1 册，中央文献出版社 1992 年版，第 33—38 页；杨奎松：《中华人民共和国建国史研究》，江西人民出版社 2009 年版，第 476—477 页。

不论是英国、法国、美国,或者是苏联,都是在革命成功有了民主事实之后,颁布一个根本大法,去承认它,这就是宪法。"①另一方面如法国学者谢和耐在描述中华人民共和国这一新政权的创新特征时指出的:"这是一个无产阶级的统一社会,其中的一切均属于所有的人,与官吏主宰一切的社会完全不同。"②这是中国历史上第一个真正向大众敞开的政权体系,也是第一个将大众提升到"主权"地位的国家形态。可见,这不是一次简单的制度变革,而是创造一个新时代的起点。③

1954年宪法体现了政治革命的承诺,确立了走向现代国家的宪制结构,从而安顿政治革命。同时,1954年宪法也明确了政治革命后当代中国建设现代国家依然面临社会革命的任务。所以,1954年宪法一方面确认人民民主的共和宪制结构,最大限度地包容在政治革命进程中加入的各阶级,尤其是承认民族资产阶级、小资产阶级在宪制结构中的合法性,接受多种所有制形式的正当性。也就是说,1954年宪法首先要通过主权独立和民族解放的确认以安顿政治革命,同时明确这是一个过渡时期的宪制安排。针对当时一些人提出的制定宪法是否就意味着搞社会主义,意味着民族资产阶级和小资产阶级的政治地位和政治权利得不到应有的保障的观点,④周恩来提出:我们国家经济的发展,是要增加社会主义的成分的,这是《共同纲领》规定的,但我们现在还是新民主主义阶段,政体是4个阶级合作的人民代表大会制,这是肯定的。对制定宪法工作可能遇到的问题,他承认确有难度,这个难度就是在完成政治革命的承诺以安顿政治革命后如何顺利地过渡到社会革命以实现社会革命所要建设的现代国家。但周恩来认为困难是可以解决的。"因为宪法不是永恒不变的。……我们的宪法也是现阶段的宪法,将来还会提高。"⑤

---

① 《毛泽东选集》,第2卷,人民出版社1991年版,第735页。
② [法]谢和耐:《中国社会史》,耿昇译,江苏人民出版社1995年版,第578页。
③ 刘建军:《中国现代政治的成长——一项对政治知识基础的研究》,天津人民出版社2003年版,第351页。
④ 李维汉:《回忆与研究》,下册,中共党史资料出版社1986年版,第790页。
⑤ 韩大元:《1954年宪法制定过程》,法律出版社2014年版,第77页。

1954年宪法要从根本法的意义上确认中国社会革命后建设现代国家的两个议程：国家在过渡时期的根本要求和广大人民建设社会主义社会的共同愿望。前者兑现的是政治革命的承诺，后者表明的是社会革命的追求。通过这两个议程，1954年宪法使人民有一条清楚的轨道，使全国人民感到有一条清楚的、明确的、正确的道路可走。① 这两个议程是由1954年宪法第一条所确立的中华人民共和国是人民民主国家的国体统领的。1954年宪法既表明不同于传统革命的诉求，用人民民主定义共和宪制的内涵，又在宪法序言中表明经济文化相对落后的中国社会通过最广泛的统一战线来实现共和宪制。即我国人民在建立中华人民共和国的伟大斗争中已经结成以中国共产党为领导的各民主阶级、各民主党派、各人民团体的广泛的人民民主统一战线。毛泽东在修改《关于中华人民共和国宪法草案的报告》六段文字中，特别强调了辛亥革命使民主共和国的观念深入人心。同时，1954年宪法确认，在过渡时期，民主共和国是劳动人民同可以合作的非劳动人民之间的一种联盟。② 这一联盟兑现了政治革命的承诺，体现了共和国在过渡时期的根本要求。为此，资本家所有制和个体劳动者所有制在中华人民共和国的生产资料所有制中具有合法性，国家依照法律保护手工业者和其他非农业的个体劳动者的生产资料所有权、资本家的生产资料所有权和亲人资本所有权。国家对资本主义工商业采取利用、限制和改造的政策。1954年宪法对多种所有制，特别是资本家的生产资料所有权的承认，深刻体现了经济文化相对落后的中国社会以最广泛的社会力量为基础的政治革命的事实的宪法确认。1954年宪法中的人民民主、阶级合作和多种所有制三个核心要素集中反映了安顿政治革命的法理诉求和法律建构。但是，中国共产党领导的革命不仅要超越传统国家的革命，更要超越资本主义制度的现代国家的革命。前者是通过广泛的政治革命来实现，后者则需要深刻的社会革命。基于社会革命的

---

① 许崇德：《中华人民共和国宪法史》，上卷，福建人民出版社2003年版，第175页。
② 《建国以来毛泽东文稿》，第4册，中央文献出版社1990年版，第546—548页。

承诺,1954年宪法明确中华人民共和国国体本质是工人阶级领导的、以工农联盟为基础的人民民主国家,这一宪法规定意味着革命后中华人民共和国国家政权是向最广泛的社会大众开放,因此不同于现代西方国家在相当长的时期里用有限选举权来排斥社会大众。为了满足广大人民建设社会主义社会的共同愿望这一议程的需要,1954年宪法规定通过社会主义工业化和社会主义改造,保证逐步消灭剥削制度,逐步以全民所有制代替资本家所有制,建立社会主义社会。

1954年宪法对人民民主国家的宪制定位和所有制结构的宪制安排,体现了以毛泽东同志为核心的第一代中央领导集体根据中国实际落实马克思主义国家观的努力。毛泽东在《论联合政府》中特别强调:

> 只有经过民主主义,才能到达社会主义,这是马克思主义的天经地义。而在中国,为民主主义奋斗的时间还是长期的。没有一个新民主主义的联合统一的国家,没有新民主主义的国家经济的发展,没有私人资本主义经济和合作社经济的发展,没有民族的科学的大众的文化即新民主主义文化的发展,没有几万万人民的个性的解放和个性的发展,一句话,没有一个由共产党领导的新式的资产阶级性质的彻底的民主革命,要想在殖民地半殖民地半封建的废墟上建立起社会主义社会来,那只是完全的空想。[①]

宪法制定之后,1956年9月召开的党的八大再次明确了过渡时期的社会矛盾,并在决议中明确提出:"我们目前在国家工作中的迫切任务之一,是着手系统地制定比较完备的法律,健全我们国家的法制。"但之后中国社会情势的变化,特别是随着社会主义改造的推进,国家在过渡时期的根本要求压缩,广大人民建设社会主义社会的共同愿望放大,1954年宪法所确立现

---

① 《毛泽东选集》,第3卷,人民出版社1991年版,第1060页。

代国家的宪制建构和革命后国家建设的过渡时期的立法被搁置了。1975年宪法以宪法的形式打破了现代国家的法律建构进程,不是宪法安顿革命,而是革命塑造宪法。也就是说,革命意识形态干扰了1954年宪法所确立的国家转型和宪制结构。革命意识形态有两样最基本的东西:其一,政治化。世间的所有问题,即使是个人的道德问题、知识问题都成了政治问题,更不用说社会问题需要政治办法来解决,完全放弃了法律解决的正当性资源拓展。砸烂公检法等行动就是一个直接体现。其二,抽象化。人们的私生活被等同于公共生活,乃至同捍卫他们的观念直接联系起来。①"宪法的变化,只能审慎为之,不可轻率或反复无常。"②1975年宪法对1954年宪法的全面修改,显然背离现代国家宪法建构的法理常识。立宪在于为革命后现代国家寻求新秩序,其核心就是国家认同嵌入公民权利的保护之中,公共权力完成非个人化的制度建构。1975年宪法的吊诡之处在于,"它试图寻求一种稳定的政治秩序,但是其本身的革命逻辑却内在地无法完成任何政治秩序的建构"。③1975年宪法序言表述了革命逻辑在革命后现代国家成长中的意义,"社会主义社会是一个相当长的历史阶段。在这个历史阶段中,始终存在着阶级、阶级矛盾和阶级斗争,存在着社会主义同资本主义两条道路的斗争,存在着资本主义复辟的危险性,存在着帝国主义、社会帝国主义进行颠覆和侵略的威胁。这些矛盾,只能靠无产阶级专政下继续革命的理论和实践来解决"。这是1975年宪法的核心原则,也是1975年宪法以宪法的形式对中国革命激进主义下新秩序形成的毕其功于一役的思维的极端表述。十年的"无产阶级文化大革命"不过是这部宪法的社会版而已。④

1975年宪法既是对1954年宪法通过革命后法律秩序构建实现人民民主的宪制建构的努力的放弃,也是对1957年后以革命逻辑构造现代社会主

---

① 林贤治:《革命寻思录》,中央广播电视大学出版社2015年版,第220页。
② [英]惠尔:《现代宪法》,翟小波译,法律出版社2006年版,第78—79页。
③ 高全喜等:《现代中国的法治之路》,社会科学文献出版社2012年版,第190页。
④ 同上书,第198页。

义国家新秩序的努力的另类合法化。现代国家的宪法建构是要兑现革命的政治承诺以安顿革命,但是从 1975 年宪法来看,其对国家权力结构的非制度化改造,导致革命后国家制度重建的进程被中断,也导致了国家权力的失效与国家权力的滥用。"这样就出现了如下现象:对自我奉献精神大加赞颂,对物质激励极端拒斥,禁欲主义和清教主义渗透在中国社会的方方面面,对公益的诉求在某种程度上更接近于卢梭而不是马克思。"①公民权利体系的非程序化虚置体现了宪法的反宪法困境,个体权利实现的非规范化、非程序化成为革命后个体自由制度重建中的突出问题。最终国家治理秩序的意识形态化阻断了革命后法律体系构建的开放性,法律政治化与权力民粹化使革命后现代国家制度重建与个人自由规范构建之间的张力失衡。国家权力的滥用、社会生活的失序与个人自由的无序,严重困扰着革命后现代国家在法律体系构建中的规范选择与价值取向,最终导致中国社会整体性贫困危机的出现。不同于西方立宪后经济社会发展中的阶级冲突推动宪法的变化,中国社会是在颁布 1954 年宪法后因政治运动催生出的阶级分野推动宪法的变化,由此导致的法律问题只能通过政治来解决的困境。② 政治决断确实在现代国家成长中发挥重要的作用,现代国家的法理要素不能无视政治因素的意义,政治问题法律化也只是有限的,不能拒绝政策在国家治理中的作用,因为法的作用本身也是有限的。但是宪法政治化、法律政策化使 1975 年宪法无法承担安顿革命的使命,从而导致革命后所建立的现代国家"作为一种社会的政治组织,同时表现为一种直接起作用的经济力量,事实上是一种不仅控制着企业的内部关系,而且控制着决定企业和家庭地位的整个外部因素的力量。……国家对所生产的商品和劳务具有绝对的支配权,而且同时,国家决定着将

---

① [美]特伦斯·鲍尔等:《剑桥二十世纪政治思想史》,任军峰等译,商务印书馆 2016 年版,第 239 页。
② 由此我们发现,"重政策轻法律,以政策代替法律,这既是新法制不断被削弱乃至走下坡的重要表现,也是其重要原因。建国以来,由于群众运动本身的特点和法制的极不完善,各种社会改革运动只能主要以政策作为准则"。王人博等:《法治论》,广西师范大学出版社 2014 年版,第 312 页。

这些商品传送到消费者手中的条件"。① 这不仅从法理上否定了社会自主性的意义,也必然造成社会活力的法制供给萎缩,而且从法理上无限扩大社会平等的政策承诺,必然造成社会合作的政策化倾向,最终导致现代国家的失效。这在某种程度上印证了黑格尔说过的一句话,"假如主角方面没有利害关系,什么事情都不能成功"。②

第二节 马克思主义国家观与建国的法理

"动物只是按照它所属的那个种的尺度和需要来构造,而人却懂得按照任何一个种的尺度来进行生产,并且懂得处处都把固有的尺度运用于对象。"③马克思从主体本身思考价值的观点表明,影响人类社会建立现代国家进程的因素从根本上说在于两个方面:一是革命所演绎建国的行动基础和政治承诺,二是法理所提供建国的知识基础和价值系统。革命是人们建立现代国家的现实事件。现代国家在中国社会的建立首先得益于国家转型过程中的一系列革命行动,既包含中国共产党领导的新民主主义革命行动,也包含自鸦片战争以来为救亡图存而进行的各种政治革命行动。因而,其对现代国家的选择和建构是中国人民与中华民族的共同行动,同时由于这种共同行动一开始就作为世界革命与现代国家建构行动的组成部分来进行,所以,其政治承诺自然是世界革命与现代国家建构的潮流所决定的。但是,中国现代国家的建构所围绕的轴心是国家的转型,必须有以国家观为核心的法理提供现代国家建构的知识基础和价值系统。这套知识基础和价值系统不仅约束革命的追求和革命的目标,而且提供建立现代国家的法理依据和价值共识。也就是说与建国的革命一样,建国的法理关于现代国家的

---

① [波兰]布鲁斯:《社会主义的所有制与政治体制》,郑秉文译,华夏出版社1989年版,第41—42页。
② [德]黑格尔:《历史哲学》,王造时译,商务印书馆1963年版,第62页。
③ 马克思:《1844年经济学哲学手稿》,人民出版社2018年版,第206页。

形态、结构和价值的设计,最终都必须落实于中国特有的国家转型与成长的现实任务与内在要求,从而形成中国现代国家的法理逻辑与法律安排。中国革命的特殊性决定了建国道路的独特性,由此建国的法理也不可能选择自由主义。从反帝救亡出发,中国革命要建立的现代国家,其生产形式不仅要超越传统国家,也要超越现代资本主义国家。正如马克思所言:"每种生产形式都产生出它所特有的法的关系、统治形式等等。"①因此,中国社会自然要以不同于西方社会的建国法理才能有效地服务国家转型和发展,这就是以马克思主义国家观为核心的法理。马克思主义国家观所确立的建国法理贯穿革命后国家转型与现代国家成长的布局与设计的始终。

一、马克思主义国家观:如何走出自由主义国家观?

"凡能阅读马克思著作的人几乎无人不为他对19世纪不幸的工人命运所表示的深切同情所感动。他看到当时存在于资产阶级社会的一切非正义现象感到义愤填膺,以致他不仅为一个有自由与正义的较好的日子而呐喊,并且提出了一项实现他为人类所抱的理想的纲领。"②可见,马克思在贫困和资本的基础上构建国家观,直接针对西方社会工业革命后市场机会主义所带来的经济危机和自由主义国家观所掩盖的阶级冲突。马克思主义国家观在深刻批判自由主义国家观的基础上提出了对新国家和新社会的理论图景,在这一理论图景中,公有制否定私有制,社会平等抑制个体自由,法的阶级性决定法的社会性,从而破除自由主义国家观基于所有制结构的约束所无法解决的困境,走向理想社会。中国革命、建设与改革是在马克思主义指导下展开的,毫无疑问马克思主义国家观为中国革命后建立什么样的现代国家、改革后如何建设一个有效的现代国家,进而走向有生命力的现代国家设定了目标和方向。因此,马克思主义国家观提供的中国革命后建国的法理要素,从根本上不同于自由主义国家观设定的西方社会革命后建国的法

---

① 《马克思恩格斯选集》,第2卷,人民出版社1995年版,第6页。
② [美]L.J.宾克莱:《理想的冲突——西方社会中变化着的价值观念》,马元德等译,商务印书馆1983年版,第95—96页。

理逻辑。①

面对人类社会由传统国家向现代国家的转型,在马克思看来,不论是国家的缘起,还是国家的转型,都是人类社会历史运动的结果。"一切社会变迁和政治变革的终极原因,不应当在人们的头脑中,在人们对永恒的真理和正义的日益增进的认识中去寻找,而应当在生产方式和交换方式的变更中去寻找。"②我们可以发现,不同于自由主义国家观从永恒的真理和正义中寻找现代国家的方法论,马克思主义国家观从生产方式和交换方式中寻找国家缘起和转型的动因。正是对动因的不同理解,马克思主义国家观发现的是人类文明的真相:市民社会决定政治国家,而不是相反。自由主义国家观只是完成了政治解放后的现代国家的法理阐述,确立了个体独立性在现代国家法理要素和价值系统中的正当性,也确实确立了不同于传统国家的法理。但在马克思看来,只要社会解放没有完成,人对"物"的依赖关系没有改变,自由只能服从或服务于资本对劳动的雇佣关系。"政治解放本身还不是人类解放。"③马克思深刻揭露自由主义国家观所叙述现代国家法理要素中的个体自由的限度是"政治解放的限度"。④ 马克思通过考察法国1791年、1793年、1795年宪法和美国《宾夕法尼亚宪法》《新罕普什尔宪法》等宪法文本,得出"信仰特权是一般人权"的结论。特别是研究了法国最激进的1793年宪法后,马克思认为,通过政治解放而确立的"所谓人权

---

① 正如杰索普所认为的那样,其实马克思本人"并未提出一种与《资本论》的严密和见识相媲美的对于资产阶级国家的系统分析。马克思有关国家的讨论,由一系列不系统的、碎片化的偶发事件的评论、报刊文章、当代历史分析,以及对哲学思考所组成。"See Bob Jessop, "Recent Theories of the Capital State", *Cambridge Journal of Economics*, Vol. 1, 1977, p.354. 然而由此认为马克思没有关于国家的理论就显得过于武断了,因为"他持续关注国家问题。……在他的著作里面,那些围绕国家问题而展开的经典论述显然已经指出了方向"。[法]亨利·列菲弗尔:《论国家——从黑格尔到斯大林和毛泽东》,李青宜等译,重庆出版社1988年版,第122页。马克思的国家观在很大程度上就是针对自由主义国家关于现代国家的法理建构出现严重危机而提出的,后续又在社会主义实践展开中得到不断丰富。
② 《马克思恩格斯全集》,第25卷,人民出版社2001年版,第395页。
③ 《马克思恩格斯全集》,第1卷,人民出版社1956年版,第435页。
④ 同上书,第426页。

无非是市民社会更好的成员的权利,即脱离了人的本质和共同体的利己主义的人的权利"。自由"是作为孤立的、封闭在自身的单子里的那种人的自由"。也就是说,"自由这一人权的实际应用就是私有财产这一人权"。因此,"平等无非是上述自由的平等,即每个人都同样被看作孤独的单子"。①

可见,自由主义国家观伴随现代国家在西方社会的出现和发展,只要西方社会止步于,当然也只能满足于政治解放,那么在其法理逻辑中,"任何一种所谓人权都没有超出利己主义的人,没有超出作为市民社会的成员的人,即作为封闭于自身、私人利益、私人任性、同时脱离社会整体的个人的人"。② 因此,在马克思看来,以所谓人权为标志的现代西方国家并没有克服市民社会,它不过是完成了市民社会从政治中的解放而已。自由主义国家观也只是为这种政治解放所建立的现代国家提供法理要素,因此也只能用抽象的、普遍的人权来掩盖具体的、现实的不平等。马克思认为只有在社会解放的条件下,人彻底摆脱了对物的依赖关系,人的独立才能转换为完全的自由,进而使独立的个体跃升为真正的"自由人"。如果说自由主义国家观对人的"类本质"的崭新发现,论证了人与人之间的关系从身份到契约的发展,对于现代国家的重大意义的话,那么马克思主义国家观提出社会解放的"真正的自由人"是对人的"人的类本质"再次重大发展,开启了以"自由人"为主体的社会制度变革。可见,马克思主义国家观不仅发现了自由主义国家观的局限,而且指明了一条真正实现个体自由和社会平等的道路。所以马克思主义国家观立足于现代社会和现代国家,探索如何通过比资本主义更高形态的社会主义的革命和建设,最终走向"自由人联合体"。自由主义国家观只能为现代西方国家小修小补提供知识基础,而马克思主义国家观赋予社会主义制度自我革命的使命,要为走向没有国家的共产主义社会提供现实的可能性。

---

① 《马克思恩格斯全集》,第 1 卷,人民出版社 1956 年版,第 439 页。
② 同上书。

在这里,既要明确马克思主义国家观与形形色色的无政府主义的界限,更要强调与形形色色的极权主义的界限。对于前者,如果认为现代国家的法理是自由主义国家观的专利,而不是马克思主义国家观的任务,那么科学社会主义就不可能从理论转变为正确的现实运动。1883年恩格斯在批判无政府主义时指出:"无政府主义者把事情颠倒过来了。他们宣称,无产阶级革命应当从废除国家这种政治组织开始。但是,无产阶级在取得胜利以后遇到的唯一现成的组织正是国家。这个国家或许需要作一些改变,才能完成自己的新职能。"①这就表明马克思主义国家观是要解决自由主义国家观无法真正解决的国家与社会之间的关系问题,这一问题显然不是通过无政府主义所谓的反国家主张解决的。尽管马克思主义国家观认为西方社会现代国家出现的危机是由所有制结构决定了的民主和自由的不彻底带来的,进而认为自由主义国家观所支持的现代国家是一种虚构,"是与这种现代私有制相适应的"。② 但是,马克思主义国家观不仅肯定自由主义国家观吹响政治解放的号角并为现代国家超越传统国家作了最激动人心的理论辩护,而且明确主张"在资本主义社会和共产主义社会之间,有一个从前者变为后者的革命转变时期,同这个时期相适应的也有一个政治上的过渡时期,这个时期的国家只能是无产阶级的革命专政"。③ 按照马克思主义国家观的法理逻辑,无产阶级的革命专政制度形态超越了私有制下的现代国家制度形态,要修正私有制下的现代国家制度形态下民主和自由的不彻底性。因此,马克思主义国家观对共产主义社会的理论设计并没有否定超越私有制的成熟的现代国家形态。这一国家形态一方面要解决自由主义国家观所无法真正解决的市民社会与政治国家之间的冲突问题以及个体自由与民主政治的局限问题;另一方面要为自由人的联合体准备充分的社会条件,以免陷入任何空想而难逃破产的命运。

自由主义国家观一开始从永恒的、绝对的理性出发论证了现代国家的

---

① 《马克思恩格斯全集》,第25卷,人民出版社2001年版,第609—610页。
② 《马克思恩格斯文集》,第1卷,人民出版社2009年版,第583页。
③ 《马克思恩格斯选集》,第3卷,人民出版社2012年版,第373页。

法理要素,随着资本主义制度的实践,这种理性的国家遭遇了空前危机。"当法国革命把这个理性的社会和这个理性的国家实现了的时候,新制度就表明,不论它较之旧制度如何合理,却决不是绝对合乎理性的。理性的国家完全破产了。"①虽然自由主义国家观试图在现代国家定义的重构中对价值系统进行修正,但事实证明它终究放弃了绝对理性的理论预设,也没有重视所有制结构的现实约束。

马克思主义国家观正视自由主义国家观对现代国家制度形态和价值系统的学理贡献,同时提出经由一个成熟现代国家制度形态后建立自由人联合体的理论构想。"平等应当不仅是表面的,不仅在国家的领域中实行,它还应当是实际的,还应当在社会的、经济的领域中实行。"②自由主义国家观所理解的现代国家用思想立地并按照思想去构造现实,从而将作为现代国家一切依据的宪法建立在所谓的正义价值基础之上。③ 马克思主义国家观所要建立的制度、社会与国家,是从现实社会运动的要求以及真正的自由和全面的民主出发的,因此理论的出发点就与自由主义国家观不同。如果说自由主义国家观以抽象的自由来阐述现代国家的法理要素和法律体系,那么马克思主义国家观则以人的现实发展(社会解放)为出发点来布局现实的法律、社会与国家,从而超越自由主义国家观关于现代国家的法理设计。

基于马克思主义国家观对自由主义国家观的批判性反思,我们至少能够总结出当代中国社会革命后走向现代社会主义国家的三个基本法理启示:第一,社会主义国家是以共产主义社会为使命的现代国家形态,以推进国家消亡和建立自由人的联合体为目标的,但它的现实存在依然需要国家与国家政权体系以及予以合法化的法理叙述。第二,以社会主义制度为根本制度的现代国家是对现代资本主义国家的超越,是为完成现代资本主义

---

① 《马克思恩格斯选集》,第 3 卷,人民出版社 1995 年版,第 606 页。
② 同上书,第 448 页。
③ 黑格尔:《历史哲学》,1840 年版,第 535 页,转引自《马克思恩格斯选集》,第 3 卷,人民出版社 1995 年版,第 719—720 页。

国家无法实现的广泛的自由、全面的民主而存在的,因此最终是为自由人联合体做准备的。第三,社会主义国家依然是在现代国家的法理要素的基础上的组织,其宪制建构与法律秩序依然离不开现代国家的规定性,只是社会主义制度为实现现代国家的规定性提供了不同于资本主义制度的现实条件。民主共和国、代议制、普选权在马克思主义国家观中,并不等同于资产阶级民主,它们完全可以纳入社会主义民主政治的范畴。中国共产党作为马克思主义政党,正是把马克思主义基本原理与中国革命的实际相结合,在一个经济文化相对落后的社会里通过革命建构社会主义制度的现代国家。接下来的问题就是,如何把马克思主义国家观与革命后现代国家建设实际相结合,确立人民为本位的现代国家建设道路,为此结合革命的政治理想与革命后的国家建设目标,创造社会主义共和国所有合法性与合理性的轴心。①

二、建国的法理：如何摆脱现代性的教条？

中国社会是在经济文化相对落后的条件下开启现代社会主义国家之路的,因此以毛泽东同志为核心的中国共产党人明确必须争取和联合广大的中间阶级,包括农民、小资产阶级和其他中间阶级,进行新民主主义革命,并在革命后必然有一个过渡时期,才能确立社会主义制度作为革命后现代国家的根本制度。也就是说,中国社会不像马克思主义国家观所设计的那样,是现代性在资本主义国家里有了一定成长,只是无法突破私有制结构为核心的经济社会结构的限制,才爆发无产阶级革命。

在以自由和民主为核心要素的现代性没有成长的中国建立现代国家的法理,更需要全面认识现代性。现代性承载着革命后建国的法理,通过宪制安排和价值体系表现出来。正是有了宪制安排、价值体系,再加上物质生产方式和交往方式的更新,现代国家才真正完成对传统国家的超越。因此,现代国家的法理要素要为现代性祛魅,不是否定现代性,而是要摆脱现代性的

---

① 林尚立：《当代中国政治：基础与发展》,中国大百科全书出版社2017年版,第85页。

教条。

"现代性不是一个时间逻辑,它有特定的内涵和指向。现代性转型是指从传统社会向现代核心价值观(自由、理性、个人权利)为支撑,以市场经济、民主宪政和民族国家为基本制度的现代文明秩序的转变。"[①]现代自由和民主是现代性在人类社会建立现代国家时所设定的法理要素之核心,也正是由于这两个核心要素及其宪制安排,现代革命与传统革命、现代国家与传统国家有了历史性分野。只不过由于西方社会率先走向现代国家进程,相伴随的自由主义首先对现代性这两个要素进行了诠释,因而对于中国社会来说,革命后建国的法理要素的确定和实现要解决如何面对现代性的问题。无视现代性的两个核心要素,就无法表明中国社会建立现代国家的追求,因而是危险的。陷入现代性的教条就无法表达中国社会建立现代国家的自信,同样是危险的。

虽然"现代性"作为一个学术概念到 20 世纪中叶才开始被广泛使用,但是以个体自由和政治民主为核心要素的现代性价值和制度在革命后西方社会现代国家就已经出现了。正因为如此,自由主义国家观自 18 世纪就从个体自由和政治民主入手来阐述现代国家不同于传统国家的法理要素。马克思主义对自由主义的详尽而激烈的批判,切中其对现代性从永恒正义的立场解释的现实困境以及这一困境背后的社会根源。

但是,必须指出以下两点。其一,在马克思的时代,西方国家所实现的现代性,无论是民主,还是自由,都是非常有限的。应该说现代国家的初始定义并没有真正兑现现代性的承诺。在英国,经济危机和阶级冲突表现了有限的现代性与社会的两极分化,英国成了时任首相迪斯雷里所说的"两个民族"——富人与穷人——的国家。密尔一面鼓吹个体自由和代议民主,一面又以好的专制和避免普遍无知的风险为名强调限制选举权或宣扬复数投票权。从现代性的现实危机和理论偏见来看,马克思对此进行了深入的批判:

---

① 秦晓:《当代中国问题:现代化还是现代性》,社会科学文献出版社 2009 年版,第 18 页。

> 这种所谓的人民主权,无非是君主国的有产阶级为了夺取君主的权利而让各非有产阶级相信的骗局……穷人到处都在受苦,而不是在进行统治;劳动者在服从,而不是在指挥;小商人和小业主在劳动,而不是在发号施令;富人到处都由于其金钱的影响而在进行统治,并且参加政权,担任官职。①

马克思对现代性的批判集中于现代西方国家宪法安排方面,自然与现代性的批判相联结。他指出:"宪法的每一条本身都包含有自己的对立面……在一般词句中标榜自由,在附带条件中废除自由。"②马克思洞见了现代性在西方社会只是赋予了作为现代国家的法理要素之原则的准确性,他在对法国宪法分析后明确指出:"资产阶级口头上标榜是民主阶级,而实际上并不想成为民主阶级,它承认原则的正确性,但是从来不在实践中实现这种原则……这个宪法里包含了原则,——细节留待将来再说,而在这些细节里重新恢复了无耻的暴政!"③由此可见,马克思对现代性原则在现代国家中的背反,正是以现代性在那个时代的狭隘和所有制结构下的限度为依据的。但是无论从美国自进步时代以来对现代国家初始定义的重构的努力,还是从马克思对后来被视作现代性要素的民主和自由的态度来看,现代性在现代国家成长和现代社会发展中都具有不可或缺的意义。无论是对自由人联合体的主张,还是坚持民主制"是一切国家制度的实质"的观点,都充分表明马克思并不是要否定现代性,而是要探索充分实现现代性的新国家和新社会。从自由主义民主观到马克思主义民主观的发展,体现了现代性在学理上的推进,这种发展使现代性的实现与现代国家的所有制结构和社会发展水平联系在一起。当然,在马克思主义关于现代性的批判中,个体自由要避免陷入利己主义的深渊,民主政治也要防止形形色色的民粹,民主共

---

① 马克思:《克罗茨纳赫笔记》,第4册,载《马列著作编译资料》,第11辑,人民出版社1980年版,第58—59页。
② 《马克思恩格斯选集》,第1卷,人民出版社2012年版,第682页。
③ 《马克思恩格斯全集》,第7卷,人民出版社1959年版,第589页。

和国是"无产阶级专政的特殊形式",它要求"把一切政治权力集中于人民代议机关之手"。①

其二,从现代性在现代国家实现的历程来看,革命后西方国家的初始定义,特别是重构进程足以表明现代性从来不是一个静止的概念,无论是体现现代性的价值主张,还是制度安排,都不能把现代性的任何价值主张和制度安排——无论是自由,还是民主——推向极端。现代性的局限显然不是把任何一种价值或制度安排绝对化或教条化,否则就无法摆脱前现代的纠缠和后现代的挑战。成熟的现代性赋予自由与民主在国家转型和现代国家成长中的意义,以消解国家对前现代的依赖。这是现代国家区别于传统国家的法理基础。没有对自由与民主的价值证成与制度实现,革命的理由与现代国家的正当性就会受到挑战。同时,要正视自由的约束与民主的限度。这种约束与限度,不仅有社会制度差异和意识形态主张的因素,而且要特别防范西方中心主义所设定现代性的教条化误区。

现代国家是革命后人类社会为解决自身困境而建构的伟大政治作品。为何革命?何以迈向现代国家?现在看来是通过民主政治和个体自由在革命后现代国家的法理要素的实现和在法律体系中的转化,缓解资源的有限性、人的禀赋差异性和欲望无限性之间的紧张关系的一种选择。没有现代国家,自由和民主不仅虚幻,而且可怕。人类社会正是在正视这三者之间的张力的前提下,为了获取最大程度的自由和摆脱公共权力的专断,通过革命创造现代国家。正是在这个意义上,马克思说:国家制度是"人的自由产物"。② 人与人之间的契约关系、资源配置上的市场制度以及公共权力的限制均是现代国家对自由的接受与回应,但是国家在保障人的自由时,必须正视人与人之间的依赖关系、社会公平正义和公共权力的有效性,这是现代性在任何现代国家实现时必须尊重的现实。任何现代性的教条化,伤害的一定是自由本身。美国开启重构现代国家的初始定义其实就反映了这一点。

---

① 《马克思恩格斯选集》,第4卷,人民出版社2012年版,第294页。
② 《马克思恩格斯全集》,第3卷,人民出版社2002年版,第40页。

至于民主政治,不仅维系着现代国家的合法性基础,也维系着现代国家的合理性,因为民主政治的质量与现代国家治理水平息息相关。现代国家正是在不断开发民主政治的广度和深度的过程中推进社会自治水平,同时保证现代国家得以源源不断地从社会中获得现代国家成长的智慧。正是在这个意义上,马克思认为,民主制是"一切国家制度的实质"。① 与建立在奴隶制基础上的传统民主不同,建立在自由基础上的现代民主是现代国家"一种不可避免的必然性"。②

但是,不同社会迈向现代国家的历史起点和发展路径的差异,将直接影响现代性在现代国家的法理要素中价值表现的方式与制度建设的议程。现代性法理在革命后现代国家的实现,不可能是一种理论或观念的产物,更可能把西方对现代性的理解当成教条。毛泽东在建国前夕的《论人民专政》一文中表述得十分清楚:

> 一九二四年,孙中山亲自领导的有共产党人参加的国民党第一次全国代表大会,通过了一个著名的宣言。这个宣言上说:"近世各国所谓民权制度,往往为资产阶级所专有,适成为压迫平民之工具。若国民党之民权主义,则为一般平民所共有,非少数人所得而私也。"除了谁领导谁这一个问题以外,当作一般的政治纲领来说,这里所说的民权主义,是和我们所说的人民民主主义或新民主主义相符合的。只许为一般平民所共有、不许为资产阶级所私有的国家制度,如果加上工人阶级的领导,就是人民民主专政的国家制度了。③

从革命的政治承诺和革命后建国的法理来看,自由人联合体的使命决定了中国社会对现代性的接受是超越西方国家偏执于个体自由的设定的。

---

① 《马克思恩格斯全集》,第1卷,人民出版社1956年版,第281页。
② 《马克思恩格斯选集》,第4卷,人民出版社1995年版,第173页。
③ 《毛泽东选集》,第4卷,人民出版社1991年版,第1477—1478页。

因此西方国家对现代性的教条就表现为把公民的自由归功于市场交换的发展,而"政治、权力或执政者是实现人权保障的手段,他们的存在被认为只以满足目的为限"。① 这种教条不是无视人的社会性和社会正义的现实需要,就是无视滑向利己主义的风险。20世纪下半叶以来,西方社会内部出现的社群主义和后现代浪潮,也正是抓住这一教条对现代性展开批判。对于中国社会来说,革命的政治承诺、马克思主义自由观昭示革命后建国的法理不是要否定自由的价值以及宪制安排,而是要超越资本主义个体自由的教条,为实现自由人的联合体提供充分的价值支持和制度支持。当然,超越的过程中要警惕建国的法理对反自由的方式的依赖和对个体自由的虚化。这一点对于民主政治来说,人民民主的共和国的法理要在反对形形色色的专制以落实人民的统治的过程中警惕大民主的陷阱。也就是说,现代性的教条所要面对的后果是现代性的无效或失效,最直接后果就是现代性的贫困。自由的无效或失效意味着现代社会失去活力,没有现代社会的活力何来有效的现代国家?民主的无效或失效则意味着现代国家的失序,没有现代国家的秩序何来可持续的现代社会?走出现代性的教条,既要充分认识到人类社会"历史-社会-文化"因素对现代性的实现所必然存有的差异,避免形形色色的中心主义,特别是西方中心主义,又要清醒地认识到现代国家对现代性的实现所保有的共识,避免形形色色的相对主义。在学理上最早与现代性相遇的英国思想家霍布斯感叹人类在政治权力下的种种悲苦生活,他这样说:"臣民的景况太可怜了,他们只能听任具有无限权力的某一个人或某一群人的贪欲及其他不正常激情摆布。"但是他在为走出这种悲苦生活进行价值选择和制度建构时接着说:"人类的事情决不可能没有一点毛病。"②

关于现代社会能否通过落实以个体自由和政治民主为核心的现代性要素而拥有完美的公共生活,政治学者乔万尼·萨托利在《民主新论》一书中这样说:

---

① [日]杉原泰雄:《宪法的历史》,吕昶等译,社会科学文献出版社2000年版,第23页。
② [英]霍布斯:《利维坦》,黎思复等译,商务印书馆1985年版,第141页。

> 威胁着民主的不是理想主义,而是"劣等的理想主义",或者是"至善论"。……滥用现实主义的做法日渐式微已有很长时间,可能就要寿终正寝了。相比之下,对理想主义的滥用却是近年来新酿的美酒,而且看来还竭力变得甘美醇厚。①

20世纪以来,我们必须注意到现代性的教条中存在着这样一种设想或行动逻辑,即通过把现代性注入建国的法理进而设想出一个完美的现代国家,然后试图通过一场政治运动或社会工程,来实现一个政治上的"美丽新世界"。在这个美丽的新世界里,社会成员生活在完美与和谐之中——每个人都要自由,每个人都有权利,每个人都平等,而社会作为一个人类共同体实现了完全的善治与和谐,一切的分歧与冲突都归于消失。事实是,现代性的教条所表达出来的善良愿望最终却是一条通往奴役的道路。② 在这条道路上,建国的法理不是丧失对现代性的自主判断能力,就是失去现代性的制度转化水平。

对于从经济文化相对落后的社会,通过接受马克思主义对现代性的批判和内部危机深刻反思,从而建立现代国家的中国社会来说,现代性究竟如何安放自身?从建国的法理在革命后当代中国社会的展开和人类现代文明的发展趋势看,至少在可预见的将来,现代性仍然是现代国家建设和成长中不可或缺的法理要素。但善治亦是人类政治生活的基本目标,如果个体自由和民主政治与善治发生冲突,就会给现代国家的成长带来很大的问题。既有自由和民主,又能实现善治的现代国家能拥有稳定而有效能的法律体系。但如果一国对现代性的接受无法实现善治,这种建国的法理就有可能会被质疑,甚至被颠覆。建国的法理既能摆脱现代性的教条,又能为实现善治提供价值支持和法律保障,应该成为国家治理体系和治理能力现代化的目标。对于中国这样后发的现代国家来说,要真正实现超越传统国家,甚至

---

① [意]乔万尼·萨托利:《民主新论》,上卷,冯克利等译,上海人民出版社2015年版,第98—101页。
② 包刚升:《民主的逻辑》,社会科学文献出版社2018年版,第351—352页。

超越现代西方国家,国家转型会是一个长期的过程。建国的法理决定于国家转型发展并服务于国家转型发展,要真正摆脱所谓自由主义国家观关于现代性的教条、制度理性与正义的先验规定,放弃任何附加在现代性上的幻觉,必须在自身性反思和有效的自我发展中,不仅创造出有效的国家观,而且为迈向有生命力的现代国家提供有说服力的中国观。

"每一时代的理论思维,从而我们时代的理论思维,都是一种历史的产物,在不同的时代具有非常不同的新式,并因而具有非常不同的内容。"①所以说,从革命的法理逻辑和建国的法理要素的角度反思中国社会走向现代国家的价值追求和宪制安排,一方面不能自我封闭、故步自封,应当保持对现代性的敏感;另一方面也不能落入现代性的教条潜藏的陷阱之中,特别是不能陷入其所透露出来的完美的政治世界的诱惑而自觉或不自觉地放弃对一个有效的现代国家的追求。否则,这个社会就会陷入现代国家的法理要素表达与法律体系建构顾此失彼的困境,就会到民粹主义的汪洋大海之中。② 毫无疑问,我们不能简单地照搬西方社会关于现代国家的国家建构理念,不同的社会制度和宪制结构"不仅仅是一个不完全现代化的问题,相反,它涉及一个世界社会中相关的制度和历史特殊性,以及在它们不同的时期和形势中的转型"。③ 当然,我们也不能放弃有效的现代国家的法理重构和现代法律体系建构,这是现代国家制度建设的基础性内容。实现国家的制度现代化不仅是现代国家最重要的目标,而且是典型的国家性公共物品,没有国家制度的现代化就不可能走向有效的现代国家。④

---

① 《马克思恩格斯选集》,第 3 卷,人民出版社 1972 年版,第 465 页。
② 沈岿:《公法变迁与合法性》,法律出版社 2010 年版,第 101 页。
③ Bob Jessop, "A regulationist and state-theoretical analysis", Richard Boyd and Tak-Wing Ngo (ed.), *Asia State: Beyond the Developmental Perspective*, Routledge Curzon, 2005, p.1.
④ 胡鞍钢:《第二次转型 国家制度建设》,清华大学出版社 2003 年版,前言第 4 页。

第三章
有效的现代国家何以法理重构与法律表达？

世界上只有完美的乌托邦，而没有完美的现代国家。当我们以教条主义的眼光来看待现代国家时，我们注定会失望。中国共产党面对革命后现代国家建设的难题，提出解放思想、实事求是以重新认识中国社会发展阶段和国家建设的目标。这不仅是对革命后相当长一段时期里以过分的高调的理想来建设现代国家最终希望落空的反思，更是现代性在建国的法理遭受重挫后走向有效的现代国家的行动。改革开放表明中国意识到，建设社会主义的现代国家应该兼顾到社会的实际状况，特别是人的缺陷所表现出来的关于现代国家的法理要素的缺陷以及社会的缺陷所困扰着的法律体系的短缺。自1949年中国建立现代国家以来，特别是1954年宪法确立了人民民主共和国与社会主义制度的宪制结构后，中国把马克思主义国家观与中国建设现代国家的实际情况相结合，国家建构取得了一定的成就。但毋庸讳言的是，中国的现代国家建构呈现出一种不均衡性，"民主-国家"的建构远远滞后于"民族-国家"的建构。① 再加上建构现代民族-国家的进程中被注入了过多的理

---

① 徐勇：《现代国家建构中的非均衡性和自主性分析》，《华中师范大学学报》（人文社会科学版）2003年第5期。

想化色彩,导致现代国家建设面临困境。"因为一个国家的建构,不是单凭着一种激情和浪漫的理想,甚至美好的愿望就能实现的。"①党的十一届三中全会对中国社会基本矛盾的重新估计,以及现代国家建设中心的转移足以表明,一种真正有效可行的现代国家建设方案,往往是兼顾高调的关于法的现代性追求与冷峻的关于法律体系建构的产物。《中华人民共和国宪法(1982)》(简称"1982 年宪法")不仅恢复了 1954 年宪法对人民民主和社会主义制度的宪制建构,更是设定了有效的现代国家的法理重构和法律表达的新起点。社会主义初级阶段所蕴含的法理意义和法律诉求是极其丰富的。正是在这一丰富的法理意义和法律诉求下,改革后中国社会通过型塑中国特色社会主义法律体系有效地表现出现代国家的法理要素。

当然,"要在中国建构一种既有经济活力、又有秩序,既有个人自主、又有社会公正的国内秩序;同时使中国在全球化的过程中能够维护本国国民的经济、社会、政治与文化福祉",②改革后当代中国社会对现代国家的法理重构就必须超越新自由主义对现代性的教条化,同时丰富马克思主义对社会解放的内涵,形成一种新的国家建构话语。我们不应该对有效的现代国家的法理重构索求过多,但仍然可以对有效的现代国家的法律表达有所期待。一方面,人类无法实现完美的乌托邦,社会成员也不应该将现代性的所有指望用来衡量现代国家的有效性,资源的有限性、欲望的无限性和禀赋的差异性始终构成有效的现代国家的约束性条件;另一方面,无论基于社会主义制度和马克思主义国家观的法理重构和法律表达对法的现代性与个体权利的警惕甚至批判多么重要、有理,单凭担忧和否定都不能建立超越现代社会缺陷的有效的现代国家。③ 要走向有效的现代国家,就必须认真对待个体权利和持续激发社会活力。因此,我们希望国家或政府不要承担或干预太多,希望通过改革后现代国家法理要素的重构和法律体系的建构,让一个有效的现代国家立基于基本的善治规则之上。"我们无法完全消除社会冲

---

① 高全喜:《寻找现代中国:穿越法政与历史的对谈》,法律出版社 2014 年版,第 35 页。
② 王焱:《宪政主义与现代国家》,生活·读书·新知三联书店 2003 年版,第 20 页。
③ 金观涛:《探索现代社会的起源》,社会科学文献出版社 2010 年版,第 158 页。

突,但是我们却可以以一种低成本的方式去管理冲突或将冲突纳入一种和平的制度化解决机制;我们难以让国家和政治权力的运作达致完美境地,但是我们能够基于人性、逻辑和人类已有的政治经验建设更好的政治生活。"① 对于一个致力于通过法理重构和法律表达走向有效的现代国家的社会而言,现代性的法理要素释放出来的个体自由、权利主张和契约自由必然带来利益多元和社会冲突,法律体系的建构就是一个认真对待分歧、营造共识,同时让某些分歧成为不必要的过程。"真正理智、清醒、并且合乎目的的处理办法就是争取在法律上平等待人。"②

第一节　有效的现代国家的法理重构

理想的现代国家既是一个受制约的国家,又是一个有效能的国家。这是一条充满历史智慧的根本法则,也是人类社会能够迈向善治的基本法则。从历史经验来看,对任何一个革命后迈向现代国家的社会来说,国家的失效或社会整体性贫困几乎都是最糟糕的一种局面。政治生活的另一面是,即便人类无法实现完美的政治乌托邦,但现代国家通常都有着巨大的可改善空间,而且我们也不会放弃这种改善现代国家的希望。为什么现代国家总有可以改善的空间呢?首先是不同于传统国家,所有现代国家只要不放弃人民主权的根本法理,就自然包含着社会对国家的制约。认真对待法的现代性,关键体现为对人民利益的关切和对社会活力的关注。其次是不同于现代西方国家,中国建设现代国家只要不放弃社会主义的根本制度,认真对待社会主义法律体系对法的现代性的约束,就必然要坚持对社会解放和社会正义的追求。从这个意义说,改革是中国的第二次革命。③

---

① 包刚升:《民主的逻辑》,社会科学文献出版社2018年版,第360—361页。
② [奥]路德维希·冯·米瑟斯:《自由与繁荣的国度》,韩光明等译,中国社会科学出版社1995年版,第70页。
③ 《邓小平文选》,第3卷,人民出版社1993年版,第113页。

"实践是检验真理的唯一标准"的提出揭开了中国的第二次革命的序幕。如果说中国社会通过马克思主义和我国具体的革命实践相结合并通过一定的民族形式建立了现代国家,那么改革则是把马克思主义和我国现实的改革实践相联系并通过一定的民主形式迈向了有效的现代国家。1980年,在回答意大利记者奥琳埃娜·法拉奇关于如何避免或防止诸如"文化大革命"这样可怕的事情时,邓小平说道:"这要从制度方面解决问题。我们过去的一些制度,实际上受了封建主义的影响,包括个人迷信、家长制或家长作风,甚至包括干部职务终身制。我们现在正在研究避免重复这种现象,准备从改革制度着手。我们这个国家有几千年封建社会的历史,缺乏社会主义的民主和社会主义的法制。现在我们要认真建立社会主义的民主制度和社会主义法制。只有这样,才能解决问题。"①

更重要的是,1954年宪法虽然构建了革命后现代国家的宪制结构,但基于建设社会主义的理想和激情把法的现代性对于个人自由、市场经济、法治体系的肯定简单地归结为自由主义的专利。越是教条化地对待马克思主义国家观,就对法的现代性中关于个人权利、契约自由和有限政府反对得越彻底、对法的现代性在现代国家成长的法理要素的意义越无视。社会活力的丧失、社会生活的贫困化、权力关系的非制度化以及法律虚无主义的盛行,这一系列惨痛经历使执政党重新思考社会主义在中国所处的发展阶段,认真面对法的现代性在有效的现代国家的法理重构中的意义。随着"实践是检验真理的唯一标准"的提出,当代中国社会,特别是执政党必然思考如何为改革后现代法律体系的构建提供知识基础的问题,如何诠释中国独特的文化传统、独特的历史境遇以及独特的基本国情在中国特色社会主义法律体系和现代法治秩序的构建与成长中的真实意义。改革后执政党紧紧抓住"什么是社会主义、怎样建设社会主义"这一基本问题,②致力于为构建中国特色社会主义法律体系提供知识基础。在这一过程中,当

---

① 《邓小平文选》,第2卷,人民出版社1994年版,第348页。
② 陈曙光等:《改革开放改变中国——中国改革的成功密码》,人民出版社2018年版,第6页。

代中国社会认真对待法的中国性、现代性和社会主义规定性以体现其对有效的法律体系的追求。也正是在这一过程中,坚持马克思主义国家观与发展马克思主义国家观有机统一起来,执政党"做到既不忘老祖宗,又讲出新话"。①

革命后中国社会建立了现代国家,改革后中国社会迈向有效的现代国家。革命后中国社会通过1954年宪法对人民民主、社会平等和公共利益的确认提出了不同于西方社会关于现代国家的法理要素,而改革后中国社会通过1982年宪法通过民主与法制的整合、公共利益与个体权利的平衡以及社会平等与契约自由的联结而使中国迈向了有效的现代国家的法理重构。1982年宪法文本表明,有效的现代国家的法理重构不仅无法回避法的现代性问题,而且要更认真对待法的现代性的问题。当今全球政治中另一个重大问题,是西方国家学术界将法的现代性摆放在一个不恰当的位置上。所谓"意识形态的终结"或"华盛顿共识"就体现了这一不恰当的主张。既要解放思想,又要实事求是,有效的现代国家的法理重构就不能把法的现代性的任何某一面摆得太高,无论是个体权利的主张,还是契约自由的诉求,抑或公共权力的责任。我们必须记住,一个有效的现代国家,不能够完全由法的现代性带来的法理重构决定。倘若社会成员对所有过上好生活的希望都寄托在法的现代性以及法律表达上,有效的现代国家的法理重构就面临"过载"的问题。所以,我们在研究法的现代性如何影响有效的现代国家的法理要素时,首先要厘清法的现代性究竟是手段还是目的的问题,后续要明确法的现代性如何影响法律体系的表达。

一、法的现代性是手段还是目的?

"现代性起源于人的解放,知识挣脱信仰和道德至上束缚的牢笼,个人从社会有机体中独立出来以申诉追求真理和创造的权利。"②现代性描述了

---

① 《习近平新时代中国特色社会主义思想三十讲》,学习出版社2018年版,第13页。
② 金观涛:《探索现代社会的起源》,社会科学文献出版社2010年版,第165页。

现代社会的表象特征和精神本质,而法的现代性则是把现代性的表象特征和精神本质落实到现代国家的法理要素和法律体系构建之中。所以现代性对于现代社会的意义,法的现代性对于现代国家的意义是不言而喻的。虽然现代性作为学术概念在20世纪下半叶才被广泛使用,但它实际上伴随着革命后现代国家在现代社会的成长始终。当代英国社会学家吉登斯认为,现代国家由三部分组成,每一部分都与前现代国家截然不同:一是对世界的看法与态度,世界在人类的干预下不断转变和转型的新观念;二是一套复杂的经济制度,特别是工业生产和市场经济;三是包括民族国家和大众民主在内的政治制度。各个学派,不同学科在吉登斯所谈的现代国家三部分的具体内容上,可能会有所不同,但是现代国家缺一不可之三要素:观念、经济与政治确实是共有的,并被统一到广义的制度中。① 法学学科则是从法理要素和法律体系的层面去表达现代性,把现代国家的三要素通过法的现代性三要素表现出来,即权利观念、市场制度与契约自由。由于现代性原本是西欧的概念,后来西方学者又在其中注入了太多的中心主义或意识形态的独断,再加上中国社会走上现代国家的历史境遇和制度选择,因此法的现代性在革命后现代国家的法理要素中被遮蔽了。

中国现代性的真正展开,是从1978年开始的。以邓小平为代表的领导人起到了韦伯意义上的"历史扳道夫"的作用,将中国从阶级斗争为纲的现代国家建设车轨扳向以经济建设为中心的社会主义现代化的轨道。解放思想、实事求是地评估中国社会发展的基本矛盾是人民日益增长的物质文化需要与落后的社会生产之间的矛盾,把国家建设放在一个对内搞活和对外开放的格局之中。"从此,革命作为主宰20世纪中国社会动员和行动的功能,让位于改革。革命意识形态解体后,作为其组成要素的当代观念游离出来,独立地和社会行动发生关联,组成了中国当代思想文化的景观。"② 从1978年十一届三中全会吹响改革开放号角,到邓小平在1980年发表《党和

---

① 秦晓:《当代中国问题:现代化还是现代性》,社会科学文献出版社2009年版,第125页。
② 金观涛等:《观念史研究:中国现代重要政治术语的形成》,法律出版社2009年版,第20页。

国家领导制度改革》，再到 1992 年邓小平对市场制度的认识以及提出经过三十年左右的努力使制度更加定型这一过程中，我们可以清晰地看到，法的现代性要素在改革后中国社会的次第展开：首先是现代性的祛魅与世俗化，反映到法学思想领域就是加快补课，就是要补上法的现代性的知识建构这一课。关键的问题就是关于法的阶级性与社会性的讨论。这一讨论的本质就是以世俗的经验智慧来为中国摆脱乌托邦主义思维的知识革命。其次是物质和社会层面的理性化，社会成员追求个体利益不再是一个禁忌，而是在法理上被接受和法律上获得表达的权利。法的现代性在 1978 年以后的中国社会就是通过物质和社会层面的理性化最直接地表现出来。再次是走出全能主义国家时代，全能主义不可能为有效的现代国家提供理由和动力。中国农民以最朴素的方式揭开了国家与社会的分离的序幕，这一幕的后面就是公民权利出场了。最后是市场制度和契约自由终于获得了合法性。"与此同时，我们还要看到，现代性的悖论同样彰显于改革发展的进程当中，有工具理性的过度使用，有'祛魅'之后的价值真空和价值虚无，以及从分化走向了过度分化。"[①]

可见，法的现代性是改革后有效的现代国家的法理重构的关键问题。这一关键问题集中表现为关于法的现代性是手段还是目的的反思，这种反思包括三个方面的内容：一是关于法的阶级性与社会性的反思。无论是要走出对马克思主义国家观的教条主义误读，还是要打破西方关于法的现代性的话语垄断，走出一条有效的现代国家成长之路，都离不开从法的本质高度来面对法的现代性问题。二是关于法的普适性与特殊性的反思。无论是要走出故步自封导致的东方中心主义，还是要警惕日益开放可能导向的西方中心主义，都离不开从法的价值高度来面对法的现代性问题。三是关于法的强制性与合意性的反思。中国社会既要走出全能型政治下反自由的、化私为公的社会失效，又要防止发展型政治下反民主的化公为私的国家失效。社会失效意味着，法必然且只能通过依赖公共权力而无法真正获得社

---

① 秦晓：《当代中国问题：现代化还是现代性》，社会科学文献出版社 2009 年版，第 92 页。

会认同的国家强制。国家失效则是表明,法试图且偏好通过社会自主而无法及时获得国家支持的社会合意。中国社会要走向有效的现代国家,无论是对现代性的整体反思,还是从法的现代性切入有效的现代国家的法理重构,都必须从这样一个前提出发:现代性不能作为一种绝对的尺度。不能教条地处理法的阶级性与社会性,不能机械地套用西方现代性理论来体悟法的普适性与特殊性,不能孤立地分析法的强制性与合意性之间所存在的差异。法的现代性基于对权利观念以及社会自主性的尊重,不强调合意性显然无法体现法的现代性,但是在一个不完美的世界里,有效的现代国家的法理重构也不可能放弃法的强制性。无论是可持续的现代社会对公共利益的依赖,还是有效的现代国家对个体权利的尊重,都有其存在的合理性,有效的现代国家的法理重构只能在这两者之间进行系统性平衡,而不是简单化取舍。

17 世纪是现代国家和现代性起源的时代,现代性起源在法律上的表现是英国的《权利法案》;18 世纪是现代性在西方社会的普及以及现代国家宪制结构扩展的时代,这一扩展在法律上的表现是美国的《合众国宪法》,特别是其 1791 年通过的被称为"《权利法案》"的十条宪法修正案;19 世纪则是工业化展开以及自由主义国家观全面推行的时代,这也是现代性发生异化,现代国家的初始定义之现实弊病开始呈现的时期。它直接导致对现代性价值之批判和对现代国家初始定义的再评价。由此,一种力图重构或超越现代国家的法理想象亦日益强烈。前者以美国进步运动所开启的对现代国家初始定义进行重构为代表,在现代性的核心价值要素不变的前提下对自由主义国家观进行修正。后者以马克思主义为代表。恩格斯曾明确指出马克思主义有三个来源,即德国古典哲学、英国古典政治经济学和空想社会主义。[①] 这三大来源代表了现代国家成长过程中对现代性(权利观念、市场制度和契约自由)的怀疑以致否定的思潮。马克思主义第一个来源代表了把权利观念从价值理性的高度拉下来,第二个来源记录了对以个人权利为正

---

① 《马克思恩格斯选集》,第 3 卷,人民出版社 2012 年版,第 741—797 页。

当性最终标准的怀疑,第三个来源则刻画了对社会契约论的批判和取代,强调法的阶级性基础上的民族认同。①

对于现代性在现代西方国家的表现,特别是民主和自由,马克思的批判集中于其阶级性,这种批判无疑是深刻的。个体自由对社会合作的伤害,契约自由对社会平等的忽视,市场制度对公共利益的无奈,马克思深刻洞见了带来这种危机的是被现代性所掩盖的阶级性。现代性受制于所有制结构,契约自由的本质就是资本雇佣劳动的自由,民主政治的实质就是资产阶级统治正当性的合法化,更不必说自由主义在19世纪对多数暴政的叙述和有限选举权的设定背后的真实目的。

马克思主义自然强调法的阶级性立场,但是,马克思主义对现代性的阶级本质的揭示并没有否定现代性对于人类文明的贡献。在美国内战期间,马克思坚决站在北方的立场,支持自由劳动制度,反对蓄奴制。对于资产阶级的民主,马克思也没有简单加以否定。早在《论犹太人问题》中,他指出政治解放还不是人类解放,同时也指出"政治解放当然是一大进步……在迄今为止的世界制度的范围内,它是人类解放的最后形式"。② 不仅如此,马克思还指出资产阶级民主提供了民主的进一步发展的必要性和可行性。把马克思主义基本原理与中国实际相结合建设现代国家,不能因现代性的阶级性而否定现代性对于当代中国建设现代国家的不可或缺性。

无论是基于全面认识马克思主义对现代性的批判,还是基于经济文化相对落后的社会事实,有效的现代国家的法理重构都既要正视现代性的阶级性,也要发现其社会性。如果说19世纪下半叶西方社会从美国开始发现了法的社会性,并用以弥补其阶级性所带来的社会对立的话,那么以马克思主义为理论指导的当代中国社会更有理由通过法的社会性来解决阶级性的弊端。不要光喊社会主义的空洞口号,社会主义不能建立在贫困的基础上。没有国家的民主和没有国家的自由与没有民主的国家和没有自由的国家一

---

① 金观涛:《历史的巨镜》,法律出版社2015年版,第88页。
② 《马克思恩格斯全集》,第1卷,人民出版社1956年版,第429页。

样,只会导致社会整体性贫困。现代性的缺失无疑是这种社会整体性贫困的内容,当然也是其价值上的根源。"只有结合中国实际的马克思主义,才是我们所需要的真正的马克思主义。我们正是根据这样的思想,力求实现我们的发展目标。"①改革后当代中国社会要实现走向有效的现代国家这一目标,就必须正视法的社会性以及其要求的对个人权利的尊重和社会自主性的制度保障。当然这一过程在任何现代国家的学理叙述和实践展开中都不是一蹴而就、千篇一律、线性直观的。所以,从法的阶级性与社会性之间的复杂关系来看,法的现代性对于处于社会主义初级阶段的中国社会要走向有效的现代国家而言,是目的,但最终只能是手段。

"每一种价值的有效,其前提是它对每个人都是可欲的。"②法的现代性对一个有效的现代国家的意义,就在于它对社会成员向往美好生活的可欲性,因此其在西方国家的危机在于契约自由裹挟下的贫富差距和权利观念功利下的有限民主。而革命后中国社会对法的现代性的拒绝有着对自由主义的偏见和对马克思主义的教条化理解,结果是现代性的好处没有得到,社会又陷入整体性贫困。要走向有效的现代国家,其法理的重构不是否定法的阶级性,在社会主义初级阶段通过全面认识法的社会性来激发社会活力,这种活力一定来自于权利观念以及制度化的过程。1982年宪法以及随后的《中华人民共和国宪法修正案(1988)》(简称"1988年宪法修正案"),特别是《中华人民共和国宪法修正案(1993)》(简称"1993年宪法修正案")对社会主义初级阶段的定位和社会主义市场经济的合法化,在宪制建构中为法的现代性价值提供了制度空间,伴随着的是现代民事权利制度和刑事法制度的构建。

法的现代性的目的是社会真正获得相对于国家的优势,任何手段都只能服从于这一目的的实现,其最终方向是国家的消亡。没有国家的社会是现代性充分成熟的结果,而没有社会的国家却是现代性被极端否定的表现。对于前者,现代国家只是手段。对于后者,现代国家变成了手段,这其实是

---

① 《邓小平文选》,第3卷,人民出版社1993年,第213页。
② 金观涛:《历史的巨镜》,法律出版社2015年版,第127页。

对现代国家自身的超越,因此也就不可能真正超越传统国家。有效的现代国家要超越传统国家,否定现代性对于法的社会性追求,在法理上很难用于把握中国建立不同于西方资本主义的现代社会的尝试。

面对处于社会主义初级阶段的当代中国社会,认真对待法的现代性,不是要不要承认法的阶级性,而是避免对其社会性的否定或忽视。社会性的贫困必然是阶级性的冲突。社会主义国家应该比资本主义国家更自觉面对法的社会性,而不是相反。没有社会的国家,不是失去社会活力而导致现代国家的失效,就是被前现代因素纠缠而导致现代国家的畸形。这两种情形在最近一百年中均出场过。英国预言家曼纽因曾说过:"如果一定要我用一句话为20世纪作总结,我会说,它为人类兴起了所能想象的最大希望,但是同时却也摧毁了所有的幻想与理想。"[1]我们必须承认20世纪曾被法的阶级性激发出建立不同于西方制度的现代社会的行动,但是解放思想和实事求是所推动的改革开放足以表明,当代中国社会进行有效的现代国家的法理重构时,必须承认法的社会性并在法律体系中予以落实。马克思主义从阶级性解释现代性的本质,并把平等作为其基本追求。显然这种平等不是社会整体性贫困下的平等,这是不可欲的,"贫穷绝不是社会主义"。[2]

中国社会在面对法的现代性是手段还是目的这一问题时,往往被西方经验中心论影响。党的十一届三中全会的基本精神是基于实践,从中国社会的实际出发探索有效的现代国家成长道路。因为在中国建设社会主义这样的事,马克思的本本上找不出来,列宁的本本上也找不出来。而中国建设现代国家且是有效的现代国家这样的事,任何一个自由主义者的本本上也绝无可能找到现存的答案。"每个国家都有自己的情况,各自的经历也不同,所以要独立思考。不但经济问题如此,政治问题也如此。"[3]那么面对法的现代性之问也要如此。建立一个现代国家,尤其是建设一个有效的现代

---

[1] [英]艾瑞克·霍布斯鲍姆:《极端的年代》,上册,郑明萱译,江苏人民出版社1998年版,第5页。
[2] 《邓小平文选》,第3卷,人民出版社1993年版,第261页。
[3] 同上书,第260页。

国家,不要把自己置于封闭状态和孤立处境。法的现代性是西方社会在建设现代国家的价值系统时所提出来的重要命题。中国社会建设有效的现代国家要对法的现代性持有一种开放心态和独立思考的精神,才能避免陷入西方中心主义的泥淖之中。中国因为持续遭受西方列强压制而被迫置身于民族国家在全球范围内兴起浪潮之下。我们可以从 1954 年宪法中读出革命后中国社会建立不同于资本主义的现代国家的强烈愿望。① 只是这种愿望在 1956 年到 1978 年间变得越来越教条,而任何的教条只有在封闭的状态下才能存活。改革开放打破了这一局面,提出只有建设一个有效的现代国家,才能让不同于资本主义的现代国家在人类文明史上获得存在的意义和延续的可能。所以说,中国国家的建构虽然早在近代就伴随现代性在全球的扩张而出现,但从某种意义上说,只有当中国全面推行改革开放以后才可以视为中国进入了全面进行国家建构的时期。

此时的重点就是中国社会在走向日益开放并参与全球化进程中,要在独立思考下走出西方经验中心论在法的现代性问题上所有的教条。具体表现为以下两点:一是任何关于法的现代性及其对于有效的现代国家的法理重构的意义的思考都不能陷入对民主政治与个体自由的迷思,而是要把这种思考放在具体的社会条件下寻找平衡点。马克思主义唯物史观为这种平衡点的寻找提供了依据。"人们在自己生活的社会生产中发生一定的、必然的、不以他们的意志为转移的关系,即同他们的物质生产力的一定发展阶段相适合的生产关系。这些生产关系的总和构成社会的经济结构,即有法律的和政治的上层建筑竖立其上并有一定的社会意识形式与之相适应的现实基础。物质生活的生产方式制约着整个社会生活、政治生活和精神生活的过程。不是人们的意识决定人们的存在,相反,是人们的社会存在决定人们的意识。"②我们不否定自由主义关于法的现代性以及对现代国家的法理要素所作的学理贡献和学术价值,这种贡献和价值正是因为它反映了特

---

① 于春洋:《现代民族国家建构:理论、历史与现实》,中国社会科学出版社 2016 年版,第 147 页。
② 《马克思恩格斯选集》,第 2 卷,人民出版社 2012 年版,第 2 页。

定社会的发展阶段的精神生产并随着社会发展情势而对现代性进行修正。独立思考法的现代性，不是简单否定西方对法的现代性的贡献，而是要发现法的现代性及其在中国社会的表达所无法回避的约束性条件。改革开放后中国提出加强社会主义民主和健全社会主义法制，再到2011年完成中国特色社会主义法律体系的型塑，既不可能是无视包括西方在内的人类法律文明发展的选择，也不可能是脱离中国社会发展的具体条件的结果。

二是西方经验中心论有一个教条，这个教条虽然经常在西方现代国家的法理中经受来自社会生活常识的挑战，但是依然不减向世界兜售的热情。其内容是：从市场和资本的优先性出发，认为如果赋予市场更大的空间、如果公民有更为广泛的活动空间、如果最小化的国家能保证个体事务不受政治干预的稳定的法律和规则约束，国家与社会之间已被破坏的平衡就可以重新建立。① 这种热情在20世纪80年代以来西方主要国家的制度革新中逐渐消失了，因为市场和资本的代价在理论上尚可以被教条的热情所遮蔽，但终究无法冲破社会生活的现实约束。通过法的现代性要素证成后，市场制度的正当性无疑在有效的现代国家的法理中获得了从未有过的地位。但是以经济为圭臬的选择，"在民族和世界的范围内，不仅要付出社会不平等的急剧扩大和社会分裂的代价，而且要付出道德堕落和文化瓦解的代价"。② 1982年宪法序言强调"一个中心，两个基本点"以及1993年宪法修正案对社会主义市场经济的规范都强调社会主义的规定性，这在法理上是把社会平等和有效政府注入法的现代性的内涵中。我们只有从这个角度才能深切理解邓小平一再强调的"只有社会主义，才能有凝聚力，才能解决大家的困难，才能避免两极分化，逐步实现共同富裕"。③ 对社会主义的规定性的强调同时也是对

---

① See David Held, *Democracy, the Nation-State and the Global System*, *Political Theory Today*, Polity Press, 1991, pp.199-200.
② ［德］哈贝马斯、张庆熊：《在全球化压力下的欧洲的民族国家》，《复旦学报》（社会科学版）2001年第3期。
③ 《邓小平文选》，第3卷，人民出版社1993年版，第357页。

西方经验中心论的修正和超越,在西方国家内部也出现了修正市场竞争、契约自由和个体权利在法的现代性价值系统中的意义的声浪。① 总之,我们只有超越西方经验中心论附加在法的现代性上太多的独断,对法的现代性整合有效的现代国家的法理重构有更为广阔的历史视角,才能理解20世纪70年代末以来,当代中国对有效的现代国家的法理要素自我调整的方向。这次调整揭开了人类全面进入两种不同社会制度下现代社会竞争的序幕。

对法的现代性是目的还是手段的思考,还通过依赖国家的法的强制性与诉求社会的法的合意性之间的张力表现出来。这个问题的本质其实就是国家与社会之间的关系。法的现代性强调个体自由和民主政治,以及自由主义在法治话语中注入太多的自生自发秩序的因素,给包括中国在内的发展中国家在面对法的现代性时提供了对社会自主和个体自由及其所生发的法治秩序的想象。当代中国要重构有效的现代国家的法理要素,显然无法回避重新发现社会的问题,也就是说要充分尊重自由和社会自主在法理要素重构和法律体系型塑中的意义。但是中国法理学要处理法的现代性问题,就必须在迥异于西方的社会背景下展开,并且采取一种完全不同于西方关于法的现代性的言说方式来处理法的强制性与合意性之间的张力。毫无疑问,法的现代性从其目的上说,一定是充分体现基于对社会的发现和对自由的尊重的合意性,从而体现其在现代国家的法理要素中的独特价值。

然而,必须明确的是,对中国的历史文化传统来说,法的现代性以及建立其上的法治秩序是一个陌生的外来者。改革开放要求中国社会全面认识法的现代性。越是在这个背景下认识法的现代性,越是要清醒地认识到,"它来到已经一百多年了,却从没有在中国人的经验生活中扎下根,更没有

---

① 法的现代性对社会发展的消极姿态在西方已经受到挑战,坚持社会主义道路和社会主义制度的现代国家更不能坐视反民主的化公为私的法理危机和法律困境。西方学者瑟罗指出:"关于政府的消极观点缺乏的是一种理解,它不理解自由市场需要有物质的、社会的、精神的、教育的和组织的基础设施的支持。更重要的是,如果人们不是永无休止地争斗,他们就需要某种形式的社会黏合剂。"[美] 莱斯特·瑟罗:《资本主义的未来》,周晓钟译,中国社会科学出版社1998年版,第271页。

在中国的土壤中开花结果"。① 否认这一点,以一种类似于西方法律理论家的方式,预设法的合意性是类似于呼吸的空气那样不言自明、无处不在的存在,难免会在现实中遭遇重大挫折。不是法的社会性的好处没有显现,就是削弱法的强制性的弊端渐见,片面强调法的社会性不是提升了法律体系的构建成本,就是助长了法治秩序被人情伦理纠缠的可能性。"我们可以不经反思地将现代意义的法律概念直接适用于中国,通过直接上手的意义来使用这些本质上也许异质于我们旧有的文化和生活的概念,从而造成一种不言自明和熟悉的假象。但是这掩盖不了概念和现实之间的巨大鸿沟。"②

要跨越这个鸿沟,我们就必须承认,正如民主与权威的发展是两个并行不悖的过程,法的强制性与合意性在法的现代性实现过程中同样是两个不可或缺的方面。从合意性出发,将有效的现代国家的法理重构建立在更为广泛和真实的民主的基础上,必定会使国家获得更为广泛的社会认同。但是由此要求"非国家最终从国家获得解放",创建一个"从对强制性暴力的需要获得解放"的社会,无疑仍旧是一个遥远的梦想。③ 另外,面对日益开放的世界所带来的公共议题的解决和激烈的国际经济竞争,主权国家对法的强制性的捍卫越来越明显,正如赫尔德等人的研究所表明的,在全球化过程中"许多国家,特别是发达资本主义国家在关键方面显然更加主动,尽管这种主动的形式和方式与以前有所不同"。④ 只要民族国家还是人类文明秩序发展中的重要角色,只要任何社会力量在诸如环境、公共卫生、移民和公民身份等问题上无法取代国家,那么一个有效的现代国家要思考的就是如何让法的强制性力量获得法的合意性认同,而不是如何用法的合意性去除法的强制性,当然也不可能是强调法的强制性而无视法的合意性。

---

① 泮伟江:《当代中国法治的分析与建构》,中国法制出版社 2012 年版,第 5 页。
② 同上书,第 5—6 页。
③ 郁建兴:《马克思国家理论与现时代》,东方出版中心 2007 年版,第 277 页。
④ [英]戴维·赫德等:《全球大变革:全球化时代的政治、经济与文化》,杨雪冬译,社会科学文献出版社 2001 年版,第 602 页。

二、法的现代性如何重构有效的现代国家的法理要素？

邓小平于1986年发表《关于政治体制改革问题》中谈道："进行政治体制改革的目的,总的来讲是要消除官僚主义,发展社会主义民主,调动人民和基层单位的积极性。要通过改革,处理好法治和人治的关系,处理好党和政府的关系。"①处理好两个关系、消除官僚主义和发展社会主义民主,构成了改革后中国社会重构有效的现代国家的法理要素的出发点,而这个出发点一定是与法的现代性联系在一起的,更何况法治和人治的关系本身就是法的现代性的重要一环。今天全球政治中一个重大问题,就是西方国家将法的现代性摆放在一个不恰当的位置上。虽然有效的现代国家不是全部由法的现代性以及由此而来的法治秩序决定的,但是中国社会不应该放弃法的现代性。实际上有效的现代国家的法理要素还是有规律可循的,不因任何国家"历史-社会-文化"的特殊性而随意变更。比如,每一个现代国家都应该寻求这样的宪制建构——它既把人民民主作为现代国家的合法性基础,又把代议制作为有效政府的体制保障。或者说,有效的现代国家既是一个受制约的国家,又是一个有效能的国家。在这一条充满历史智慧的基本规则中,法的现代性扮演重要的角色。有效的现代国家的目标是善治,改革只是实现这一目标的手段。官僚主义不仅提升了国家治理的成本,也抑制了社会活力,本质就是人治的产物。邓小平明确指出："我们过去发生的各种错误,固然与某些领导人的思想、作风有关,但是组织制度、工作制度方面的问题更重要。这些方面的制度好可以使坏人无法任意横行,制度不好可以使好人无法充分做好事,甚至会走向反面。"②

法的现代性基于对法治的追求,必须厘清国家与社会、政府与市场、个体权利与公共权力之间的关系。1878年的美国联邦党人对于革命后现代国家的想象其实就是从法的现代性入手的。他们这样说：

---

① 《邓小平文选》,第3卷,人民出版社1993年版,第177页。
② 《邓小平文选》,第2卷,人民出版社1994年版,第333页。

> 如果人都是天使,就不需要任何政府了。如果是天使统治人,就不需要对政府有任何外来的或内在的控制了。在组织一个人统治人的政府时,最大困难在于首先使政府能够管理被统治者,然后再使政府管理自身。毫无疑问,依靠人民是对政府的主要控制;但是经验教导人们,必须有辅助性的预防措施。①

这段出自200年前的论断可谓意义深长。人都是有缺陷的,现代国家越是开放社会成员对自我利益的追求,有效的现代国家越是依赖对社会成员的积极性激发,人的有限理性越是明显,越是需要国家来提供法律和秩序。但统治者也不是天使,同样有缺陷,而且这种缺陷所带来的风险更大,会带来灾难性的后果,因此有效的现代国家不是要否定公共权力,而是要通过厘清法治与人治的关系,以寻求非人格化的公共权力的制度化安排。这就是邓小平在1980年发表的《党和国家领导制度改革》所要表达的对于公共权力制度化的诉求的意义。"依靠人民是对政府的主要控制",这说明民主的重要性。唯有人民才是现代政府权力的来源,是现代国家的真正主人。1982年宪法第2条强调一切权力属于人民,不仅恢复了1954年宪法对现代国家合法性的确认,而且也体现了迈向有效的现代国家的法理要素对民主的追求。"必须有辅助性的预防措施",意指人民不会时刻都在公共生活的第一现场,因而还需要法律体系的建构和法治秩序的型塑作为民主的补充。邓小平在反思革命后现代国家建设的困境和改革后迈向有效的现代国家的制度建设时,明确提出发展社会主义民主,健全社会主义法制,是统一的。②对于一个有效的现代国家而言,制度问题更具有根本性、全局性和长期性,必须从以法的现代性为价值依据的法理要素重构中发挥制度对国家建设的作用。法的现代性固然有局限,也不可能完美,但以此来重构有效的现代国家的法理要素,设计基本的政治框架和法律体系,以实现政治体制改革的意

---

① [美]汉密尔顿等:《联邦党人文集》,程逢如等译,商务印书馆1980年版,第264页。
② 《邓小平文选》,第2卷,人民出版社1994年版,第189页。

义与中国社会对美好生活的期待应该是有指望的。

"革命意识形态解体后,作为组成其要素的当代观念(其核心就是现代性价值,引者注)游离出来,独立地和社会行动发生关联,组成了中国当代思想文化的景观。"①20 世纪 70 年代末面向国家常态的改革开放则呈现了一种借助法的现代性、重构有效的现代国家的法理要素的指向。这种指向深刻影响了 1982 年宪法及其随后的宪法修正案。加强民主和健全法制表达出对法的现代性的承认和开发。通过民主和法制驯服革命之热情与暴力,是执政党的理性自觉和反向自制,"巩固并发展革命所要确立之新政治原则的过程,是政治社会有机体的康复过程"。② 尽管中国社会对法的现代性的认识以及法理重构的行动并非一帆风顺,但就主流走向而言,法的现代性从未如此深刻而广泛地影响有效的现代国家的法理重构,而且其影响的方向是明确的,主要有以下两个。

一是加强社会主义民主。法的现代性对重构有效的现代法理要素的影响具体表现为三点:要民主,不要专制;要有效的民主,不要无序的民主;要社会主义民主,不要资本主义民主。其中第二点和第三点在改革后有效的现代国家的法理重构中尤为重要。"民族国家是现代性的终极载体,其力量取决于公民的忠诚度与实力。"③有效的现代国家通过民主,尤其是有效的民主来获得公民的忠诚度与国家的实力。

民主、有效的民主和社会主义民主对有效的现代国家的法理要素重构具体表现为"三个面向":第一,面向现代国家这个共同体,强调国家这个共同体不属于一个人、少数人,而是属于全体公民,这是现代国家超越传统国家的法理基础。基于对民主的接受,现代国家获得了传统国家在任何政制形式下都无法获得的、来自社会成员的认同与忠诚。这种认同与忠诚在本质上实现国家回到社会或者说社会决定国家的法理。

第二,面向现代社会活生生的个人,强调个人自由不受国家权力的随意

---

① 金观涛等:《观念史研究:中国现代重要政治术语》,法律出版社 2009 年版,第 20 页。
② 高全喜等:《现代中国的法治之路》,社会科学文献出版社 2012 年版,第 201 页。
③ [美] 阿里夫·德里克:《后革命时代的中国》,李冠南等译,上海人民出版社 2015 年版,第 17 页。

干涉。不仅如此,个人拥有通过参与国家的公共事务以保障其自由的权利。只有将民主对个体自由的尊重和个体自由对民主的尊重紧密联系在一起,才能促成有效的民主。有效的民主意味着公民在公共生活领域是主人,在私人生活领域同样是主人。这种民主既不是古代世界曾经有过的城邦民主的重演,也不是现代世界出现过的大民主的延续。古代世界的直接民主以奴隶制存在为前提。① 现代世界的大民主则往往以反自由的民主乌托邦为表征。中国 1975 年宪法和 1978 年宪法中出现的"大鸣、大放、大辩论、大字报"也是一种特殊的民主乌托邦。大民主尽管表现出了对民主的极度渴望,却是无效的,它不仅表现为反制度化的无序,而且在无形中放弃了对国家权力的制度化限制。1982 年宪法明确放弃"大民主"的设想。"一个自由社会的良好公民需要同时做到两点:一方面要懂得主张和捍卫自己应有的权利,另一方面要学会遵守经由合法程序制定的法律以及服从合法的权威。"②有效的民主才是好东西,有效的民主既要在法理上贯彻民主对国家权力的限制,也要在法理上贯彻民主对个体自由的尊重。如果说民主让现代国家获得了传统国家无法获得的、来自社会成员持久的认同与忠诚,那么有效的民主可以让现代国家真正获得传统国家永远无法拥有的国家效能,这种效能来自于民主对国家权力的限制和国家权力对个体自由的尊重。改革开放要激发中国人的创造性和积极性,放弃对大民主的迷思,把民主与宪制结构的稳定、社会成员的团结和社会活力的激励结合起来,实现有效的民主,这在法理上是具有真正革命意义的。正如邓小平所说:"我们评价一个国家的政治体制、政治结构和政策是否正确,关键看三条:第一是看国家的政局是否稳定;第二是看能否增进人民的团结,改善人民的生活;第三是看生产力能否得到持续发展。"③这三条表达了改革后以邓小平为核心的第二

---

① 罗马法是罗马帝国在政治上最了不起的创造之一,它提供了罗马人征服世界的新力量。但无论是罗马法还是亚里士多德的政治学说,在人与人之间的关系上,都否定奴隶的人格。金观涛:《历史的巨镜》,法律出版社 2014 年版,第 299 页。
② 包刚升:《民主的逻辑》,社会科学文献出版社 2018 年版,第 7 页。
③ 《邓小平文选》,第 3 卷,人民出版社 1993 年版,第 213 页。

代领导集体对有效的民主的期待或者说对大民主的放弃。

第三,面向当代中国社会发展民主的法理的前提。改革后加强民主在有效的现代国家的法理重构中的战略价值,绝不是搬用西方民主。中国只有坚持搞社会主义才有出路。"从古至今,民主不是要解构共同体,相反而是要解决人如何在特定的共同体中得以有效的发展,并有效平衡人与共同体的关系。所以,从一定意义上讲,不论是从共同体需求出发所建构的民主制度,还是从人的自由发展出发所建构的民主制度,其最终都要考虑到人的发展与共同体的维系。"①自由主义民主观是以人的自由权利为中心展开对现代资本主义国家的法理建构。虽然19世纪中叶以降,面对社会冲突和阶级对立,西方社会试图通过选举权的逐渐开放和公民经济文化权利来拓宽民主的社会基础,但是20世纪以来的事实已经暴露了晚期资本主义私人生产与大众民主之间不可克服的矛盾。虽然西方社会不再否认普选制和社会平等对于民主的意义,但从未视其为资本主义制度的有效手段。一个明显的表现就是,以哈贝马斯为代表的批判理论,早期还主张经济、公共行政和政党民主化,后期却毅然决然地转而寻求权力、金钱与团结之间的适当平衡。②"不反对市场资本主义,而只是希望它能有点人情味,能顾到一点弱势群体,以保持战后西方各国好不容易获得的社会妥协,避免资本主义所取得的各项成就毁于一旦。"③

而当代中国社会在改革后重构民主在有效的现代国家的法理要素中的

---

① 林尚立:《当代中国政治:基础与发展》,中国大百科全书出版社2017年版,第67页。
② 郁建兴:《马克思国家理论与现时代》,东方出版中心2007年版,第270—271页。迈克尔·曼在《社会权力的来源》一书中明确指出,美国企业界和资本力量在选举中发挥了不应有的过大影响力。他甚至批评道:"美国不是一人一票,而是一美元一票。"[英]迈克尔·曼:《社会权力的来源:全球化(1945—2011)》,第4卷,郭忠华等译,上海人民出版社2015年版,第421—431页。
③ 张汝伦:《评哈贝马斯对全球化政治的思考》,《哲学研究》2001年第7期。事实上,即使在资本主义民主内部,以公共领域的讨论确定国家的行为规则的这一良好愿望也缺乏可行性。哈贝马斯自己也承认:"如果说过去报刊业只是传播和扩散私人公众的批判的媒介,那么现在这种批判反过来从一开始就是大众传媒的产物。"[德]哈贝马斯:《公共领域的结构转型》,曹卫东等译,学林出版社1999年版,第225页。

意义是要实现比资本主义民主更先进的民主。实践证明,革命后的大民主无助于实现这一使命。公有制的主体地位不变、社会平等价值诉求丰富和公民参与国家公共事务的领域不断拓宽,只有以此为前提的民主,才能真正实现经济民主与政治民主的协调、社会民主与国家民主的互动、公民权利与民主政治的衔接,抑制乃至消除民主的异化,最终不至于背离"自由人的联合体"的方向。

二是健全社会主义法制。"在发扬社会主义民主的同时,还要加强社会主义法制,做到既能调动人民的积极性,又能保证我们有领导有秩序地进行社会主义建设。"①在这一点上,法的现代性对重构有效的现代国家的法理要素的影响具体表现为三个方面:要有限政府,不要全能主义;要有效的法律治理,不要官僚主义;要社会主义法制,不要资本主义法制。

就第一个方面来看,健全社会主义法制是针对1956年以后国家建设所出现的失序局面而言的。这种失序是直接与放弃1954年宪法所规定国家在过渡时期的任务联系在一起的,具体表现为1958年提出"一大二公"后对纯粹的公有制的追求和人民公社的主张。虽然"一大二公"所支持的计划经济是对自然经济的否定,但是在一个经济文化相对落后的社会里,建立在纯粹的公有制基础上的计划经济以及其必然带来的全能主义政府造成了一种人的自主性缺失。

自然经济决定了古代社会中人对社会或他人的直接依赖关系,按马克思的话说,这是一种"人对人的依赖关系"。即使在欧洲,城邦民主的文明和罗马法的光辉也终究无法掩盖对奴隶的人格的否定,也就是说自然经济必然造成人与人之间的依附关系。这种对绝大多数社会成员的人格否定和社会成员间的人身依附关系构成了社会结构、社会关系、法律关系的基本形态。中世纪晚期,这种基本形态随着商品交易的出现而被改变了。伯尔曼认为,中世纪之所以能发展出一套"权利-义务"关系体系,是因为那些具有共同利益的自由城市和独立社团在"国"和"家"之间起着中介作用。关于这

---

① 《邓小平文选》,第3卷,人民出版社1993年版,第210页。

一点,诺斯在分析个人产权的兴起与西方社会的成长的关联时也作了同样的强调。① 梅因据此得出了关于法的现代性的重要判断:"所有进步社会的运动,到此处为止,是一个'从身份到契约'的运动。"②

然而中国社会在1956年社会主义改造的推进以及广大人民对建设社会主义的愿望的放大,过快地放弃了1954年宪法所规定的国家在过渡时期的任务,强调纯粹的公有制和计划经济,最终造成了反自由的化私为公的革命法制逻辑。在这一逻辑中,国家通过单位制的建构造成了一种全能主义政治。③ 任何资源都由政府来配置,这造成了国家治理的成本高昂,更导致了社会活力丧失和政府失效。

1978年中国的农民以其对生存的最朴素的愿望撕开了这种局面的困境。中国由此提出了社会主义初级阶段和社会主义市场经济,彻底改变了社会交往方式和资源配置方式。权利与义务关系的社会基础破土成长。④ 法的现代性体现为当代中国社会对市场经济的接受和所有制结构的变革,国家从社会生活领域逐渐退出,个人对公共权力的依赖弱化,有限政府就成为健全社会主义法制的理由,也是动力。"个人、集体、国家这三者之间的利益关系在不断地重新调整,个人利益不再能够像计划经济时期那样可以被无条件地忽视。"⑤1989年制定的《行政诉讼法》,以及进入90年代后颁布的

---

① 伯尔曼指出,中世纪的城市通过赎买而获得了自由,城市公社的管理者和一般市民的关系是由城市法律规定了的。这种关系本质上是一种契约关系,即管理者与市民通过协议而规定了各自的权利与义务。而那些独立社团是人们根据共同利益而自愿组织起来的,权利义务一开始就很明确。[美]伯尔曼:《法律与革命——西方法律传统的形成》,高鸿钧等译,中国大百科全书出版社1993年版,第12章。
② [英]梅因:《古代法》,沈景一译,商务印书馆1959年版,第97页。
③ 城市的单位制度和农村的政社合一体制是直接体现政治全能主义的具体制度安排,它涵盖了社会成员生活的方方面面,成为政府以国家的名义进行社会动员以及资源整合与分配的一种最重要的、有时甚至是唯一的制度与统治手段。葛洪义等:《法治中国:中国法治进程》,广东人民出版社2015年版,第4—5页。
④ 阎云翔在对一个中国村庄长期近距离观察中发现,在1978年前,中国农村社会公共活动都是由集体来组织的,也就无可避免地打上了国家干预的烙印。[美]阎云翔:《私人生活的变革:一个中国村庄里的爱情、家庭与亲密关系(1949—1999)》,龚小夏译,上海人民出版社2017年版,第49页。
⑤ 唐贤兴:《产权、国家与民主》,复旦大学出版社2002年版,第289页。

《国家赔偿法》和《行政复议法》均表达了这样一个明确的信息：中国公民个人权利在法理上觉醒，并在法律中落实。契约关系及有限行政的法理成为当代中国社会在接受市场经济后必然面对的法理命题。

官僚主义的本质还是公共权力的失范问题。① 法的现代性以维护人的权利为出发点，而对人的权利构成威胁的最大力量就是公共权力。法的现代性通过对公共权力的规范来重构现代国家的法理要素。对有效统治进行有效控制是当代中国社会走向有效的现代国家的法理重构的核心问题。走出全能主义政治之后，越是要持续释放社会活力的空间，就越是要规范国家与社会之间的互动。虽然不能简单地说中国的改革纯粹是由国家自上而下推动的，但一个毋庸争辩的事实是，国家在中国社会改革中扮演着西方社会在现代化进程中所不具备的功能与角色。因此，从法的现代性出发对有效统治本身进行有效控制，成为有效的现代国家的法理重构的第一层要义。

迫使公权力控制自身，从而对有效统治本身进行有效控制是健全社会主义法制的第二个方面，也是建构真正有效而优良的政治和政治秩序的必要条件。② 政治全能主义试图通过反自由的化私为公的政治挂帅来建构现代国家的法理，政治官僚主义则助长了反民主的化公为私的经济至上来探索有效的现代国家的法理重构。事实证明，前者带来的是社会整体性贫困，后者则必然因官僚主义及其背后的权力寻租导致社会相对性贫困。如果说西方社会相对性贫困的法理根源是个体自由和有限政府的教条，那么改革后中国社会相对性贫困的法理根源则是行政机会主义和市场机会主义的交易。从法的现代性的当代转型与有效的现代国家的法理要素重构的角度

---

① 在《剑桥中华人民共和国史》中有这样一段极为生动的描述：改革后致富的最快的途径是垄断当地一项重要的服务业（如运输）。在公共设施如卡车运输方面的实际垄断权有时可通过与干部们的特殊关系而获得，这些干部负责给他们发放许可证（当时还没有制定《行政许可法》，许可事项和程序的随意性是显然存在的）。与当地干部确立"好感"关系经常是通过行贿来实现的。有时，本地干部亲自开办有利可图的新企业。所以，随着经济的发展，本地干部腐败的诱惑也增多了。[美]麦克法夸尔等：《剑桥中华人民共和国史·中国革命内部的革命（1966—1982）》，俞金尧等译，中国社会科学出版社1992年版，第668页。

② 许章润：《国家理性与优良政体》，法律出版社2015年版，第82页。

讲,公共权力的内在使命就是创造秩序与推动发展。所以,健全社会主义法制以抑制官僚主义,要限制权力功能的发挥。这对于走出全能主义政治以激发社会活力至关重要。同时要保证以人民民主为合法性基础的公共权力有效地发挥作用,这对于避免行政机会主义不可或缺。合法的根本就是民主对权力的约束,有效的根本是权力能够发挥其应有的功能,成为推动社会发展和抑制市场机会主义的正能量。运用国家权力剥夺自由权意味着革命的法制逻辑对法的现代性诉求的背离;通过人民公社体制和计划经济体制对社会发展激励机制的否定则意味着中国社会的发展与社会成员的现实利益追求相背离,最后的结果就是以饥荒、贫困与社会发展的停滞为表征的社会整体性贫困。这也正是执政党于1978年底放弃"阶级斗争为纲"走向社会主义现代化道路的最基本的动因。面对革命的法制逻辑下因建构了反自由的化公为私的国家治理方式和社会发展手段给革命后当代中国国家成长造成的灾难,我们必须全面理解法的现代性对于有效的现代国家的法理重构的意义:一是保障国家权力统一与敏捷,尤需法律体系的连续性,故对政府权力有效性和政府责任规范建构是改革后当代中国法律体系建构不可缺之要素;二是现代国家有效与否,视其社会成员能否自由发展,而自由发展中最关键部分是个体自由及其社会成员创造能力的保障。所以,自由的释放及其在有限政府的有效性是现代国家成长不可缺之要素,也是法律体系建构中不可缺之内容。①

　　这个内容随着20世纪90年代中期和谐社会的提出变得越来越系统性。虽然简单的放权让利可以增强社会发展的活力,但从制度上规范国家与社会之间的互动、政府与市场的边界以及公共权力要素内部的关系是社会主义法律体系建构中无法回避的命题。从健全社会主义法制到发展社会主义法治的转变表明,对权力的规范与限制始终是有效的现代国家的法理要素重构所需处理的重要问题。确实基于中国社会复杂的"历史-传统-文化"因素,处理这对关系要面对自由主义法理从未面对过的难度,但是越难

---

① 张君劢:《政制与法制》,清华大学出版社2008年版,第86页。

越有意义同样是制度文明发展的真理。① 这不仅仅是为了突破西方经验中心论对法的现代性的教条,也是为了寻找社会相对性贫困的法理原由,进而能够通过法律体系的建构予以消除。市场机会主义和行政机会主义一直都困扰着现代社会。问题的关键不是回避这一困扰,而是在法理上全面厘清有效的现代国家不仅是管理社会的问题,而且是管理自身的问题,后者更需要有对法的现代性的系统反思和清晰历史定位。

第三个方面则是与民主的第三个面向所坚持的法理是一致的。在中国社会拉开改革开放大幕的 20 世纪 80 年代,美国学者亨廷顿发表了一部名为《失衡的承诺》的作品。在该书中,亨廷顿提出了"到底什么是美国"的问题。与自由主义的主流观念相同,他认为美国最重要的特质就是美国的宪法和政治观念,包括立宪主义、有限政府、自由传统以及个人价值等等。在这种宪法精神和政治信念的基础上,就能建设一个自由、繁荣与伟大的美利坚。② 仅仅时隔 23 年,亨廷顿又出版了《我们是谁? 美国国家特性面临的挑战》一书。书中他又把盎格鲁-撒克逊的政治传统和新教文化作为美国的核心。③ 亨廷顿以新教伦理与资本主义精神提醒美国,如果基于盎格鲁-撒克逊的政治传统和新教文化的美国精神、美国观念和美国认同走向衰弱的话,那么美国也会走向衰弱,甚至走向瓦解。④ 亨廷顿的主张在本质上反映了西方思想家对以个人主义为根本的资本主义精神的维护,以及深知其面临的危机,但又不得不维护的两难。当然西方社会及为其制度辩护的思想家始终不改变资本主义的前提,无论他们自称是自由资本主义还是民主社会主义,背后的政治基础都是资本主义核心价值观。西方国家能否在资本主义法制框架内解决资本与劳动之间的利益冲突呢? 这其实是一个法理和

---

① 1999 年宪法修正案明确把依法治国,建设社会主义法治国家作为治国方略。应该说,2011 年中国特色社会主义法律体系的形成既是改革后当代中国实施这一方略的结果,也是这一方略的内容。
② [美]塞缪尔·亨廷顿:《失衡的承诺》,周瑞译,东方出版社 2005 年。
③ [美]塞缪尔·亨廷顿:《我们是谁:美国国家特性面临的挑战》,程克雄译,新华出版社 2005 年版。
④ 包刚升:《民主的逻辑》,社会科学文献出版社 2018 年版,第 319—320 页。

法律上的两难。法理上对个体自由的坚持和法律对公共权力的限制,这两者最终会限制大众参与和政府干预的有效性。"在这里,公允的法律与理性的辩论彼此的成因只能归结于对方,从而表现为封闭的内循环互证系统。"①自20世纪80年代末以来,从东欧剧变、苏联解体到欧盟一体化、美国新经济革命,整个西方世界沉浸在对资本主义制度优越性的乐观主义情绪之中。但是,历史真的终结、意识形态真的终结、人权真的终结了吗?② 对于资本主义社会的发展,马克思在《〈政治经济学批判〉序言》中早就指出:"无论哪一个社会形态,在它所能容纳的全部生产力发挥出来以前,是决不会灭亡。"③西方国家依然被个体自由与经济不平等、内部市场竞争追求与外部贸易壁垒强化的趋势所困扰,这一切在本质上均是由于资本主义制度的内在规定性无法解决。④ 面对外部世界的剧烈变化和内部改革的不断

---

① 焦文峰:《哈贝马斯的公共领域理论述评》,《江苏社会科学》2000年第4期。
② 持有这类论调的代表性人物就是美国学者福山,他于1989年发表的《历史的终结》一书提出了所谓的"历史终结论"。该观点认为冷战结束以后,人类政治历史发展已经到达终点,构成历史的最基本的原则和制度就此止步,"资本主义与自由民主的现代体制已经超越了历史和意识形态矛盾,但其他的世界角落还在追赶历史。自由民主制度也许是人类意识形态发展的终点和人类最后一种统治形式"。这种强势的西方中心主义立场让福山的主张饱受诟病。尽管他在后来的作品中辩称:"我们没有帝国的野心。我们正在推行人权、自治和民主,任何统治其他国民的措施都是过渡性的。"20世纪90年代以来,后发国家把法的现代性抽象运用到现代转型而招致失败,以及中国对有效的现代国家建设的有益探索,使福山不得不改口:"随着中国的崛起,所谓'历史终结论'有待进一步推敲和完善,人类思想宝库需要为中国传统留有一席之地。"[美]弗朗西斯·福山:《历史的终结》,黄胜强等译,远方出版社1998年版,第1页;[美]弗朗西斯·福山:《国家构建:21世纪的国家治理与世界秩序》,黄胜强等译,中国社会科学出版社2007年版,第116页;[美]弗朗西斯·福山:《日本要直面中国世纪》,《中央公论(日本)》2009年第9期。
③ 《马克思恩格斯选集》,第2卷,人民出版社1995年版,第33页。
④ "我们确实认为公众越来越意识到大公司和大政府经常在一起对抗普通美国民众的利益。……腐败的经济和政治体系和'民有、民治、民享'的政治理想的差异导致认知失调,刺激了愤怒的主观感受的产生,有助于激励茶党运动和占领华尔街运动的参与者。"[美]厄尔·怀松等:《新阶级社会:美国梦的终结?》,张海东等译,社会科学文献出版社2019年版,第285页;可见,美国社会已经认识到2011年美国发生的占领华尔街运动背后的动因是贫富差距过大。2016年美国总统大选中出现的"桑德斯想象"和最终的失败更说明美国社会的这种倾向。这些社会现象所暴露出来的现代性危机,实际上都跟美国社会制度相关。美国在试图用大政府的理念通过公共福利以缓解社会冲突,(转下页)

推进,对外开放和对内搞活始终是中国社会建设有效的现代国家所必须采取的战略。这一战略的展开受到来自"左"的质疑和"右"的困扰。这个问题在改革开放伊始就出现了,随着苏东剧变,它在中国社会走向有效的现代国家的进程中变得不可回避。1992年邓小平的谈话非常清楚地指出:

> 改革开放迈不开步子,不敢闯,说来说去就是怕资本主义的东西多了,走了资本主义道路。要害是姓"资"还是姓"社"的问题。判断的标准,应该主要看是否有利于发展社会主义社会的生产力,是否有利于增强社会主义国家的综合国力,是否有利于提高人民的生活水平……社会主义的本质,是解放生产力,发展生产力,消灭剥削,消除两极分化,最终达到共同富裕……社会主义要赢得与资本主义相比较的优势,就必须大胆吸收和借鉴人类社会创造的一切文明成果,吸收和借鉴当今世界各国包括资本主义发达国家的一切反映现代社会化生产规律的先进经营方式、管理方法。①

"三个有利于"的提出为社会主义法制超越资本主义法制提供了法理依据和实践方向。从人类制度文明发展规律看,社会主义是在资本主义之后出现的,没有资本主义法制对法的现代性要素的有效发展,也就不可能有社会主义法制发展的可能。"这决定了社会主义对资本主义的超越,不是以割断社会主义与资本主义的关系为前提的,而是以将资本主义的发展成就有效地转化为社会主义发展的动力与资源为前提的。"②资本主

(接上页)但是资本主义制度内在规定性又约束其不可能走得太远。当然只要资本主义制度尚可以在内部调整利益关系,那它就是不会灭亡的,但是要说终结人类历史,不是无知,就是狂妄了。从进步时代以来的情况来看,西方国家"追求法治之下的私有财产和契约自由的自主建制,它们允许各种各样的价值观和世界观的人们和平相处",同时"建立那些限制民主而不是高扬民主的制度"。See John Gray, *Post Liberalism: Studies in Political Thought*, Routledge, 1993, p.205.

① 《邓小平文选》,第3卷,人民出版社1993年版,第372—373页。
② 林尚立:《当代中国政治:基础与发展》,中国大百科全书出版社2017年版,第99页。

义法制对法的现代性要素最重要的发展体现在私法自治、个体权利和契约自由。这是资本主义法制对法的现代性要素的落实,也是社会主义法制发展的基础。

1949年2月,中国人民政治协商会议正式确认废除"六法全书",再后来是社会主义改造和1975年宪法,从意识形态、社会改造和宪法规范入手,否定了一切社会制度的法理和法律上的正当性,这被证明是"左"的东西且无助于真正超越资本主义制度。改革开放就是要破除这种根深蒂固的"左"的法理概念以及其对社会主义法制的束缚。社会主义法制要从人类制度文明成长的历史高度和有效的现代国家建设的系统眼光出发,清醒地认识到,"有些理论家、政治家,拿大帽子吓唬人的,不是右,而是'左'。'左'带有革命的色彩,好像越'左'越革命。'左'的东西在我们党的历史上可怕呀!……右可以葬送社会主义,'左'也可以葬送社会主义。中国要警惕右,但主要是防止'左'"。① 健全社会主义法制要立足社会主义初级阶段的实际,将人类社会关于法的现代性要素在现代国家建设中的制度文明成果有效地转化为当代中国走向有效的现代国家的制度资源。当然,公有制的所有制结构、共同富裕的社会正义和以人为本的核心价值不是要否定这种转化,而是要让这种转化真正有效且持续。

20世纪以来美国启动的对现代国家初始定义的重构无法真正使其摆脱危机,是因为它绝对不可能全面实现法的现代性诉求,且不敢重新回到法的现代性的初始约束。在不可能回到20世纪以前的情况下,西方国家只能不断修正法的现代性要素与现实的社会生活之间的紧张关系。而对于社会主义法制来说,应该放下对法的现代性的偏见,接受法的现代性对有效的现代国家的法理要素的约束,进而解放和发展生产力。同时,坚持宪法中公有制的主体地位、按劳分配和共同富裕的价值目标不动摇。因为,"由社会结构所决定的自由差别比由个人差异所决定的自由差别更容易消除,因为社会结构可以通过和缓渐进式或革命跃进式的变革而趋同(历史证明了这一

---

① 《邓小平文选》,第3卷,人民出版社1993年版,第375页。

点),而个人之间的差异则是任何社会也无法消除的"。① 由此,社会主义法制超越资本主义法制之处在于:不仅承认并促进社会成员在法理和法律上的独立自主,而且从两方面来保证这种独立自主能够转化为人的全面发展,一是从社会和谐和公平正义出发,坚持按劳分配为主体的分配正义以逐渐消除劳动的异化,进而把个体自由与民主政治建立在社会解放的基础上;二是个人的自由确立在人民掌握国家政权的基础上,最大限度地摆脱阶级对立与统治的局限,为"自由人的联合体"提供现实的可能。2011年中国特色社会主义法律体系的形成应该说是健全社会主义法制的制度成果,这一制度成果无疑是与有效的现代国家的法理重构联系在一起的,本质上就是一个在社会主义初级阶段通过接受市场制度以落实法的现代性的过程。当然这一过程不可能是完美的或线性的。全球化浪潮推进和中国社会内部改革深化必然伴随着社会问题的日益增生、社会相对性贫困的出现以及公共权力与公民权利之间的张力增强。在无法否定或放弃法的现代性的前提下,中国特色社会主义法律体系走向中国特色社会主义法治体系这一变化的背后正是中国社会对法的现代性的充分反思,其代表了中国社会永不放弃在一个不完美的世界里寻求有生命力的现代国家的可能性。

  民主与法制,或是日后提出的民主与法治,在现代性的法理要素中不是简单的合作关系或对抗关系。"丧失了法律保障和法律基础的民主转型是不牢靠的,也是容易滋生民粹主义和极端主义倾向的。同样,缺失'良法'的社会,其政治生活也是不健康的。如果化解社会抗争的法律不是良法,不是体现正义的法律,那么社会抗争的法治化解决就是脆弱的、不牢靠的;如果社会抗争带来的是民主透支而不是法治化程度的提高,那么社会抗争所释放出来的民粹主义运动就会产生无休止的混乱甚至暴力。"②在有效的现代国家的法理重构的初期,社会主义民主和社会主义法制携手承接法的现代性无疑对中国社会意义重大。也就是说,两者只有相互强化才能走出革命

---

① 姚洋:《自由、公正和制度变迁》,河南人民出版社2002年版,第7页。
② 刘建军:《当代中国政治思潮》,复旦大学出版社2010年版,第182—183页。

后现代国家的失效状态。社会主义法制解决大民主带来的民主失效,社会主义民主解决革命后现代国家革命的法制逻辑的悖论问题。放眼历史,现代国家的成长得益于民主与法制的相互强化。

　　社会主义的规定性理应让两者相互强化的关系在有效的现代国家的法理重构中具有更可靠的社会基础。但从现代国家在20世纪以来的情况看,我们不得不承认两者间存在着一种潜在的对抗。民主政治有可能强化政府干预和再分配政策,结果会削弱法治对市场力量的强调和保护产权制度的正当性。而只要法治不放弃对市场力量的维护和对产权制度的保护,就可能会反过来削弱充分民主的社会基础。也就是说两者间还存在着潜在的对抗逻辑。面对这种对抗,西方社会出现了后现代性对现代性的挑战,或者出现如美国的"桑德斯现象",但至少资本主义制度在法理上存在着回到"从前"的正当性。而对于中国社会来说,在法的现代性在有效的现代国家的法理重构中尚未充分成熟的背景下,这种对抗性的出现会威胁到社会主义制度的生命力。因为社会主义制度在法理上没有回到"从前"的正当性。从进步时代以来美国引领现代国家初始定义的重构是对资本主义制度的法理正当性的拓展而不是革命。而中国社会改革开放是第二次革命,要解决现代国家的有效成长的问题,就不可能延续任何形式的"左"的思维。但是,有效抑制社会主义民主和社会主义法治的对抗性、不让这种对抗性侵蚀社会主义制度的法理约束,始终是有效的现代国家的法理重构进程中的关键。没有生产力的有效发展,就没有社会主义;社会主义法制不为生产力的持续发展提供充分的法律供给,就无法捍卫社会主义制度的优越性,也就无从体现有效的现代国家的法理重构的价值取向。为此,恪守这一价值取向的社会主义法律体系必须始终致力于市场制度的确认和产权关系的厘清。同时也必须致力于从法理和法律上消解社会相对性贫困的可能性,最终为共同富裕和社会正义提供可欲性。法的现代性通过充分的民主和有效的法制来约束有效的现代国家的法理重构不是要削弱社会主义制度,而是要真正体现社会主义制度在处理人与人之间、国家与社会之间、政府与市场之间法理关系的改善能力,以及把这种改善能力体现在具体的法律表达之中。

第二节　有效的现代国家的法律表达

1954年宪法从根本法的高度明确了当代中国走出传统国家形态，进而选择不同于旧民主主义革命后各种政治力量对现代国家的建构和西方革命后现代国家的制度形态的新国家——中华人民共和国的国家形态。根据1954年宪法，革命后中国肩负着完成过渡时期的任务和走向社会主义的双重使命。双重使命约束着这一革命后新国家、新社会。中国社会对建设社会主义制度的强烈渴望以及革命后相当长的一段时期里国际社会的形势压力，使中国在过渡时期的任务没有有效地完成时就转入建设社会主义的议程。所以1956年启动社会主义改造之后的中国，虽然建立了社会主义制度体系，但没有创造出有效的社会主义国家治理体系。改革开放的车轮在1978年底启动之际，邓小平是这样描述当时的中国的：

> 现在的问题是法律很不完备，很多法律还没有制定出来。往往把领导人说的话当做"法"，不赞成领导人说的话就叫做"违法"，领导人的话改变了，"法"也就跟着改变。所以，应该集中力量制定刑法、民法、诉讼法和其他各种必要的法律，例如工厂法、人民公社法、森林法、草原法、环境保护法、劳动法、外国人投资法等等，经过一定的民主程序讨论通过，并且加强检察机关和司法机关，做到有法可依，有法必依，执法必严，违法必究。国家和企业、企业和企业、企业和个人等等之间的关系，也要用法律的形式来确定；它们之间的矛盾，也有不少要通过法律来解决。现在立法的工作量很大，人力很不够，因此法律条文开始可以粗一点，逐步完善。有的法规地方可以先试搞，然后经过总结提高，制定全国通行的法律。修改补充法律，成熟一条就修改补充一条，不要等待"成套设备"。

总之,有比没有好,快搞比慢搞好。①

改革后中国社会启动迈向有效的现代国家的步伐,必须解决两个问题:一是摆脱政治全能主义,为社会活力的释放提供法理上的正当性;二是把这种法理上的正当性转化为法律上的合法性。当然这个过程是在边整顿、边治理、边改革中进行,因此就不可能是一蹴而就、一帆风顺的。但无论如何,中国社会谋求社会主义现代化而走出社会整体性贫困的现实需求,以及执政党对中国社会的基本矛盾的再判断,认真对待法的现代性,不再是来自现代国家合法性的必然要求,"合法性的危机是变革的转折点"。② 而且社会成员终究要面对生存欲望,安徽凤阳农民不惧政治风险的举动由此揭开中国农村改革正是这种欲望的生动表现。邓小平从有法可依入手,通过渐进立法和放权让利的机制激活和完善法律体系,这个过程就是一个有效的现代国家的法律表达的过程。邓小平明确认识到民法、刑法对有效的现代国家的法律表达的重要性,更深知党和国家领导制度的法律表达在这一过程中的特别意义。显然,这都是与社会主义现代化战略联系在一起的。

构建社会主义法律体系不仅是要为社会主义现代化战略的推进提供制度保障,而且是有效的现代国家的法律表达的必然结果。1979 年全国人民代表大会制定的七部法律是现代国家对合法性的必然要求,也是现代社会利益诉求合理的最直接的表达。1982 年宪法不仅恢复了 1954 年宪法确立的人民民主和社会主义两大原则,而且明确提出了国家的根本任务是社会主义现代化,把富强、民主和文明作为有效的现代国家在改革开放后相当长的一段时期里的目标。因此,有效的现代国家的法律表达最直接的动力来自社会主义现代化,并服务于社会主义现代化所提出来的现代法律体系构建的根本诉求。从 1979 年到 2010 年底,我国制定现行有效法律 236 件、行政法规 690 多件、地方性法规 8 600 多件,并全面完成了对现行法律和行政

---

① 《邓小平文选》,第 2 卷,人民出版社 1994 年版,第 146—147 页。
② [美] 利普塞特:《政治人——政治的社会基础》,刘钢敏等译,商务印书馆 1993 年版,第 53 页。

法规、地方性法规的集中清理工作。涵盖社会关系各个方面的法律部门已经齐全,各法律部门中基本的、主要的法律已经制定,相应的行政法规和地方性法规比较完备,法律体系内部总体做到科学、和谐、统一。2011年时任全国人大常务委员会委员长吴邦国宣布,一个立足中国国情和实际、适应改革开放和社会主义现代化建设需要、集中体现党和人民意志的,以宪法为统帅,以宪法相关法、民法商法等多个法律部门的法律为主干,由法律、行政法规、地方性法规等多个层次的法律规范构成的中国特色社会主义法律体系已经形成。这就意味着一个有效的现代国家的法律表达阶段性目标的达成,有法可依的国家治理体系在现代化进程中出现了。

一、构建有效的现代国家的法律体系

立法是现代国家制度体系最重要的供给源,是现代国家与社会发展不可缺少的组成部分。虽然我们不会,也不能拒绝一个社会、一个民族的历史传承和社会自身交往所形成的制度供给源,但毫无疑问的是现代社会交往的复杂性、现代国家立法专门化的有效性必然把法律表达(立法)作为现代国家成长和现代社会秩序构建的最重要的制度供给源。从这个意义上说,革命后现代国家成长在当代中国社会的阻滞之制度根源就在于法律表达这一制度供给源的萎缩,而改革后有效的现代国家的建设与发展则必然要激活这一制度供给源,集中体现于法律体系的型塑、成长、巩固与完善。从最普遍的意义上讲,现代法律体系是现代国家在建构秩序、创造治理的过程中逐渐形成和丰富的。有效的现代国家的法律表达与法律体系的建构之间是相辅相成的关系:没有法律表达,法律体系就无法成长;没有法律体系,法律表达无从体现。而这两者间关系的法理依据来自于有效的现代国家对法的现代性的认知与实践。社会主义现代化无疑既是这种认知与实践的出发点,也是其归宿。

任何国家或社会的法律都是自成体系的。每一个法律体系产生的原因、时间都是不同的。每一个法律体系都有其独自性,从法律表达到法律体系的生成都与其特定社会经济、政治、文化结构,传统习俗偏好,信仰世界等紧密相连。① 其中的决定性力量是现实的生产力水平和生产关系结构。马克思主义国家观将决定生产和生产关系的制度总和称为社会制度。马克思分析指出:"在人们的生产力发展的一定状况下,就会有一定的交换和消费形式。在生产、交换和消费发展的一定阶段上,就会有相应的社会制度、相应的家庭、等级或阶级组织,一句话,就会有相应的市民社会。有一定的市民社会,就会有不过是市民社会的正式表现的相应的政治国家。"② 在这里,社会制度是人们生产活动和交换活动的产物,同时也决定确立在这种经济与社会基础之上的国家政治制度的力量。马克思深刻揭示了这其中的辩证关系:"人们在自己生活的社会生产中发生一定的、必然的、不以他们的意志为转移的关系,即同他们的物质生产力的一定发展阶段相适合的生产关系。这些生产关系的总和构成社会的经济结构,即有法律的和政治的上层建筑竖立其上并有一定的社会意识形式与之相适应的现实基础。物质生活的生产方式制约着整个社会生活、政治生活和精神生活的过程。"③

所以,在马克思主义国家观的法理逻辑中,对体现物质生产和生产方式的社会制度的选择,将决定一个国家的全部制度形态。因此,对处于并将长期处于社会主义初级阶段的中国社会而言,通过法律表达所要建构的法律体系就是建立在以公有制为主体的经济结构和以人民民主专政为国体的政治结构所确立起来的中国特色社会主义社会制度基础之上的。因而,从有效的现代国家的法律表达角度看,中国特色社会主义法律体系的建构与完善就是这个社会制度所决定的整个国家制度体系的巩固与完善。就有效的现代国家的法律表达与现代法律体系的内在辩证关系来看,在社会制度既定的条件下,法律体系的形成与完善就完全有赖于有效的现代国家的法律表达。亨廷顿认为:"制度化是组织和程序获得价值观和稳定性的一种进程。"④ 显

---

① 米健等:《当今与未来世界法律体系》,法律出版社 2010 年版,第 25 页。
② 《马克思恩格斯选集》,第 4 卷,人民出版社 2012 年版,第 408 页。
③ 《马克思恩格斯选集》,第 2 卷,人民出版社 2012 年版,第 2 页。
④ [美] 塞缪尔·亨廷顿:《变化社会中的政治秩序》,王冠华等译,上海人民出版社 2008 年版,第 10 页。

然,这种制度化是对所有的现代国家而言的,只不过在改革后中国走向有效的现代国家的进程中,制度化承担的价值观和稳定性有着不同于现代西方国家的意义。不仅要恢复1954年宪法所设定的社会主义制度逻辑,同时还要符合有效的现代国家的法理逻辑。马克思将这个历史运动概括为这样的逻辑:人的自主创造现代社会;现代社会必然建设与其相适应的现代国家;建设有效的现代国家就必须建设现代的经济建构、政治秩序与法律体系,并在民主、市场和法治的原则下,将这些系统聚合为稳定的有机整体。①

"法律如不能植根于社会,只会变得机械而又蛮横。"②所以说,承载着法的现代性价值的有效的现代国家的法律表达,实际上是改革开放所带来的中国社会生活方式和交往方式的反映。法律表达的核心动力来自人在追求全面发展过程中所出现的革命性变化,即从"单位人"跃进为作为独立个体存在的人。人的存在状态的质变必然带来由人构成的社会组织的变化。于是,有效的现代国家的法律表达应该在国家与社会组成的二元结构权力空间中展开。马克思就很明确地指出:"国家制度只不过是政治国家和非政治国家之间的妥协,因此它本身必然是两种本质上相异的权力之间的一种契约。"③马克思认为,正是在这样的二元结构中,人民获得了制约国家权力的力量。这与传统的古代国家法律表达有本质不同。因为,"在古代国家中,政治国家构成国家的内容,并不包括其他领域在内,而现代的国家则是政治国家和非政治国家的相互适应"。④ 换言之,古代世界的国家,国家政权就是国家,国家就是国家政权,人与人之间的依附性关系通过国家对身份的法律建构出来。而在现代国家,除了国家政权之外,还有自主的人民力量及其所组成的现代社会,人与人之间的自主性关系通过国家对契约的法律建构而表达出来。所以,在这空间中的法律表达,必然是基于国家与社会、

---

① 林尚立:《建构民主的政治逻辑——从马克思的民主理论出发》,《学术界》2011年第5期。
② [美]伯尔曼:《信仰与秩序》,姚剑波译,中央编译出版社2011年版,第48页。
③ 《马克思恩格斯全集》,第3卷,人民出版社2002年版,第73页。
④ 同上书,第41页。

政府与市场之间关系的"协调"。1979年人大发布的七部法律启动了这种协调的制度化序曲,1982年宪法则让这一制度化通过根本法的形式表现出来,最终至2011年中国特色社会主义法律体系形成,体现着当代中国在迈向有效的现代国家的法律表达进程中对国家与社会、政府与市场、权力与权利之间关系的制度化、体系化。为此,从1979年到2011年这三十余年间有效的现代国家的法律表达的基本状况是:以诉讼法为核心的权利保护体系的诉求;配合经济改革并在政治上重塑国家目标的修宪;回应社会自主和个体权利成长的民事权利的兴起和转型法治的理性化。

1979年7月1日,五届人大二次会议审议通过了7部重要法律,其中《刑法》和《刑事诉讼法》无疑是走出革命的法制逻辑而启动有效的现代国家的法律表达的重要一步,同时彻底结束了革命后当代中国法律体系中无刑事法规范和无刑事诉讼程序规范的历史。虽然1979年制定的《刑法》从法律质量来说有明显的粗疏之处,但我们必须肯定的是,1979年刑事立法启动彰显了权利保护机制的规范化在社会主义法律体系构建中的价值,并通过这一点来表明改革后社会主义法律体系对法的现代性追求。而三大诉讼法的制定进一步彰显权利保护机制的立法在社会主义法律体系构建中的地位,①1979年制定的《刑事诉讼法》,在立法内容与立法理念越来越重视刑事诉讼制度的人权维护价值。更为重要的是,刑事诉讼制度的建构凸显了国家治理模式的价值诉求从社会控制、惩罚弥散转变为社会和解与权利维护。1989年制定的《行政诉讼法》落实了行使行政职权的行政主体做出违法行为后,行政相对人通过司法程序获得权利救济的制度安排。更重要的是,《行政诉讼法》的制定以及关于行政行为的程序规范可以具体落实人民主权的政治法则。这标志着伴随政治体制改革的诉求,公法领域的制度建设开始成为改革后法律体系构建中的重要议题。这也代表了当代中国国家治理的某种意义上的"精神解放",即官民法权关系从"压制型结构"转向"对峙型

---

① "权利保护机制演进的意义在于,给侵犯人权和公民权利的行为从程序上和体制上设置必要的障碍,并在侵权一旦发生时,能及时地施与救济。"夏勇:《中国民权哲学》,生活·读书·新知三联书店2004年版,第172页。

结构",对落实公民在公法上的权利主体地位具有积极的制度意义。①

1991年制定的《民事诉讼法》为社会成员民事权利的实现提供了制度化和规范化的程序机制。立法仅仅完成权利的规定是不够的,改革开放以来,加强以诉讼法为主要内容的程序制度的立法在构建中国特色社会主义法律体系过程中受到充分重视,这为改变长久以来困扰着中国社会的民权的政治浪漫主义的认识提供了方向。② 同时以诉讼制度的立法为中心的程序法建设为中国特色社会主义法律体系赢得社会成员对法律的正当性、约束力及其基础价值的普遍确信和认同提供了制度维护价值。③ 程序法能够成为公民权利的实现路径和国家权力的运作过程,获得社会成员的普遍确信,从而让公民在实现其权利和国家行使权力具有合法性与合理性,是因为程序法能够有效抑制公民权利和国家权力的恣意行使,从而为公民权利和国家权力的理性选择提供保证。④ 因此,"程序是法律的心脏"。⑤ 当代中国立法已经越来越注重通过程序机制的建设,以落实社会成员对社会主义现代化和法律体系现代化的追求。

严格来说,改革时代的根本法共有两部(1978年宪法和1982年宪法),

---

① 陈端洪:《对峙——从行政诉讼看中国的宪政之路》,《中外法学》1995年第4期;高全喜等:《现代中国的法治之路》,社会科学文献出版社2012年版,第202页。
② "民权的政治浪漫主义可以理解,但不可宽宥。因为它缺乏必要的体现程序理性的制度安排,使得维护人的尊严和自由的价值法则、体现人民主权的政治法则都只能悬浮于理想的上空而不能落实,还因为它给民权添加了过多的道德理想和民族情感因素而忘却了民权作为一种规则和制度原理来防治政治之恶的朴素本质,使得民权恰恰在最具备社会感召力的同时丧失了它最起码的制度功能,往往在最需要解决现实的利益冲突、维护平等和自由的时候显得苍白无力,最终使得那些赞成和追求民权的人们也不得不放弃权利和法治、靠浸淫于道德理想和民族情感来求得无比快慰但过于廉价的解脱。"夏勇:《中国民权哲学》,生活·读书·新知三联书店2004年版,第42页。
③ 季卫东:《法治秩序的建构》,中国政法大学出版社1999年版,第73页。
④ 董炯:《国家、公民与行政法》,北京大学出版社2001年版,第144—145页。
⑤ 宋冰等:《程序、正义与现代化》,中国政法大学出版社1998年版,第363页;在这一点上,美国联邦最高法院大法官道格拉斯关于美国宪法的一段评论确实令人深思,他指出:"权利法案主要是程序性条款。这样做决不是无关紧要的,因为正是程序划分了法治与恣意的人治之间的区别。"王锡锌:《行政过程中相对人程序性权利研究》,《中国法学》2001年第4期。

宪法修改共有五次(1988年、1993年、1999年、2004年、2018年)。但是,由于1978年宪法属于从"文革"到"改革"的过渡型宪法,其中保留了过多的革命的法理逻辑,不适合作为改革时代有效的现代国家的法律表达的根本法基础,故在法理依据和法律实践上一般不把1978年宪法作为改革时代的宪法基础来对待。[1] 而1982年宪法既是改革时代有效的现代国家的法律表达最高制度成果,又引领有效的现代国家的法律表达的整个进程。时任全国人大常委会委员长的彭真同志在《关于中华人民共和国宪法修改草案的报告》中指出:"中华人民共和国的第一部宪法,即1954年宪法,是一部很好的宪法。但是,那时我国还刚刚开始社会主义改造和社会主义建设。现在我们国家和社会的情况已经有了很大变化,1954年宪法当然不能完全适用于现在。这个宪法(即1982年宪法,引者注)修改草案继承和发展了1954年宪法的基本原则,充分注意总结我国社会主义发展的丰富经验,也在注意吸收国际的经验;既考虑到当前的现实,又考虑到发展的前景。"[2] 所以,1982年宪法对当代中国国家成长所具有的意义,不仅在于使当代中国国家成长在这部新宪法中得以恢复,而且在于使当代中国国家成长在这部新宪法下取得进步。这种恢复和发展无疑是以1982年宪法对现代国家政治正当性的重构为核心的,1982年宪法对现代国家政治合法性的丰富和对当代中国国家成长的作用主要体现在以下三个方面。[3]

第一,以宪法的形式恢复并丰富了革命模式终结后当代中国国家成长和法律体系重构所必须坚守的基本原则,即人民民主和社会主义。[4] 虽然1954年宪法已经明确了人民民主和社会主义是当代中国法律体系构建的原则,但是由于当时中国仍处于过渡时期,尚未完成社会主义改造,所以1954年宪法主要强调人民民主原则,彼时社会主义原则只作为当代中国制

---

[1] 高全喜等:《现代中国的法治之路》,社会科学文献出版社2012年版,第210页。
[2] 《中华人民共和国宪法》,人民出版社1982年版,第51页。
[3] 潘伟杰:《革命后现代国家法律体系构建研究》,复旦大学出版社2015年版,第132—137页。
[4] 林尚立:《当代中国政治形态研究》,天津人民出版社2000年版,第381页。

度建设的一种理想和目标来强调。但是1975年宪法和1978年宪法把社会主义的理想目标与中国社会发展水平的实际情况割裂,进而从宪法层面赋予无产阶级专政下继续革命在国家治理中的正当性。这种正当性转换到现实国家治理中就成为国家权力的非制度化表现和公民权利的非程序化实现。一方面,国家权力在社会发展中的非制度化存在导致出现"反竞争的伪公平"和整体性社会贫困;另一方面,公民权利在社会生活中的非程序化行使导致"反自由的伪民主"和均质化社会强制。①重估人民民主和社会主义这两大原则在改革后现代国家成长中的法律实现方式是现代法律体系重构必须首先面对的问题。现行宪法依然强调人民民主和社会主义这两条原则,但是1993年宪法修正案指出当代中国处于社会主义初级阶段的定位,《中华人民共和国宪法修正案(1999)》(简称"1999年宪法修正案")根据中国国情和世界情势进一步强调中国社会将长期处于社会主义初级阶段。鉴于革命模式下制度浪漫主义所带来的困境及其教训,现行宪法及1993年宪法修正案对民主和社会主义的强调是符合中国社会发展和现代社会发展的基本要求的。宪法总纲第一条是:"中华人民共和国是工人阶级领导的,以工农联盟为基础的人民民主专政的社会主义国家。社会主义制度是中华人民共和国的根本制度。禁止任何组织或者个人破坏社会主义制度。"在宪法中明确规定当代中国国家成长所恪守的社会主义制度,不同于现代西方国家成长所坚持的资本主义制度。这就意味着当代中国国家治理和法制建设必须着眼于社会主义制度的根本要求。如果说现代西方法律体系的构建,基于对资本主义这一制度属性的恪守,必须始终强调个体正义的话,那么当代中国法律体系的重构则基于对社会主义这一制度属性的恪守,必须始终强调社会正义。可见社会主义制度在宪法中的地位必然演化为当代中国法律体系重构的价值取向。但是我们清楚地认识到,革命的法制逻辑对社会正义的坚守进而对社会主义制度的捍卫是在对个体正义的否定这一前提下的,而对个体正义的否定是与国家权力的非制度承认联系在一起的。所以

---

① 秦晖:《共同的底线》,江苏文艺出版社2013年版,第55—57页。

说革命的法制逻辑必然赋予以反自由的方式"化私为公"的国家权力以正当性支持。无论是社会主义改造的实践，还是1975年宪法和1978年宪法对无产阶级专政下继续革命对于解决中国社会发展问题和捍卫社会主义制度正当性的要求，均表现出革命的法制逻辑对社会正义的抽象强调和社会主义超越资本主义的强烈追求。虽然现代西方国家片面赋予个体正义在法律体系构建中的正当性，以捍卫资本主义制度的特殊性，使在20世纪以前西方国家不得不面对严重的阶级对立和社会危机，但是西方国家在20世纪以来的法律体系的改革，从以社会保障的国家责任和公共财政的个体义务为核心的宪法修正到社会性立法的推进，充分证明了法律体系的构建不能拒绝社会正义，否则不仅会造成资本主义制度因社会正义缺失而不得不面对合法性危机，而且会因社会成员间的对立加剧而不得不面对社会失序的问题。对中国社会来说，通过政治革命在经济文化相对落后的社会背景下走向社会主义，无疑必须通过革命后法律体系构建以落实社会正义、体现社会主义制度的法律诉求，然而若是完全放弃个体正义，最终也会导致社会发展活力缺失和国家治理的民粹化。经过1993年和1999年宪法修正案的具体化，现行宪法确立起不同于改革前法律体系的、试图超越资本主义的新目标。这个新目标包括了个体正义的价值诉求。以市场经济、财产权和契约自由为内容的个体正义在法律体系重构的过程中获得正当性。当然这不是法律体系重构对社会正义的抛弃或否定。现行宪法没有放弃公有制与按劳分配的主体地位，没有放弃社会保障的政府责任，而是承认个体正义在改革后中国现代政治中的正当性，通过明确政府对社会生活的责任和更多地承认自由对社会发展的意义来平衡社会正义与个体正义在法律体系重构中的关系。必须明确的是，现行宪法对社会主义的再次强调，意味着个体正义在法律体系重构中的意义不是建立在否定社会正义的基础之上的。社会主义法律体系对资本主义法律体系的超越既不能像革命的法制逻辑那样通过否定个体正义来实现，更不能通过否定社会正义来实现。在社会主义初级阶段，要维持现代政治正当性就必须承认个体正义以实现国家权力的有限性和规范化，同时坚守社会正义以明确国家权力的有效性与合理性。对于人民民主而言,要走出革命模式下的大民主的误区,恢复并深化社会主义民主政治建设。没有民主,就没有社会主义,而没有法制的民主就不是真正的民主。因为民主不尊重法制,民主就不会存续多久。"民主和法制,这两个方面都应该加强,过去我们都不足。要加强民主就要加强法制。没有广泛的民主是不行的,没有健全的法制也是不行的。我们吃够了动乱的苦头。"[①]现行宪法取消了1975年宪法所规定的大民主,把社会主义民主与社会主义法制统一起来。用邓小平的话来说,就是"发扬社会主义民主,健全社会主义法制,两方面是统一的"。[②] 对人民民主的追求是现代革命不同于传统革命的根本,也是现代革命后现代政治正当性的基石,但是人民民主由现代革命的诉求转换为革命后现代政治的正当性仍然需要切实的制度安排。1975年宪法和1978年宪法所承认的大民主,不仅误读了民主对革命后现代政治正当性的意义,而且支持了民粹主义侵蚀革命后现代政治正当性,最终结果不是人民民主的有效实现,而是国家权力对社会生活的恣意渗透。民主与法制相结合的过程是对公民权利的承认与对国家权力的制约的过程。当然这一过程不会也不可能像现代革命对人民民主的追求那样以一劳永逸或另辟蹊径的方式来实现。因此,对人民民主和社会主义原则在现行宪法以及修正案中的确认,意味着改革后宪法注意到民主的制度化和社会主义对个体正义的法律落实对于有效的现代国家的成长所具有的意义。

第二,承认公民权利与义务平衡性的现代法制精神和现代法律规范选择成为改革后当代中国追求和实现现代政治正当性的关键内容。现代主权国家能够区别于传统王朝国家的根本就在于广泛承认公民权利,以此维系现代政治正当性的基础。当代中国社会主义宪政秩序的建立无疑为广泛承认并落实公民权利提供了制度依据,然而1954年宪法所确认的公民权利被随后形成的革命模式抛弃。执政党在1978年底召开的十一届三中全会的决议中明确使用了被革命的法制逻辑所抛弃的"利益"和"权利"这两个词,

---

① 《邓小平文选》,第2卷,北京:人民出版社1994年版,第189页。
② 同上书,第276页。

提出国家治理在经济上充分关心人民的物质利益,在政治上切实保障人民的民主权利。离开一定的物质利益和政治权利,任何阶级的积极性都是不可能自然产生的。现行宪法在终结革命模式的过程中充分承认公民权利,恢复1954年宪法关于公民在法律面前一律平等规定,并强调公民权利与义务的平衡。现行宪法在公民权利与义务的规定上遵循1954年宪法,然而,其赋予的公民权利大大超出了革命模式下的1975年宪法和1978年宪法。1954年宪法关于公民基本权利的条款是14条,1975年宪法只有2条,1978年宪法是12条,而现行宪法则增加到18条。更重要的是,现行宪法对公民权利规定的内容更加充实、具体、明确。《中华人民共和国宪法修正案(2004)》(简称"2004年宪法修正案")关于人权和对公民财产权的规定更是体现了公民权利在法律体系重构中的不可或缺。与1954年宪法相比,现行宪法在赋予公民广泛权利的同时,也要求公民应承担义务,力求权利与义务平衡,这实际上能更好地保证公民权利的实现。通过权利与义务的平衡来增强公民对主权国家的认同是现代国家成长的制度要求。"拥有近代的人格主体的人,不仅意识到为了对抗侵害权利而主张自己的权利是问心无愧的正当行为,甚至会感到只有主张权利和为权利而斗争才是肩负维护这种秩序的权利人为维护法律秩序所应尽的社会义务。所以对他们来说,默认侵害权利的行为,或对此置若罔闻是难以忍受的痛苦,而且甚至被当作不履行社会义务。对权利的这种意识的信念和热情,正是使权利得以成为权利、使法律秩序得以成为法律秩序的根本条件。如果没有这些,被称为权利的内容尽管写在法律条文上,现实中它也决不会是权利。"[1]现行宪法还规定:"中华人民共和国公民在行使自由和权利的时候,不得损害国家的、社会的、集体的利益和其他公民的合法的自由和权利。"对公民权利和义务作这样的规定,是革命模式时期的宪法所没有的。现行宪法的出发点始终是为更有效地实现公民权利提供正当性。同时,1982年宪法把公民的基本权利和义

---

[1] [日]川岛武宜:《现代化与法》,王志安等译,中国政法大学出版社1994年版,第56—57页。

务一章由原来的第三章提到第二章国家机构之前,置于第一章总纲之后,彰显了1982年宪法对公民权利重要性的现代宪制精神的承认以及对现代国家与公民以及民主政府与社会成员之间关系的重新理解,标志着法制现代化进程的开启。现代国家法律体系构建通过对公民权利的维护和尊重来体现对法的现代性的追求并展现现代国家不同于传统国家成长的路径。只有在法律上承认公民权利,法制现代化才有所附,才能更进一步推动法制的全面现代化。因为法制现代化"这个概念要突出社会主体在这一过程中的主观活动",[1]所以我们从现行宪法对公民权利与义务的平衡努力来看,终结革命模式后,1982年宪法通过规范选择进入一个价值重建的时期。[2] 特别需要指出的是,宪法废除政社合一的人民公社,这是对革命的法制逻辑所支持的运用国家权力以反自由的方式推行"化私为公"的国家治理方式的否定。这也为联产承包责任制和市场经济在法律体系重构中获得正当性提供了制度空间。从社会成员与公共权力之关系的角度看,1982年宪法所提供的制度空间或所预示的法律体系重构的本质诉求就是为社会成员逐渐从直接由公共权力统辖的高度组织化的团队中分离出来,或者说为社会资源和利益关系逐渐脱离国家权威的直接控制提供制度依据和法理支持。[3]

第三,加强和完善现代国家的代议民主制政权体系,重构符合现代国家正当性的权力关系与现代社会成长诉求的政府体制。[4] 在传统国家向现代国家的转换过程中,为了实现和维护人民对现代国家的认同,现代国家必须提供参与公共生活的制度安排,代议民主制政权体系也正是作为国家认同和民主精神的体现而成为现代国家形成后的一种普遍性制度安排。总览政

---

[1] 公丕祥:《中国法制现代化的进程》,上卷,中国人民公安大学出版社1991年版,第59页。
[2] 谢晖:《价值重建与规范选择——中国法制现代化沉思》,山东人民出版社1998年版,第65页。
[3] 夏勇把这一过程称作"公私分离"。严格说来,是"私"从"公"中分离出来。夏勇:《中国民权哲学》,生活·读书·新知三联书店2004年版,第262—263页。
[4] 潘伟杰:《法治与现代国家的成长》,法律出版社2009年版,第140—143页。

府体制有效性与规范性在现代法律体系构建中的实现历程,不难发现,"理想上最好的政府形式就是主权或作为最后手段的最高支配权力属于社会整个集体的那种政府;每个公民不仅对该最终的主权的行使有发言权,而且,至少是有时,被要求实际上参加政府,亲自担任某种地方的或一般的公共职务"。① 列宁对此也敏锐指出:"如果没有代议机构,那我们就很难想象有什么民主;即使是无产阶级民主。"② 显然现行宪法着眼于恢复并加强当代中国的代议民主制,以此有效推进社会主义现代化进程中夯实现代国家政治性,并提升当代中国政府体制的有效性和权力运行的有效性。这种努力体现在四个方面:其一,厘清党与人大的关系。中国共产党努力走出对意识形态的教条主义理解所形成的误区,强调党的主张应该通过代议民主的制度化和程序化成为国家的法律,善于通过法律体系的建设来加强和完善党的领导。宪法明确规定任何政党必须在宪法和法律的范围内活动。1991年,中央8号文件中明确了进一步加强立法工作的意见,这份文件的标题是《中共中央关于加强对立法工作领导的几点意见》。应当说,这份文件第一次对党监督立法工作的权力做了限制,并明确将党对立法工作的领导(包括对全国人大立法草案的审查和审定)限定为政策引导。这一文件标志着党与全国人大之间关系制度化的开始,意味着党在对人大的领导上也受到一定限制,不可能再直接介入具体立法过程,更不能像在革命模式时期那样直接立法。③ 其二,推进代议机关的民主化水平。1982年宪法和同年颁布的《中华人民共和国全国人民代表大会组织法》明确了代议机关建设在当代中国国家成长进程中所具有的意义,强调代议机关在国家政权体系中的地位,为维护这种地位而提供了具体的制度安排。比如规定全国人大代表在全国人民代表大会各种会议上的发言和表决,不受法律追究。在宪法及宪法性法律的保障下,全国人大全体会议在20世纪80年代围绕国家治理各项制度安排展开了富有深远意义的争论。立法过程的透明和法律选择的民主成

---

① [英]密尔:《代议制政府》,汪瑄译,商务印书馆1982年版,第43页。
② 《列宁选集》,第3卷,人民出版社1972年版,第211页。
③ 孙哲:《全国人大制度研究》,法律出版社2004年版,第61页。

为 20 世纪 80 年代以来法律体系重构的基本特征,也是落实现代政治正当性的具体行动。婚姻法的修改、税收立法的推进、物权制度的建构,以及宪法的修改都体现了立法的民主化。人大代表的责任意识和议事水平得到充分彰显和尊重,他们开始在国家治理决策、立法过程和人事事项等问题上表现出不同的主张。其三,扩大代议机关常设机构的权力。对于一个一院制的现代国家而言,提升和规范代议机关常设机构的权力对于国家权力关系的制度化相当重要。关于全国人民代表大会常委会的职权,1954 年宪法规定了十九项,1975 年宪法只笼统规定为一条。1982 年宪法对全国人民代表大会常委会职权的规定增加到二十一项,其中最为关键的是划分全国人民代表大会和全国人民代表大会常委会的职权,明确规定全国人民代表大会常委会拥有制定和修改除应由全国人民代表大会制定的法律以外的其他法律的职权。革命模式终结后,立法成为当代中国实现国家治理转型的制度基础,全国人民代表大会常务委员会享有立法权,最大限度地缓解了国家治理转型的制度供给与制度需求之间的紧张。对此,张友渔指出:"过去人大常委会只能制定法令,不能制定法律,只能经人民代表大会授权,在人民代表大会闭会期间,对有的不适合的法律迫切需要修改或补充的情况下,人大常委会才可以修改法律或作补充。现在的规定和过去不同了,人民代表大会和人大常委会都有权'制定法律和法令',把人民代表大会的立法权大部分分给了人大常委会。这样,在行使立法权方面,人民代表大会除'修改宪法','制定和修改刑事、民事、国家机构和其他的基本法律',其他法律都由人大常委会制定和修改。这样就可以及时制定法律解决问题。"[①]其四,重建行政法制并强化权力监督。1979 年 7 月,第五届全国人民代表大会第二次会议通过了《地方各级人民代表大会和地方各级人民政府组织法》,把革命模式所确立的"革命委员会"体制改为各级人民政府,明确规定县级以上地方各级人大设立常委会并赋予省级人大及其常委会地方立法权。1982 年宪法则明确强调要保持中央和地方两个积极性,为此重新确定了国务院

---

① 张友渔等:《宪法论文集》,上册,群众出版社 1982 年版,第 18 页。

和地方各级人民政府的职权划分。对于一个大国来说,中央与地方关系的制度化为推进社会主义现代化事业提供了至关重要的制度激励。① 1982年宪法明确了将行政主体与行政相对人的行政法律规范纳入改革后相关法律体系重构的必要性。1982年宪法把人民主权原则作为行政法制的基础,恢复了被革命模式所侵蚀了的公共权力合法性基础。一切国家机关必须遵守宪法和法律,各级行政机关由各级人民代表大会选举产生,受各级人民代表大会监督。各级人民政府组成人员不得担任人大常委会委员和兼任审判机关与检察机关的职务。权力关系制度化的努力体现了终结革命模式后,政府为了有效领导中国现代化发展开始进行自我完善和自我现代化。有效的现代国家的制度建构把政府体制的有效性与政府权力的有限性结合在一起。

二、回应迈向有生命力的现代国家的法理诉求

既然政治全能主义不可能为现代国家的成长提供法理支持,因为它从根本上否定了社会自治的正当性和个体权利的合法化,那么改革开放后当代中国要迈向有效的现代国家必然要放弃政治全能主义的法理逻辑。社会自主空间的制度保障和社会成员基于私人生活领域的自主诉求必然产生的对财产权的私法规范建构的要求是改革后的中国社会法律体系建构中的重要环节。私法规范的建构主要有以下两方面的作用。一方面,通过建立和

---

① 考虑到中国的制度转型将经历一个比较长的时期、中国是一个政治经济文化发展不平衡的大国、中国经济发展水平和各地区之间的联系正在且必定会日益加强、制度具有保持预期稳定的优点、法治在中国的必然性,注重制度化地保证和稳定中央与地方关系,使中央和地方积极性都得到制度化的保证对于中国这样的大国的意义是:一方面保证国家的统一,另一方面为地方性秩序的形成发展创造可能性和激励因素。苏力:《道路通向城市:转型中国的法治》,法律出版社2004年版,第75页;革命模式时期,伴随着革命的热情,严格的计划经济体制掩盖了大国地区间所存在的差异,强大的、无所不在的政治力量推行统一的政治经济政策,并且调动社会的所有经济与社会资源进行各个地区平均主义的分配。革命模式所造成的这种局面的弊端十分明显:中央的积极性往往取代了地方的积极性,地方参与社会发展的积极性失去规范化的激励机制。信春鹰:《中国的法律制度及其改革》,法律出版社1999年版,第44页。

完善以财产权为核心的民商事法律制度,能够确保市场经济的理性交易秩序的形成以及社会力量自主性制度化的成长。正如梅因所说,一个国家文明的高低,看它的民法和刑法的比例就知道一二。大凡半开化的国家,民法少而刑法多;进化的国家,民法多而刑法少。① 恩格斯从另外一个角度表达了民事立法在法律体系中进而在社会生活中的意义,他指出:"民法准则只是以法律的形式表现了社会的经济生活条件。"② 另一方面,通过制定和完善以民权权为核心的私法规范,能够确保社会自治的有效治理机制的形成,确立基于国家权力有限性的有效的现代国家成长机制。立法的艺术正在于要善于确定这样一点:使看似互为反比例的社会力量与政府权威,得以结合成一种最有利于现代国家成长的比例。③ 马克思和恩格斯没有否定产权的现代性意义,只是科学地揭露了这种意义受制于私有制的产权结构的事实,以及这一事实必然表现为资本对劳动者的剥削的合法化。但是社会主义制度从科学到实践后,列宁就说社会主义国家没有私法,从而使私法成为特定社会制度的专利,而否认其在社会主义国家法律表达的正当性与可行性。新中国成立前夕,中共中央就决定废除国民党的"六法全书",因为"反动的法律与人民的法律没有什么'蝉联交代'可言……人民法律的内容,比任何旧时代统治者的法律要文明与丰富,只须加以整理,即可臻于完备"。④ 1954 年宪法基于国家在过渡时期的任务,赋予资本家个人所有制的合法性,从根本法的意义上认识到中国社会的特殊经济结构下的法权关系。但是随着社会主义改造的完成,已经启动的民法立法被搁置。

只要有利益关系的存在,人类社会就会有民法的表达空间,只不过在古代,民法的表达空间被政治国家无限地压缩了,而在现代国家,一方面基于人民主权的公共权力合法性的确立背后其实是以商业文明支撑的市民社会的成长,这一成长让民法在现代国家的法律表达中获得从未有过的意义;另

---

① [英]梅因:《古代法》,沈景一译,商务印书馆 1959 年版,第 208 页。
② 《马克思恩格斯选集》,第 4 卷,人民出版社 2012 年版,第 259 页。
③ [法]卢梭:《社会契约论》,何兆武译,商务印书馆 1980 年版,第 81 页。
④ 董必武:《董必武政治法律文集》,法律出版社 1986 年版,第 46 页。

一方面基于追求个体自由与社会自主的私法制度成为法的现代性的重要制度载体。宪法是现代国家的根本法,民法是现代社会的基本法,后者在相当程度上落实和支持前者作为现代国家根本法的规范意义的实现。"作为市民社会的基本法,民法标志着相对独立于政治国家的市民社会的存在,也标志着市民社会自治的规范依据。"①梅因的话和恩格斯的判断就是在理论上揭示了这个事实。马克思说:"权利决不能超出社会的经济结构以及由经济结构制约的社会的文化发展。"②革命后放弃民法和改革后重启民法就是由经济结构的变化决定的。也就是说,革命后社会主义为何没有私法和改革后社会主义何以要重启私法的法理其实是一样的。计划体制下的财产关系与其说是一种法律关系,不如说是一种计划隶属关系。社会成员也就只能是"单位人",不需要民法。因为"中国社会中的单位组织,不是一个相对独立的社会组织……在本质上它们是国家政权占有资源的一种'组织形式',是国家政权的一种延伸和扩大"。③

然而在市场体制下财产关系的边界必须是清楚的,社会成员是现实的受害人,没有民法是不行的。1978年至1992年,中国的经济结构发生转型,最终以社会主义市场经济体制入宪(1993年)告终。这就意味着计划经济以及其相关联的纯粹的公有制的经济结构发生了革命性变化。社会在这个革命性转变中逐步成长,民法表达正是以经济结构变化以及社会交往方式的变革为依据找到了在改革后有效的现代国家的成长空间。社会主义市场经济体制的确立以及所有制结构的变化,必然促使私权的管理方式从纵向的行政管理向横向的法律调整的转变。1986年的《民法通则》就提出了与经济结构转轨相一致的私权保护方向,中国的民事立法在有效的现代国家法律表达进程中扮演着越来越重要的角色。从《合同法》(1999年)、

---

① 高全喜等:《现代中国的法治之路》,社会科学文献出版社2012年版,第237页。
② 《马克思恩格斯选集》,第3卷,人民出版社2012年版,第364页。
③ 李路路等:《中国的单位组织:资源、权力与交换》,生活·读书·新知三联书店2019年版,第84页。这正是经由单位组织,"政治机构的权力可以随时地无限制地侵入和控制社会每一个阶层和每一个领域"形成"全能主义政府"的情况。

《物权法》(2007年),至《侵权责任法》(2009年)的颁布,社会活力的法律空间不断拓展。《民法总则》的颁布则是为民法典的编纂提供桥梁。应该说社会活力的法律拓展之处,也就是有效的现代国家成长的法律表达的生长点,其核心就是财产权利的扩大化和完整化。邓小平审时度势地提出,"改革开放胆子要大一些,敢于试验,不能像小脚女人一样。看准了的,就大胆地试,大胆地闯。……没有一点闯的精神,没有一点'冒'的精神……就走不出一条好路,走不出一条新路,就干不出新的事业"。① 无论是社会生活的关键领域的立法推进,还是国家制度的重要领域的制度革新,没有包括实验性立法所表达出来的制度创新的精神,就不会有2011年社会主义法律体系在中国社会的形成这一新的事业。

面对苏东剧变后西方国家抛出的各种终结论的国际形势,邓小平在1991年的一篇谈话中明确强调:"坚持改革开放是决定中国命运的一招。这方面道理也要讲够。"②只有坚持改革开放,有效的现代国家成长的法理要素的重构才可能真正摆脱马克思主义国家观的教条束缚。越是在一个经济文化落后的社会里落实社会主义制度的价值诉求,越是要解放和发展生产力,也就越要认真对待法的现代性。现代国家的法理认同、社会自主的法律空间和个体权利的价值系统不是西方国家的专利,当然也不可能照搬任何一个西方国家追求法的现代性的制度教条。这些教条在改革开放的中国社会走向有效的现代国家的法律表达中被全面检视。"问题是要把什么叫社会主义搞清楚,把怎么样建设和发展社会主义搞清楚。"③从解放和发展生产力的角度说,贫穷不是社会主义,从建构和发展现代法律体系的趋势

---

① 《邓小平文选》,第3卷,人民出版社1993年版,第372页。
② 同上书,第368页。
③ 同上书,第369页。邓小平明确指出:"我们今天再不健全社会主义制度,人们就会说,为什么资本主义制度所能解决的一些问题,社会主义制度反而不能解决呢?"他在分析社会主义具体制度的五大弊端(官僚主义、权力过分集中、家长制作风、终身制、特权现象)时,充分体现出一位历经20世纪现代国家建设曲折之路的政治人物对于制度的重视。这些分析对于改革后现代国家的法理要素与现代法律体系的建构而言,同样没有过时。曹沛霖:《制度的逻辑》,上海人民出版社2019年版,第294—295页。

看,政治全能也不是社会主义。

20世纪90年代以来,中国社会生活领域消极现象的出现让我们正视改革开放以来的社会矛盾正在逐步发生变化。① 人民日益增长的美好生活需要与不平衡、不充分的发展之间的矛盾逐步取代改革初期人民日益增长的物质文化的需要与落后的社会生产之间的矛盾。在任何复杂的经济生活中,都存在这样的难题:已有的物质产品和机遇与人们的利益诉求很难完全一致。而在中国,社会主义的性质使得这种情感在政治上具有重要性。因为在这种制度下,国家就应该给人民提供更多的福利。②

现代化的发展必然伴随着国家的现代转型。建构有效的现代国家是现代化的前提和基础,同时也是其基本内容。和世界上所有国家的现代化一样,中国的现代国家建设也是从制度选择开始,从《共同纲领》到1954年宪法,革命后当代中国社会致力于建设一个社会主义社会制度的现代国家。但是这一社会制度的选择没有充分体现一个在经济文化相对落后的社会里走上社会主义道路的现代国家的生产方式和交换方式的具体要求。现代国家的法理要素的选择和法律体系的构建直接关系到现代国家是否有效。如果说邓小平界定了改革后当代中国政治体制改革好坏的三个标准,那么我们从中完全可以推导出有效的现代国家的法律表达好坏的三个标准:一是是否具体现代性;二是是否具有适应性;三是是否具有有效性。现代性意味着有效的现代国家的法律表达必须致力于对社会成员的自主性和个体权利的落实。适应性要求有效的现代国家的法律表达要充分体现社会发展的利益诉求和长远趋势,力戒法律供给脱离现实的社会生活。有效性要求有效

---

① 任何制度都会产生异化,即制度的真实作用背离其制度精神的想象。现代化一方面为现代制度的建构与创新提供了动力和内容,另一方面又为制度的异化埋下了隐患。"现代化本身所伴随的社会消极现象可分为两类:一类是前现代时期业已存在但现代化使之加剧的消极现象,如贫富两极分化,愈演愈烈的官员腐败和骤增的犯罪率;另一类是现代化可能导致的某些新的社会消极现象,如工业污染、大规模的失业、利己主义和金钱政治等等。"刘建军:《当代中国政治思潮》,复旦大学出版社2010年版,第66页。
② [美]麦克法夸尔等:《剑桥中华人民共和国史·中国革命内部的革命(1966—1982)》,俞金尧等译,中国社会科学出版社1992年版,第730页。

的现代国家的法律表达要与秩序形成联系在一起,避免法律越来越多,而秩序越来越少。无疑,这三个标准在有效的现代国家的法律表达进程中不可能一劳永逸地实现。

在实现有效的现代国家的法理重构与法律表达之后,面对中国全面深化改革所提出的新诉求,从现代法律体系迈向现代法治体系就成为现代国家成长进程中的不二选择。"人类历史上几乎所有制定了法律的政权,都希望自己的法律不但要促进其利益的实现,还要体现其公平观和正义观。"[①]随着当代中国社会从有效的现代国家向有生命力的现代国家发展,法律体系的中国观在中国社会全面深化改革后提上了议程。这不仅显示出中国对成熟的现代国家的法理定义的理论自信,而且显示出中国致力于通过认真对待法的现代性以型塑现代法律体系的中国观,最终表达有生命力的现代国家的制度自信。面对未来的中国社会,邓小平在1992年就非常清醒地提出:"恐怕再有三十年的时间,我们才会在各方面形成一整套更加成熟、更加定型的制度。"[②]面对日益开放的世界和全面改革的中国,这种理论自信与制度自信彻底走出了对教条主义的依赖,其目标是现代国家能够拥有关于好的社会秩序的、有说服力的价值系统以及立基于基本的善治规则。

综合来看,有效的现代国家迈向有生命力的现代国家的转型驱动力,一方面来自于经济社会现代化程度的提高、支配性法治价值观的推动、未来世界法律体系的影响以及公民对法的现代性观念的革新等;另一方面来自于国家治理绩效与社会主义制度的规定性问题。改革开放为社会成员提供了"大胆试"和"大胆闯"的法理上的正当性空间,并通过法律与政策的双轨并行提供了创新空间。同时,社会成员对美好生活的稳定预期拓展了社会的制度创新空间。中国社会推动着现代法律体系走向现代法治体系,从而真正克服政府驱动型改革面对公共问题日益增生所特有的治理困境。"制度化是组织和程序获取价值观和稳定性的一种进程。任何政治体系的制度化

---

① [美]伯尔曼:《信仰与秩序》,姚剑波译,中央编译出版社2011年版,第78页。
② 《邓小平文选》,第3卷,人民出版社1993年版,第372页。

程度都可以根据它的那些组织和程序所具备的适应性、复杂性、自治性和内部协调性来衡量。"①当代中国的法律发展,追求的不是现代西方知识体系框架下法律体系的线性发展观,而是走出一条在中国共产党领导下将每个人的全面自由发展与现代国家的有效成长有机统一的法律发展道路。现代法律体系的构建是基于中国社会改革开放大格局,并结合社会制度的规定性、历史资源的约束性以及生产力发展的创新性展开的。从法律体系走向法治体系,同样应从对这种规定性、约束性和创新性的系统性关系出发。

---

① [美]塞缪尔·亨廷顿:《变化社会中的政治秩序》,王冠华等译,上海人民出版社2008年版,第10页。

第四章
法理如何回应迈向有生命力的现代国家的法治转型？

有效的现代国家的法理重构与法律表达无疑为中国社会改革开放的推进和国家建设的展开提供了正当性和制度保障。虽然我们深知迄今为止没有一个现代国家可以单凭法理重构和法律表达一劳永逸地解决国家建设和社会发展中各种各样的问题。早在人类社会初露现代文明的曙光之际，英国思想家霍布斯就冷静地指出："一般说来，在君主之下生活的人认为这是君主制的毛病，而在民主国家的政府或其他主权集体之下生活的人则认为这一切流弊都是由于他们那种国家形式产生的。其实一切政府形式中的权力，只要完整到足以保障臣民，便全都是一样的。"① 由此可见，在霍布斯看来，无论是君主制还是民主制，人类社会的生存境况想要充分地改善并到达某种社会制度的理想状态，实为一种奢望。现代国家取代传统国家之后，这种奢望往往表现为"理性的自负"。按照霍布斯的理解，要想拥有一种完美的政治生活，即便不是不可能，也有着无比巨大的困难。② 就以20世纪以来的历史来看，现代国家常常为这种理性的自负所困扰。无论这种理性的

---

① [英]霍布斯：《利维坦》，黎思复等译，商务印书馆1985年版，第141页。
② 包刚升：《民主的逻辑》，社会科学文献出版社2018年版，第351页。

自负是表现为革命后现代国家对实现革命理想的期待,还是表现为改革后有效的现代国家对追求美好生活的预期。

对于中国社会而言,改革开放无疑激发了社会主义制度的活力和社会成员对美好生活的希望、支撑起有效的现代国家成长的社会基础,并赋予法的现代性在有效的现代国家的法理要素重构中的新意义。加强社会主义民主和健全社会主义法制,构成了改革后中国社会落实法的现代性的努力方向,同时推进了现代法律体系的构建。改革开放意味着中国社会无法拒绝或放弃从法的现代性、社会主义制度的发展和从社会交往方式革新的出发推动有效的现代国家的成长。

但是现代性自身的张力、不同社会制度的竞争以及包含着历史因素在内的独特的社会结构和国家观念最终会约束有效的现代国家的成长。就现代性自身的张力而言,"现代性起源于个人观念出现后导致终极关怀和理性的二元分裂及社会有机体的解体,它在保证理性无限制地贯彻到一切领域的同时,也意味着高于个人之上的社会普遍目的之消失和世界的除魅"。[①]现代性对个人观念的捍卫、法的现代性对个体权利的强调固然为有效的现代国家的成长提供了法理上的可能性,但无论是现代国家初始定义的重构在西方所面临的社会危机,还是改革后有效的现代国家在中国所出现的消极现象,均表明现代性对个体观念的偏执和法的现代性对个体权利的偏好会不同程度地助长个体理性的自负。这会造成现代国家无法回避的现代性风险和现代法律体系不能忽视的法的现代性陷阱。

社会主义和资本主义之争不仅是两种政治制度和法律体系的差异对比,还是对其制度承诺的实现能力和终极关怀的考验。中国在一个经济文化相对落后的社会里通过政治革命建立现代国家,并在宪法上明确社会主义制度作为新国家的根本制度,从一开始就卷入了社会主义从科学转化为实践后两种社会制度的竞争之中。有效的现代国家的法理重构与法律表达虽然不能完全演绎两种社会制度的竞争面相,但也表明当代中

---

① 金观涛:《历史的巨镜》,法律出版社2015年版,第148页。

国开始放弃脱离社会发展实际的关于两种社会制度竞争的教条以及乌托邦想象。"不争论和发展是硬道理"背后所承载的,不是放弃社会主义这一根本制度对现代国家成长的约束。1993年宪法修正案对社会主义初级阶段的定位和社会主义市场经济体制的接受,是中国改革开放以来在制度建设上的重大突破。这种突破是不争论的结果,同时又在更深层次上为争论提供空间。市场越发展,争论或分歧就必然越有空间。"贫穷不是社会主义"唤醒了建设有效的现代国家最广泛、最自觉的社会力量。现代法律体系的构建无疑为有效的现代国家获得社会力量的支持与认同提供了正当性。自20世纪90年代中期以来,社会相对性贫困的问题确实困扰着中国社会。质疑社会主义制度的制度承诺和终极关怀的声音始终存在。有时通过这种声音群体性事件直接表达出来,有时这种声音处于沉默状态。"走社会主义道路,就是要逐步实现共同富裕。共同富裕的构想是这样提出的:一部分地区有条件先发展起来,一部分地区发展慢点,先发展起来的地区带动后发展的地区,最终达到共同富裕。如果富的愈来愈富,穷的愈来愈穷,两极分化就会产生,而社会主义制度就应该而且能够避免两极分化。"[①]中国社会如何通过持续的国家建设来体现社会主义制度的承诺和终极关怀变得越来越重要,这也在相当程度上决定了现代国家在中国社会的生命力。

就国家观念而言,虽然我们无法实现完美的政治乌托邦,但从有效的现代国家的法理要素重构与现代法律体系的构建来看,现实的政治通常有着巨大的可改善空间,包括法理要素内部的关系厘清、法律体系内部立法质量的提升以及法律体系的变现能力的展开。我们不应该放弃这种改善现实政治的希望。正如邓小平指出:"不冒点风险,办什么事情都有百分之百的把握,万无一失,谁敢说这样的话?一开始就自以为是,认为百分之百正确,没那么回事,我就从来没有那么认为。"[②]

---

① 《邓小平文选》,第3卷,人民出版社1993年版,第373—374页。
② 同上书,第372页。

一个主要的理由是,人类有着起码的理性,现代国家是这种理性的产物,并且滋养着人类理性的成熟。现代宪法重视自由在公民基本权利的规范建构中的意义,在某种程度上就是对社会成员的理性予以最大限度的尊重和呵护。立法的科学化、司法的透明度以及国家善治的提出所对应的是我们对好的国家和好的社会的认知能力。实际上,我们对诸多事物的理解都经历了虽非线性却不断进化的过程。从改革开放以来,执政党对人类社会制度文明发展规律、社会主义建设规律和执政党执政规律的认知能力与完善现实的能力也实现了大幅提升。2011年中国特色社会主义法律体系的形成揭示了中国人可以拥有更好的政治生活和社会秩序。在日益开放的社会中,通过持续的法治实践以型塑现代法律体系的中国观绝对不是遥不可及的,法律体系迈向法治体系绝对不是没有新赋能的。我们可以拥有一个有生命力的现代国家。[1]

第一节　国家建设的新目标与法治体系的新诉求

在《人类简史》一书中,尤瓦尔·赫拉利对人类社会的发展做出了如下总结:人类社会出来就没有终点,是一场永远的革命,总是在不停地变动和发展。[2] 因此,我们必须不断地发现社会发展的新矛盾,进而追求社会生活的新目标。中国不但没有如20世纪90年代初苏联和东欧等社会主义国家

---

[1] 此时我们需要重温邓小平同志在20世纪90年代初说的一段话。"实践是检验真理的唯一标准。我读的书并不多,就是一条,相信毛主席讲的实事求是。过去我们打仗靠这个,现在搞建设、搞改革也靠这个。我们讲了一辈子马克思主义,其实马克思主义并不玄奥。马克思主义是很朴实的东西,很朴实的道理。"《邓小平文选》,第3卷,人民出版社1993年版,第382页。马克思主义国家观中最朴实的东西,最朴实的道理就是如何通过国家制度的革新以走出权力异化,如何通过社会解放的推进让人真正摆脱对物的依赖。

[2] [以色列] 赫拉利:《人类简史》,林俊宏译,中信出版社2014年版。

那样受到重挫,反而按照宪法所确立的"一个中心、两个基本点"的现代化路线,以经济建设为中心,始终坚持四项基本原则,保证国家建设和法律体系建构不迷失方向;坚持改革开放,接受市场制度来推进社会发展,且在21世纪初得以融入世界经济贸易体系。中国社会出现了生产力的飞速增长,中国和美国成为21世纪初世界市场经济的两架火车头。

中国社会彻底走出了革命后现代国家建设的失效困境,走出一条有效的现代国家成长之路。但是这场改革"是围绕建立社会主义市场经济体制为核心内容的社会整体变迁过程,而利益分化作为市场经济的伴生物,也会随着社会主义市场经济的发展与完善而不断得以彰显。……改革的过程,也是一场利益分化的过程。"①这个过程也是现代性置入改革后现代国家的法理要素之中的过程。法律体系的构建是落实法的现代性过程。这个过程中个体权利得到从未有过的认真对待,社会成员自主性被充分激发出来了。中国社会的基本矛盾也在发生变化。这种变化常常通过社会相对性贫困的挑战、社会成员身份认同危机的出现和价值系统的分歧表现出来。显然,面对这些变化,有效的现代国家必须寻找改善的空间。

从历史的角度看,以贫富分化为表现的社会相对性贫困是人类社会古已有之的问题。从人类社会的经验来看,贫富分化往往会从根本上冲击国家统治的正当性,以均贫富为名义的社会抗争往往成为传统王朝国家更迭的最激动人心的形式。但是基于资源的有限性和社会成员禀赋的差异性,我们几乎没有办法彻底消除这种以贫富分化为表征的社会相对性贫困。只不过人类文明进入现代国家之后,人民主权成为现代国家公共权力的合法性来源,从法理和法律上否定了人与人之间的依附性关系。契约自由的法理与法律面前人人平等的理念或快或慢地成为现代国家延续其合法性的法理依据和法律基础。也正因为如此,现代国家必须且能够做到尽可能缓和社会相对性贫困及其所导致的阶级分化。邓小平在改革开放后多次强调贫

---

① 于春洋:《现代民族国家建构:理论、历史与现实》,中国社会科学出版社2016年版,第204页。

穷不是社会主义,提出解放和发展生产力,让一部分人先富起来、一部分地区先发展起来,最终走向共同富裕这样一条有效的现代国家成长之路。乡村和城市在市场制度的激励下获得活力。这种活力在本质上就是个人权利在有效的现代国家的法理要素重构中获得了正当性,随后才有市场经济体制在法律体系建构中的合法性。

我们可以不带任何偏见地说,人类社会进步的重要动力,是每个人希望自己明天过得比今天更好的期待,是每个人希望自己过得比平均水平更好的愿望,是下代人过得比这代人更好的追求。有效的现代国家在法理和法律上赋予了实现这种希望的正当性与合法性之后,民众对社会相对性贫困常常会变得无法忍受。民粹主义在现代国家的兴起某种程度就是利用或扩大了这种无法忍受感。但是社会相对性贫困是一种长期存在的政治社会现象——无论是发达国家还是发展中国家,无论是东方还是西方,概莫例外。[①] 而只要存在社会相对性贫困,社会成员之间在产权与产权、政府与市场、税收与福利等议题上就无法达成一致。社会相对性贫困会困扰有效的现代国家的成长。更重要的是,中国社会在改革开放走向有效的现代国家的进程中,始终强调坚持社会主义这一根本制度,社会主义制度绝对不能任由相对性贫困在国家建设和社会发展中蔓延。特别是改革开放初期,有效的现代国家虽然放弃了计划经济和政治全能,但是国家与社会、政府与市场的边界在法理和法律上却没有得到充分的厘清。全面深化改革、全面依法治国和全面建成小康社会的提出是对解决社会相对性贫困的制度根源的战略应对。中国走向有生命力的现代国家要着力厘清国家对社会的限度。这构成了当代中国社会发展矛盾变化后国家建设新目标的核心议题。总之,这里的基调是,现代国家要想实现完全的贫富均等几乎是不可能的,但社会相对性贫困的出现以及贫富差距的拉大对当代中国追求人民民主在现代国家的生命力和维护社会主义制度在宪法中的根本制度的地位肯定不是好事,这不仅会导致民主政体作为现代

---

① 包刚升:《民主的逻辑》,社会科学文献出版社 2018 年版,第 355 页。

中国宪制结构的不稳定,①而且会引发社会成员对追求社会平等的、作为现代中国根本制度的社会主义制度的认同危机。

"法律不仅是推行世俗政策的工具,也是生命终极目的和意义的一部分。"②但是面对利益关系在现代法律体系的普遍合法化之后,法律要成为生命终极目的和意义的一部分,如何在法的现代性与一个社会长期接受的德道观念之间寻找平衡点?法律体系如何才能落实为有效的地方性秩序和反映自治意义的规范?一个社会应该如何对待价值系统的分歧?可行的策略不是完全消灭价值系统的分歧,而是能否以法治的方式处理分歧以营造价值共识,同时让某些分歧变得不重要。"任何一个社会都不可能容忍企业无视社会的基本价值和公众的基本情感,更不可能容忍资本与权力密切捆绑在一起。"③对中国社会而言,这个对价值系统的共识营造问题尤为明显。为了有效的现代国家的成长,中国社会在推进法律体系的建构进程中对政策挤占法律在社会生活和国家建设中的空间的容忍,带来了国家成长和社会发展稳定预期的脆弱性以及社会成员短期行为滋长;加强经济性立法对个体权利合法性的承认所带来的中国社会改革活力,与忽视社会性立法对公共利益维护的价值所带来的中国社会相对性贫困现象的并存,由此带来的社会发展风险造成法律体系内部危机溢出效应;政府推进经济增长的积极性所伴生的公共权力失范和公共权力寻租泛滥,限制价值系统的共识形成水平。④ 因此,在全面深化改革进程中,在把全面依法治国和全面从严治党结合在一起提出的大格局下,法律体系走向法治体系对于成熟的现代国

---

① "从经验上看,如果一个民主社会的贫富差距比较小,特别是如果这个社会较低收入的后20%—30%的人也能过上基本尚可的生活,没有很大的生存压力,这样的民主社会就更容易趋于稳定,民主政治就更能良好运转。但是,一旦富者愈富、贫者无立锥之地,掌握了普选权的低收入群体往往是希望通过财产再分配来获得公平感,这往往会引发激烈的阶级斗争。而一旦出现激烈的阶级斗争,民主政体就更难实现稳定了。"包刚升:《民主的逻辑》,社会科学文献出版社2018年版,第281页。
② [美]伯尔曼:《信仰与秩序》,姚剑波译,中央编译出版社2011年版,第7页。
③ 秋风:《政府的本分》,江苏文艺出版社2010年版,第54页。
④ 潘伟杰:《革命后现代国家法律体系构建研究》,复旦大学出版社2015年版,第158页。

家治理的中国观的型塑就变得至关重要了。从全面把握现代性的法理逻辑看,国家建设新目标的说服力取决于已经被有效的现代国家在法律体系建构中所释放出来的现代价值系统和现代法治体系的耦合程度。

一、社会发展的新矛盾与国家建设的新目标:法理逻辑何在?

众所周知,国家建设的目标是与现代国家的建立、成长与发展所要面临的基本矛盾有关。无论是英国对现代国家的初始定义,还是美国对现代国家初始定义的重构,都是在面对内部的认同危机,参与危机和分配危机的过程中渐次提出国家建设的新目标。而中国社会与现代化相遇的境遇与西方社会截然不同。"中国的现代社会不是从传统社会自发演变出来的,而是在一个异质文明的重压下被迫建构出来的。"[①]民族解放、经济绩效和社会合作形成叠加效应,制约着国家建设的目标定位,进而影响当代中国建设现代国家的水平。"站起来,富起来,强起来"非常形象地描述了中国社会革命、改革和建设的目标,而且前面的目标约束后面的目标。"站起来"或者说反帝救亡这个目标主导了 20 世纪前半期的社会运动,这个运动与西方建立现代国家所发生运动是不同的。应该说,反帝救亡的早期措施收效甚微,促使中国社会越来越倾向于更激进的方案。[②] 邓小平掷地有声地指出:"国家这么大,这么穷,不努力发展生产,日子怎么过?我们人民的生活如此困难,怎么体现出社会主义的优越性?"[③]1978 年底召开的十一届三中全会决定把"富起来"作为国家建设的目标。1992 年邓小平在回顾和展望中国社会的改革时再次指出:"不坚持社会主义,不改革开放,不发展经济,不改善人民生活,只能是死路一条。"[④]正是在坚持这条路线的前提下,有效的现代国家

---

① 高全喜:《从非常政治到日常政治:论现时代的政法及其他》,中国法制出版社 2009 年版,第 148 页。
② 赵鼎新:《国家、战争与历史发展》,浙江大学出版社 2015 年版,第 112 页。
③ 《邓小平文选》,第 3 卷,人民出版社 1993 年版,第 10 页。
④ 同上书,第 370 页。

的法理重构与法律体系构建才有了新的内容和新的方向。

关于现代国家建设与西方世界的兴起之间的关系,有两个基本事实值得关注。第一个事实是,宪制的成型与工业革命对英国关于现代国家初始定义的影响。现代宪法和工业革命均起源于英国,确立了现代国家建设的基本目标。更重要的是,现代宪法及其所引发的现代国家制度创新,是工业革命在英国得以展开的缘由已经成为一个有说服力的共识。诺贝尔奖得主道格拉斯·诺斯提出了从政治权力受到宪法制约(以《权利法案》为核心),到有效率的产权制度,再到工业革命的发生的逻辑链条。宪法确立现代国家不同于传统国家的制度认同,工业革命则提供了现代国家真正超越传统国家的国家能力。诺斯说道:"国家的存在对于经济增长来说是必不可少的,但国家又是人为的经济衰退的根源。"①那么如何让现代国家促进经济增长而非导致经济衰退呢?关键还是回到宪法所确立关于现代国家的宪制框架,其中的核心就是将国家权力置于法治的约束之中。

第二个事实是美国独立后,特别是进步时代以来创造了可持续增长的经济奇迹。尽管美国从来没有出现类似日本、韩国、中国经历过的长期维持8%—9%的经济增长,但其从1776年《独立宣言》的发表,1787年制定宪法正式确立美国关于现代国家的制度框架,到新政后成长为全球第一大经济强国的发展道路也非常清晰。一般认为,基于1787年宪法的一整套制度安排以及宪法修正案的出台,展现了美国关于现代国家的建设目标的展开过程。美国的社会活力、公民的创造力和国家认同的生命力,都可以在1787年宪法以及宪法修正案中找到具有说服力的答案。正是在英国对现代国家初始定义的基础上,美国深化现代宪制体系和全面落实法治价值,推动现代国家初始定义的重构,实现了继英国之后的经济奇迹和大国崛起。英美两国的区别在于,英国在现代国家初始定义中把个体自由与社会活力作为国家建设的目标,并为此建立对公共权力进行限制的现代宪制建构,而美国在

---

① [美]道格拉斯·诺斯:《经济史上的结构和变革》,厉以平译,商务印书馆1992年版,第21页。

这个基础上开始尝试把公共利益与社会正义纳入国家建设的目标,并为此进行了赋予公共权力以自由裁量权的现代宪制当代转型。严格法治成为英国实现其国家建设的目标的选择,而美国则从19世纪下半叶开始探索程序法治对于实现国家建设目标的可行性。无论是严格法治,还是程序法治,均不放弃个体权利观念在现代国家的法理要素中的意义。"机械法治主义在现代社会固然不可取,但排斥或轻视法律规则也是不明智之举。后者不仅可能在长远的意义上对法治之孕育和发展造成不利的影响,而且也不利于具体制度改革宗旨的有效实现。"[①]从美国对现代国家初始定义重构的经验来看,程序法治比严格法治更有利于实现现代国家的系统性目标。程序法治通过程序规范自由裁量权的行使,让社会成员对平等和自由的追求都能看得见,公共权力对其有限性与有效性的边界都能分得清。程序法治支撑起了现代国家的包容性制度框架,得以让国家建设的目标与社会生活的追求有效地结合在一起。在这里,任何法理要素,无论是自由,还是平等,都不可能走向极端;同样在这里,任何法律表达,无论是个体权利与有限政府,还是公共利益与有效制度,也不可能走向对立。自有学科分野以来,经济学家对国家建设和社会发展动向总是非常敏感。在最近几年流行的《国家为什么会失败》一书中,美国经济学家达龙·阿西莫格鲁和詹姆斯·罗宾逊在系统地分析制度对于国家建设目标的实现进而决定国家成败的案例基础上,指出了国家贫富的根源为什么不是地理、疾病或文化因素,而是制度和政治,由此区分了两种不同的制度类型:一种是攫取型制度,另一种是包容性制度。他们从历史经验的梳理和学理论证中得出一个结论,唯有后者才可能促成长期的经济繁荣,而前者更容易导致国家的失败。[②]

要系统地理解现代国家建设的目标与经济增长、社会发展之间的关系,关键在于现代国家政治权力的制度安排是否恰当,或者说公共权力是否得到约束。这既是现代国家不同于传统国家之处,也是现代国家的国家建设

---

① 沈岿:《公法变迁与合法性》,法律出版社2010年版,第45页。
② [美]德隆·阿西莫格鲁等:《国家为什么会失败》,李曾刚译,湖南科学技术出版社2017年版,第30页。

目标能否实现的无法回避的关键。"当存在激励因素促使人们去攫取而不是创造,也就是从掠夺中而不是从生产或者互为有利的行为中获得更多收益的时候,那么社会就会陷入低谷。"①无论从法理要素和法律体系来看,还是从历史经验和现实生活来看,国家建设的目标首先是自身的建设,现代国家要为好的社会提供成长空间,关键是要为好的国家提供制度安排。没有好的国家,不可能出现好的社会。如果说市场制度和财产权利的保护提供了人类走向好的社会的激励结构的话,那么宪法权威的维护和法治体系的建构则提供了好的国家制度安排。更重要的是,从法的现代性来看,好的国家就是为了人类走向好的社会,自由人的联合体才有可能实现。随着中国社会基本矛盾从人民日益增长着的物质文化生活需求与落后的社会生产之间的矛盾转变为人民日益增长的美好生活需求与不平衡、不充分的发展之间的矛盾,如何建成一个好的国家不再是一个简单地接受市场制度并赋予财产权在法律体系建构中的正当性的问题,而是一个如何构建包容性法治秩序的问题。在包容性法治秩序中,公共权力的有效性与有限性、市场制度在配置资源中的决定性作用与产权制度的完善、公共利益的延续和个体权利的保护之间的关系重新得到检视。

《中华人民共和国宪法修正案(2018)》(简称"2018年宪法修正案")把国家建设的目标从建设富强民主文明的社会主义国家提升为建设富强民主文明和谐美丽的社会主义现代化强国。经过40年的历史性变革,经济增长和社会繁荣深刻反映了有效的现代国家在当代中国社会的成长,现代法律体系的形成无疑是与这种社会变革同步的。如果改革后富强民主文明的社会主义国家是有效的现代国家成长的目标的话,那么全面改革后这个目标就要回应社会新矛盾以及构成这种矛盾的利益诉求,在法理上的表现就是社会正义和代际正义,在法律上的表现就是规范的公共权力和健康的市场制度的问题,必须把和谐与美丽纳入国家建设的目标,进而把社会主义现代化国家提升为社会主义现代化强国。一方面,国家建设的新目标是在改革

---

① [美]曼瑟·奥尔森:《权力与繁荣》,苏长和等译,上海人民出版社2005年版,第1页。

开放 40 年所创造的历史条件下提出来的,"人们自己创造自己的历史,但是他们并不是随心所欲地创造,并不是在他们自己选定的条件下创造,而是在直接碰到的、既定的、从过去承继下来的条件下创造";① 另一方面则表明有效的现代国家的成长已经遇到了新矛盾,通过国家治理体系和治理能力现代化以化解新矛盾决定着有效的现代国家的成长的持续性和生命力。"在现代,物的关系对个人的统治、偶然性对个性的压抑,已具有最尖锐最普遍的形式。"② 这个问题随着社会相对性贫困、市场机会主义和公共权力失范在中国社会的出现也会变得更加尖锐。当然,任何有活力的事物都不是"纯粹"的,其内部都有一种矛盾性的张力,国家建设的新目标在这种张力中得以实现,有生命力的现代国家在法律体系走向法治体系的进程中得以展开。基于社会发展的新矛盾的国家建设的新目标必然提出两个方面的内在统一的结构性问题:一是形成持续变化和发展的开放的社会结构;二是形成能够容纳持续变迁的问题与要求的制度结构。③ 这就意味着国家建设的新目标必须以一种国家成长的历史素养和法律体系转型的系统眼光来处理这个内在统一的结构性问题。

要实现国家发展的新目标,就必须满足以下四点要求。其一,基于社会矛盾的新变化和国家建设的新目标,不仅国家政权建设、市场经济发展对法治资源有新的需求,社会发育和成长也将形成巨大的法治需求。在这样的背景下,如果法治资源的生成无法满足发展的需求,必然出现冲突、矛盾与危机。针对法治短缺问题的现代法律体系的发展需求就成为有生命力的现代国家的新命题。这一新命题所蕴含的法理逻辑是:建设一个富强、民主、文明、和谐、美丽的社会主义现代化强国,必须有支撑一个国家成长和社会生活的法治体系。从人类历史的经验看,凡是真正实现富强、民主、文明、和谐与美丽的现代化强国之建设目标的国家,必定是一个成熟的法治国家。

---

① 《马克思恩格斯选集》,第 1 卷,人民出版社 2012 年版,第 669 页。
② 《马克思恩格斯全集》,第 3 卷,人民出版社 1960 年版,第 515 页。
③ [以色列]艾森斯塔特:《现代化:抗拒与变迁》,中国人民大学出版社 1988 年版,张旅平等译,第 46—47 页。

在成熟的法治国家里，法律对公共权力的规范与有效性的支持联系在一起，法律与自由联系在一起，无论是权力的恣意行使，还是权利的恶意滥用都必须得到有效规制。有生命力的现代国家成长的法治逻辑所应强化的国家与社会之间的良性关系应当是：基于社会现实建构起来的法律规范，反过来引导、推动和促进社会发展和国家成长，以体现其价值选择。法治建设通过其所提供的规则体系对社会生活的判断能力和适应能力，决定着其有效性的获得能力，而法治建设对价值选择的承载能力则体现着其文明共识的维护能力。法治对着眼于推进现代国家成长的法律体系而言，不仅提出了制度建设要回应社会生活，人民追求财富的合法欲望不会受到排斥，社会成员的有形财产和无形财产均得到有效的法律保护的要求，也提出了通过社会成员有序参与法律体系的方式构建这一制度价值的崭新理解和法律共识的崭新追求。一个强大的法治国家，加上公民自由权利的充分保障，再加上一个繁荣的市场经济社会，是当代中国国家建设的主题。[1] 可以说，现代国家成长的法治逻辑展开的动力主要来自两方面：一是社会主义市场经济对法治建设与法律体系完善的要求。这种要求具体表现为中国法治建设和法律体系的完善必须推进个体权利的合法性的同时，平衡个体利益与公共利益之间的关系。法治建设不能仅仅停留在对个体利益的尊重的基础上，还必须着力延续公共利益的正当性。任何一方在法治逻辑中的缺失，都是法治短缺的表现，将导致社会发展活力的丧失或社会生活秩序的丧失。二是社会主义法治体系和社会主义民主政治对当代中国法治建设的要求。这种要求具体体现为现代国家的法治逻辑必须与社会主义法治体系的成长紧密结合，着眼于提升民主政治的制度化水平，以推动法治国家成长和维护良好社会生活秩序。总之，在现代国家成长的法治体系中承认各种社会利益群体合法组织起来的权利，以体现国家对社会的信任，通过立法或参与立法的方式维护权利，以防止某些社会力量在利益分歧中演变为现代国家成长的不必要的掣肘因素。法治体系要为个体权利实现提供规范化和程序化的机

---

[1] 高全喜：《我的轭——在政治与法律之间》，中国法制出版社2007年版，第107页。

制,并在广度和深度上拓展社会成员影响国家立法的制度性空间,这有助于避免法治体系的异化。"总之,在现阶段,国家需要允许社会以自组织的形式发展,并为其发展创造条件,建立法治框架。不过,在这个过程中,需要避免民粹主义或者强社会/弱国家的建构模式。"①

其二,随着社会力量的成长,中国的法治建设从放权、限权进入到规权的新发展阶段。"在所有政府内部,始终存在着权威与自由之间的斗争,有时是公开的,有时是隐蔽的。二者之中,从无一方能在斗争中占据绝对上风。在每个政府中,自由都必须作出重大牺牲,然而那限制自由的权威决不能,而且或许也决不应在任何体质中成为全面专制,不受控制。"②规范权力体系的目的,是将国家与社会的相互关系提升到制度化的轨道,在全面增强国家政权合法性与有效性统一的同时,全面增强社会自我服务、自我管理、自我发展中权利与义务的内在统一,从而在法治的轨道上同时推进国家权力理性化与社会自主的理性化,彻底结束中国运动式治理。③ 自改革开放以来,当代中国把加强社会主义民主和健全社会主义法制联系在一起,作为国家建设的战略安排。这两者为社会主义市场经济的发展提供规范体系,进而在形成社会主义法律体系的逻辑中孕育了法治国家的价值追求。市场经济对当代中国推进法治建设最根本的意义在于两个方面:一方面是在一个资源相对稀缺的大国建设和发展有效的激励机制,进而为当代中国社会变革提供规范体系和秩序保障;另一方面是在此基础上形成与市场经济相适应的法律体系,进而实现国家治理的转型、推动现代国家的成长。因而,对于当代中国法治建设的推进来说,市场经济的具体功能主要有两个方面:一是提供当代中国法治建设及其所推进的法律体系功能革新所需要的社会力量。人类文明史表明,正是市场经济的孕育和成熟推动国家治理从人治

---

① 马骏等:《中国"行政国家"六十年历史与未来》,格致出版社2012年版,第38页。
② [英]休谟:《休谟政治论文选》,张若衡译,商务印书馆1993年版,第26页。
③ "中国运动式治理发生的领域多有交叉,大致可以分为两个阶段:改革开放前有广泛的政治化倾向,改革开放后有广泛经济化倾向。"冯峰:《中国政治发展:从运动中的民主到民主中的运动——一项对新中国成立以来110次运动式治理的研究报告》,载马骏等:《中国"行政国家"六十年历史与未来》,格致出版社2012年版,第47页。

走向法治,实现了统治方式的革命,进而为现代法律体系的构建提供了现实动力和经济基础。二是提供了法治国家所需要的社会结构和价值取向。市场经济最大限度地激发社会成员的自主性和利益诉求,这种自主性和利益诉求的成熟必然引发社会结构的变革,从而带来现代国家在价值选择和法律体系构建层面的革新。与前者相比,后者对现代国家的成长更具直接意义,因为它将在相当程度上决定着当代中国法治建设功能转型的具体内容和价值取向。更重要的是,市场经济作为一种经济运行方式,通过激发个体利益的正当性所引发的社会结构变革和维护个体正义所引发的法律体系革新,进而实现现代国家的民主化程度和法治化水平的提升。这种变化的最集中体现就是国家与社会之间关系的变化,把传统国家颠倒了的国家与社会之间的关系予以纠正,把社会与国家有效互动作为制度建设的核心。"因为,政府所有的一切权力,既然只是为社会谋幸福,因而不应该是专断的和凭一时高兴的,而是应该根据既定的和公布的法律来行使;这样,一方面使人民可以知道他们的责任并在法律范围内得到安全和保障,另一方面,也使统治者被限制在他们的适当范围之内,不致为他们所拥有的权力所诱惑,利用他们本来不熟悉的或不愿承认的手段来行使权力,以达到上述目的。"[①]这种关系变化具体体现在个体利益与公共利益的关系上,则是市场经济最大限度激发了社会成员对个体利益的关注,进而激发社会成员自主掌握命运的意识。所以,法律体系对公共权力的限度厘清与权威确认规范构建就成为现代国家成长的法治逻辑形塑的重要内容。法治国家的发展和法律体系的完善,一方面是为社会自主性成长和社会成员尊严维护提供可靠的法律保障,以应对社会力量的成长和社会转型的深入所带来的社会生活的无序和社会发展的失范,因此法律体系必须维护公共权力的权威性以实现现代国家治理的有效性;另一方面对国家权力之于经济和社会生活的作用限度、作用方式和程序进行规范成为社会主义法治体系发展的重要内容,也就是说规范政府本身是法治国家制度建设的基本功能和价值体现,以应对个

---

① [英]洛克:《政府论》,下篇,叶启芳等译,商务印书馆1964年版,第86页。

体自由和社会自主性的有效表达,因此法律体系必须强调公共权力的有限性以尊重和表明现代国家治理的开放性。面对社会力量的成长,在现代国家成长的法治逻辑中,有两个至关重要的维度,一是国家能力抑或政府责任,二是社会力量抑或个体权利。"如果一种民主制度要想成功地运行并持续下去,国家必须能够确定它运作的共同体,保护公民的基本权利,建立并维持一种基于规矩的政体,激活市民社会,并满足人民的基本需要。"[①]社会和谐、代际正义以及政府责任的规范建构像经济性立法在改革开放初期的重要性一样,在当代中国法律体系发展中得到充分的重视。

其三,随着社会主义现代化的全面推进,国家建设必然从国家结构层面、国家制度层面,延伸到国家价值层面。在价值层面,国家建设的关键是建构国家认同、宪法认同与制度认同。这种认同建构的政治基础就是深化民主制度化,并让制度化的民主真正运行起来。中国社会根据《共同纲领》在现代革命后建立了中华人民共和国,并在1954年宪法中对于革命后现代国家的政权体制进行了合法性确认,但问题是随后中国社会形成的革命法制逻辑再次以意识形态建构国家认同,这种认同是借助于政治运动和阶级斗争来维护的。改革开放明确提出发展社会主义民主和健全社会主义法制,进而认识到人民民主是社会主义的生命,这意味着革命后现代国家认同必须建立在以宪法为核心的法律共识之上。深化民主制度化和让制度化民主运行起来的战略基点就是落实法治。一方面使法治优化起来,另一方面使法治深入人心,这两者是相辅相成的。从总体上说,面对社会发展的新矛盾和国家建设的新目标,中国社会要从有效的现代国家走向有生命力的现代国家,在法理逻辑上必须解决两个问题:一是在资源配置与利益诉求之间存在张力的背景下,市场经济成为现代国家取代传统国家进而实现有限资源有效配置的经济基础;二是在公共权力理性化诉求与国家主权维护之间存在张力的背景下,民主政治成为现代国家取代传统国家进而缓解有限的公共权力有效配置的政治基础。作为现代国家成长的表现,市场经济的

[①] 王绍光:《祛魅与超越》,中信出版社2010年版,第144页。

发展与民主政治的成长由法治原则来维护、延续和保障。就与市场经济的关系而言,经济发展的关键因素有两个:清晰地界定产权,并保证契约自由获得充分的尊重和合同的严格执行,否则人们将没有什么兴趣在一起合作。在一个人与人依赖关系日深的时代,没有合作精神和以制度维护合作精神的能力对于现代国家的成长来说是危险的。而法治原则通过界定并保护财产权以规范交易行为并维护市场秩序,最终保障市场主体的消极权利,从而让法治深入人心。现代法治及其制度安排为产权的行使和契约的履行提供了准尺。就与民主政治的关系而言,法治原则通过明确规范公共权力运作范围和方式以实现善治功能,从而使政府行为服从法律制度。法治原则以法律的稳定性来维持政府施政的合法性与合理性、连续性和稳定性,接受和落实公民的程序性权利,从而推进法治的优化。现代国家成长的法治逻辑要为市场经济的运行和民主政治的发展提供法制,并且这种法制应有明确的价值诉求,以法律维护产权、规制权力,从而有效保障市场秩序的发展和延续民主政治的合法性。

其四,随着中国特色社会主义的发展,当代中国法治体系和制度运行必然面临自身合法性的理论建构,以提升中国特色社会主义法律体系和制度体系对人类制度文明发展的价值。这种理论建构的战略途径就是通过法治建设,全面优化中国特色社会主义法律体系和制度体系的法理基础。中国特色社会主义法律体系的形成表明,改革开放以来,当代中国法治建设在恪守党的领导、遵循中国特色以及秉持渐进理性的理论基础上取得了与中国发展道路和制度形态相适应的发展。无论是中国特色社会主义理论体系,还是中国特色社会主义法治体系的理论基础,有形成的过程,必然有发展的过程。没有发展的过程,形成的发展道路和制度框架就不可能在人类社会发展道路的变迁和制度框架的变革中找到存在的空间。中国社会发展在利益调整层面的广度和深度不断推进的现实情势也决定着当代中国法律体系的价值追求需要不断成长,才能满足中国法治建设和完善社会主义法治体系的需要。这一理论成长所围绕的中轴是社会主义民主的制度化和法律化,其核心诉求是为当代中国国家成长提供有效、有序的法律规范保障。为现代国家成长的法治逻辑展开提供制度安排的当代中国法律体系的价值追求必须恪守三个前提：第一，承认和落实个体权利与市场制度在中国特色社会主义法治体系中的正当性，以维护公共利益与公共权力干预市场制度的正当性。现代革命后现代国家在世界各国成长的历程，特别是20世纪以来的法律体系转型的教训已经表明："如果否定个人权利，仅用工具理性和民族主义建立现代社会，其结果是法西斯主义"。① 第二，对财产权的承认无疑会给生产资料的所有制结构带来最直接、最广泛的影响，但是必须从制度上有效维护和体现生产资料领域公有制的主体地位，以及有效维护生活资料所有制对劳动者的意义，这一意义是与政府责任正当性和法治体系对社会主义制度属性的恪守能力紧密联系在一起的。第三，中国特色社会主义理论体系改变了革命后国家（政策）治理的绝对性和公共利益的绝对性，彻底放弃以反自由的方式实现化私为公的国家治理的正当性逻辑，从而承认了国家（法律）治理的有效性和个体利益的正当性。但是这一承认是以公平正义的价值观的实现以及劳动者权益有效保护为前提的。因此，现代国家成长的法治逻辑的展开，需要在承认公共权力有效性的前提下，从制度上为公共权力有限性提供保障；需要在承认个体权利合法性的前提下，从制度上为公共利益正当性提供规范；需要在承认公民财产权合法性的前提下，从制度上体现公有制的主体地位。参照这三个前提，中国特色社会主义法治体系发展在规范选择与价值追求上对有生命力的现代国家的贡献体现在：在结构上，能否依据人类文明体系发展的一般价值诉求，在法律制定或修改以及实施过程中合理地分配权力和权利；在功能上，能否形成有效的利益分配机制来协调个体利益与公共利益、国家利益与个人利益、市场机制与政府规制之间的关系，推动社会主义和谐社会的全面发展。"改革不仅是要造就一个好的市场，更是一个好的社会。"②对于前者而言，个体自由和财产权利必须在现代国家的法治逻辑中得到充分重视；而于后者而言，公共利益和社

---

① 金观涛：《探索现代社会的起源》，社会科学文献出版社2010年版，第158页。
② 孙立平：《守卫底线——转型社会生活的基础秩序》，社会科学文献出版社2007年版，第58页。

会保障或者说社会正义同样在恪守社会主义制度的现代国家成长的法治逻辑中得到比在现代资本主义国家中更多的关注以及更多的转化为法律的自觉性和主动性。从法律体系的构建到法治体系的发展，应恪守制度共识的基本逻辑是：一个有活力的社会主义和谐社会需要秩序，但也需要认真对待利益冲突和个体自由的发展。鉴于这一背景，现代国家的成长想要获得政治稳定，不是要通过四平八稳的和谐一致，而是要通过鼓励利益竞争和个体自由来实现。①

二、从法律体系到法治体系：制度诉求如何？

"实践发展永无止境，解放思想永无止境，改革开放也永无止境，停顿和倒退没有出路，改革开放只有进行时、没有完成时。"②改革开放以来，中国社会放弃了对法的现代性的意识形态偏见，走出了法律虚无主义的误区，进而推动了有效的现代国家的法理重构。邓小平在改革开放伊始就从人类文明发展的高度，为推进有效的现代国家建设确立了这样的基本目标："必须使民主制度化、法律化，使这种制度和法律不因人领导人的改变而改变，不因领导人的看法和注意力的改变而改变。"③面对20世纪90年代以来国际国内局势的发展，邓小平于1993年对中国社会的发展提出制度更加成熟和更加定型的战略诉求。1999年宪法修正案从根本法的立场提出依法治国，建设社会主义法治国家目标。2011年中国社会主义法律体系的形式，既是制度更加成熟和更加定型的表现，也是现代法治国家建设的内容。

那么接下来的问题是，面对社会发展的新矛盾和国家建设的新目标及

---

① ［美］邓恩：《姊妹革命：美国革命与法国革命启示录》，杨小刚译，上海文艺出版社2003年版，第250页。为此高全喜先生提出了一个自由的国家主义理论表述，有一定的启发。他指出："现时代中国的国家问题的关键，就是在建立一个真正的现代国家中，如何在国家主权和国家利益的基础之上，处理个人权利、民族利益和政党政治的关系问题。……一个真正意义上的'自由的国家主义'则是可以行得通的，即在一个民主宪政的共和制国家中，既保障公民的个人权利，也强化作为现代国家的国家利益，并采取容纳民族自治的国家形态。"高全喜：《现代政制五论》，法律出版社2008年版，第178页。
② 《习近平谈治国理政》，第1卷，外文出版社2014年版，第71页。
③ 《邓小平文选》，第2卷，人民出版社1994年版，第146页。

其所蕴含的法理逻辑,从现代法律体系(中国特色社会主义法律体系)的构建到现代法治体系(中国特色社会主义法治体系)的发展,有生命力的现代国家的制度诉求在全面推进依法治国的进程中越来越显现。如果说中国特色社会主义法律体系的形成,是走出了政治全能主义和法律虚无主义的困境,回到现实的国情和世情,为有效的现代国家的成长提供了制度安排,且这一安排始终是围绕经济建设展开规范建构的话,那么迈向中国特色社会主义法治体系,则是在中国特色社会主义法律体系为经济建设进行规范建构的基础上,为社会建设的展开而进行的系统性的法治秩序的推进。依据马克思主义国家观的法理逻辑,由于社会主义现代国家承载的是从资本主义到共产主义的过渡,所以它已经不是原来意义的国家了。① 社会主义现代国家不仅要超越传统国家,也要超越资本主义现代国家。从英国和美国对现代国家的初始定义和重构的实践来看,如果一个国家坚持从个体权利解释法的现代性,那么其价值系统和制度安排就始终无法真正为社会解放提供正当性。20 世纪以来资本主义制度为挽救现代性的危机和现代国家的合法性,试图接受公共利益、政府责任和社会正义,但资本主义制度下的生产方式决定了资本主义现代国家的法治秩序永远不可能放弃资本价值对个体价值的本质约束。因为社会主义制度是对资本主义现代国家发展的揭露,后者服务于生产资料的私有制,由此形成了晚期资本主义现代国家合法化危机。② 而社会主义现代国家不是从抽象的个体理性出发,而是致力于维护生产资料的公有制和追求社会解放,因此始终把人民主权和社会平等联系起来建设现代国家。只不过,革命后当代中国社会过于理想化,这种理

---

① 《马克思恩格斯选集》,第 3 卷,人民出版社 2012 年版,第 348—349 页。
② 奥菲指出,在晚期资本主义社会,国家保护资本积累的功能与使该功能隐蔽的立法功能同时发展,具体表现为国家一方面扩张管理职能,一方面扩大社会"同意"。这种通过政治动员以获得认同的行为与该行为的目的最终成为彼此的障碍。换言之,"政治权力运行中受阶级限制的内容与否认该内容及以某种方式与人民主权思想相联系的自我正义的资产阶级民主变成了彼此的'障碍'"。[德] 奥菲:《福利国家的矛盾》,郭忠华等译,吉林人民出版社 2006 年版,第 2 页;"阶级妥协机制自身已经成为阶级冲突的目标。"[德] 哈贝马斯:《合法化危机》,刘北成等译,上海人民出版社 2009 年版,第 50 页。

想化转化为对政治动员的依赖，使中国陷入了法律虚无主义的泥淖。而改革后现代法律体系的构建是以经济建设为中心，重新思考法的现代性对于现代国家成长的意义以及在法律体系中的落实。但是我们又必须认识到，经济建设主导法制建设所带来的法律工具主义的风险。经济主导法律的结果可能是个体性弱化社会性，这将导致现代法律体系构建的价值失衡。① 这种失衡往往让机会主义干扰现代国家的成长，从而弱化现代国家的生命力。更重要的是，由于社会主义制度承担的使命的特殊性，现代法律体系的构建归根结底不能离开社会对法律的主导，也就是说法律体系要面向社会建设展开。"在今天法律中的每个部分，这个社会价值的规则都已成为一个日益有力且日益重要的检验标准。"② 这并不是否定政治对法律的约束，经济对法制的意义，而是要在政治革命建立现代国家和经济建设发展有效的现代国家之后，通过面向社会建设的法治推动建设有生命力的现代国家。从法律体系走向法治体系的过程中，强化社会性立法以约束市场机会主义、着力公共权力制度完善以约束行政机会主义，推进司法体制改革以追求社会信任，最终要表明法律体系本身也受法律限制。从社会主义这一根本制度的约束出发、超越资本主义制度的法治体系中，法律真正且必须被认为"具有内在的正义性，即善良和正义的核心价值。这些非工具主义观为法律奠定了基础、提供了内容，也为其设下了界限"。③ 在这一变迁的整体诉求中，当代中国社会通过社会主义核心价值观把社会合作、权力规范和国家认

---

① 关于法治问题最有影响力的一篇文章是 19 世纪 70 年代由法学理论家约瑟夫·拉兹写的。在拉兹的文章阐述中，法律工具主义思想得到了淋漓尽致的体现："除了其他特点之外，一把好刀应当是一把锋利的刀。同样，遵循法治是法律的固有价值，而且是重要的固有价值。法律的精髓在于通过法规及适用法规的法院来引导人们的行为……就如同其他工具一样，法律的优点在于作为一种工具其服务的目标与其本身都是道德中立的。"Joseph Raz, *The Rule of Law and its Virtue*, in *The Authority of Law*, Oxford: Clarendon Press, 1979, pp.225-226.
② [美]本杰明·卡多佐:《司法过程的性质》，苏力译，商务印书馆 1997 年版，第 44 页。卡多佐对 20 世纪初美国现代法律体系的发展趋势的敏锐判断，即使到了今天，依然对中国社会现代法律体系的成长有深刻的理论上的反思意义。
③ [美]塔玛纳哈:《法律工具主义：对法治的危害》，陈虎等译，北京大学出版社 2016 年版，第 303 页。

同系统地结合在一起,由此,迈向有生命力的现代国家才能真正体现不是"原来意义上的国家"的事实。当代中国社会围绕有生命力的现代国家的法治体系建构维系社会合作并且促进经济发展,最终完成社会革命所承担的使命。①

马克思始终认为,社会主义不是观念的产物,而是人类社会发展的结果。这决定了中国特色社会主义法治体系的新诉求,不是从纯粹法治的理念或教条出发,而是立足于法律体系形成之后国家建构所面临的新情况和新趋势。为此,有生命力的现代国家的法治体系建构既不走老路,也不走邪路。从现代法律体系的发展方向和现代国家的法理要素的基本逻辑看,现代国家成长的首要目标是保证国家的有效,然后在这个基础上促进国家的完善。这正如亚里士多德所说:"最良好的政体不是一般现存城邦所可实现的,优良的立法家和真实的政治家不应一心想望绝对至善的政体,他还必须注意到本邦现实条件而寻求同它相适应的最良好的政体。"②改革开放以来的实践证明:权威、秩序与活力的内在统一不仅对现代国家的成长起决定性作用,而且对现代法律体系的构建和法的现代性在有效的现代国家法理要素中的落实也起着决定性作用。换句话说,从法律体系到法治体系的发展与有生命力的现代国家创造出权威、秩序与活力的有机统一之间是一种相互决定的关系。这也就意味着,中国社会要从有效的现代国家迈向有生命力的现代国家,就必须将法律体系的持续完善与法治体系的转型发展积

---

① 为此,恩格斯曾指出:"深入考察这一事业的历史条件以及这一事业的性质本身,从而使负有使命完成这一事业的今天受压迫的阶级认识到自己的行动的条件和性质,这就是无产阶级运动的理论表现即科学社会主义的任务。"《马克思恩格斯选集》,第 3 卷,人民出版社 2012 年版,第 671 页;我们可以从历史经验中发现国家建构没有过时,只不过我们要走出冷战时期的西方中心主义所设定的法理逻辑和法律建构。现代政治革命建立了现代国家,现代市场制度发展了现代国家,然而在资本主义制度下现代国家再往前走是不可能完成的任务。社会主义制度下的现代国家必须往前走,只是由于社会主义制度下的现代国家不是建立在资本主义制度已经发展了的基础上,因此不能超越现代市场制度的历史阶段。但社会主义制度下的现代国家最终要走向新的国家建构,才不致发生国家建构的失败。[瑞士]安德烈亚斯·威默:《国家建构——聚合与崩溃》,叶江译,格致出版社 2019 年版,第 5 页。
② [古希腊]亚里士多德:《政治学》,吴寿彭译,商务印书馆 1983 年版,第 176 页。

极地统一于创造和实现权威、秩序与活力的有机统一上。这种诉求其实反映的就是实质法治与形式法治的张力与平衡。这种张力与平衡一直约束着现代法律体系的完善和法治体系的发展,只不过在今天的中国社会变得日益强烈。① 所有的经验与教训都证明,任何脱离国家建构的具体情势的现代国家——包括社会主义国家——法治体系的诉求最终都将遇到挫折,甚至失败。② 法治体系的新诉求必须适应当代中国全面依法治国的具体实践和国家建设的新目标,同时恪守从法律体系到法治体系的连续性,这也是一个合乎法治逻辑的体系的特点。③ 有生命力的现代国家成长的制度要求,表现在以下三个方面。

第一,有生命力的现代国家成长的制度要求表现在法治体系推进民主政府治理能力有效增长的法律供给能力之中,以展现公民权利的法律保障、民主政治的制度实现以及国家治理有效性的制度激励的诉求与方向。

"中国对法治的重新认识起源于经济改革和对外开放,在这个过程中基于正反两方面的经验和教训,人们认识到市场经济就是法治经济。"④市场制度的发展、社会力量的成长和社会生活的进步是与政府权力规范性与有效性密不可分的。如果体现现代国家成长的制度要求的法治体系的形成与发展只关注政府权力的规范性,而放弃对政府权力有效性的支持,那么市场制度将在市场机会主义的困扰中无法发展,社会力量将在利己诉求中无法持续成长,社会生活将在公共物品的缺失中无法进步,甚至市场交易和社会

---

① 在这里,法治本身就是目的,而不仅仅是手段。王利明:《法治具有目的性》,北京大学出版社 2017 年版,第 3—11 页。
② 霍尔斯沃思在考察英国法的塑造进程时也明确指出了这样一个道理:"无论实际情况如何,我认为,19 世纪和 20 世纪英格兰法适应新的工业时代需要——同时没有牺牲其发展的连续性以及作为一个合乎逻辑的体系的特点。"[英]霍尔斯沃思:《英国法的塑造者》,陈锐等译,法律出版社 2018 年版,第 329 页。
③ 让我们借此重温这样一段话:"法律的生命不是逻辑,而是经验。在决定人们应当遵循的规则时,现实的感知的需要、盛行的道德与政治理论,对公认和不自觉形成的公共政策的直觉,甚至法官与同僚共有的偏见,比演绎推理起更多的作用。法律体现了一个民族诸世纪以来的发展历程,不能将它视作似乎仅仅包含公理以及一本数学书中的定理。"[美]霍姆斯:《普通法》,冉昊等译,中国政法大学出版社 2006 年版,第 1 页。
④ 季卫东:《法治构图》,法律出版社 2012 年版,第 457 页。

生活都将无法健康进行。在一个相互依赖、日趋密切的社会中,在一个全球结构日益深化和公共问题日益增多的社会中,政府权力的有效性及其制度安排对于人类社会的治理与稳定、①发展与进步、激励与和谐,是至关重要的、不可或缺的。所以,我们不能因为某项具体的政府规制及其制度安排的失效、无能甚至越位,而笼统地认定所有政府权力的有效行使都是没有价值的,进而否定政府权力及其制度安排在市场制度发展和公共事务治理中的意义。总之,尽管现代社会生活中存在政府权力滥用所导致的失灵现象或社会信赖被破坏的事实,但我们不能简单地以尊重个体权利,特别是自由权为名,否定所有政府权力有效性维护机制建设在法治体系形成中所具有的意义。相反,这种现象应该使我们加倍重视政府权力的制度设计、安排和建设的问题。如何不断地通过法治体系特别是公法制度的完善,设计更好的政府权力运行的责任机制,是法律体系迈向法治体系进而全面展现其对有生命力的现代国家成长的意义所不能回避的问题。

法治体系的发展不回避、不拒绝追求法律体系现代性的共通性。② 但是当代中国社会在追求法律体系现代性的同时也承担着捍卫社会主义制度的内在属性的要求。这种要求承载着的社会平等的观念以及社会正义的价

---

① "少一些统治,多一些治理"是 21 世纪现代国家政治变革的重要特征。多元治理主体、协商民主、非国家强制的契约、公共领域新疆域在国家治理中扮演着不可或缺的角色。俞可平等:《中国的治理变迁(1978—2018)》,社会科学文献出版社 2018 年版,第 3 页。更直接地说,"市场在一个法治健全稳定的环境下最能运作良好,这一法治体系须包含一系列明晰的权利,这些权利包括订立合同的权力、产权、保障合同履行的权力等;该法律体系还应该保障这些权利和合同不受骗子、欺诈、破坏和盗窃的伤害。如果没有政府这些最低程度的活动,市场即便存在也必困难重重"。[美]西蒙斯:《政府为什么会失败》,张媛译,新华出版社 2017 年版,第 16 页。
② 有学者尖锐地指出:"许多问题应该从历史的角度看待其合理性,以今日之是觉昨日之非,对某些情形而言是不负责任的,但是对中国特色的过分强调,乃至走向极端,就有可能在扩大不同人群和文化的差异性的时候,降低(甚至否认)了人类价值和行为模式所具有的共通性部分。"王冠玺:《再论中国法学发展的十字现象——从现代化法律的继受中反思"中国特色"》,《比较法研究》2009 年第 3 期;法律体系的现代性绝对不是由西方垄断的,只要社会生活还在继续。法律体系现代性的共识必然体现为不断丰富着的权利观念和规范建构。法律体系迈向法治体系,必然要以实质性的内容支持为基础。米健等:《当今与未来世界法律体系》,法律出版社 2010 年版,第 387—388 页。

值是当代中国法治体系追求法的现代性的底线。崇尚和维护人权无疑应该成为中国特色社会主义法治体系的价值追求,从而内化为法治信仰。美国法学家伯尔曼说过一句传播甚广的话:"法律必须被信仰,否则它将形同虚设。"①从人类社会生活的经验事实来看,法治信仰是"一种有理由的情绪和期冀","能够为人们所信仰的法律必须是能够给人们或至少是绝大多数人带来利益的"。② 但是必须明确的是,为了让人类文明所崇尚和维护的人权得以有效、有序实现,必须在规范政府权力的同时赋予政府权力有效性。当然这种有效性的支配力量不是公共权力本身,而是法律。③ 中国社会要避免在改革开放过程中通过法律移植实现法的现代性追求,也要避免因对市场经济活力的渴望而片面强调法的普遍性与个人权利的尊重。"因此,立法者的法理学一方面要抵制对西方法学采取肤浅的消费主义,另一方面更要抵制把本土问题简单化,仅仅理解成一种作为例外的'地方性知识',而要把它理解为人类文明所面临的普遍性问题。只有采取这样的立场,我们才能打破中西文化对立、传统与现代对立给我们的思考带来的困难,把西方与传统纳入文明国家的建构之中。"④

特别需要指出的是,现代国家的成长要求法治体系在发挥社会力量、控制市场冲突、规约公共秩序、维持公共安全和提供公共服务等诸方面协调发展,其要能通过法律创新保证民主政府所担负功能的适应性和合法化,且能够随着社会环境的变化而维持社会成员对民主政治的认同。"在公共服务供给的需求表达阶段,'自上而下'式公共服务供给体制模式不仅忽视了公共服务的供给对象——社会公众的需求,而且缺乏提供面向社会公众的制度性需求表达渠道。"⑤现代国家的成长之适应性和合法性始终是通过个体利益有效表达与公共利益有效维护之间平衡机制的形成过程体现出来的。

---

① [美]伯尔曼:《法律与宗教》,梁治平译,中国政法大学出版社2003年版,第3页。
② 苏力:《法律如何信仰——〈法律与宗教〉读后感》,《四川大学学报》1999年第6期。
③ 王利明:《中国为什么要建设法治国家》,《中国人民大学学报》2011年第6期。
④ 强世功:《立法者的法理学》,生活·读书·新知三联书店2007年版,第32页。
⑤ 俞可平等:《中国的治理变迁(1978—2018)》,社会科学文献出版社2018年版,第320页。

由于创新在社会发展中的不确定性,所以自由变得格外重要。①"在民主制中,不是人为法律而存在,而是法律为人而存在;在这里人的存在就是法律,而在国家制度的其他形式中,人却是法律规定的存在。民主制的基本特点就是这样。"②所以我们必须认识到,社会不同利益主体在公共利益中的简单映射不能说是有序民主,同理,社会不同需求在民主政治中的简单表达不构成有效民主。改革开放四十年来,中国社会通过民商事立法为个人自由的实现提供法治保障,并提出公法制度建构约束政府权力,让社会创新的源泉有效成长,从而为中国社会发展和国家成长提供激励机制。"我们应当为一个更加民主的制度奋斗,但不能靠把现实的状况简单地界定为全部不合法而实现。"③深化社会主义民主政治对公共利益的维护责任和对个体利益的尊重责任之间的平衡,是全面提升法治体系构建水平的关键。否定前者在法治体系发展中的价值,将使现代国家的成长失去明确的方向,否定后者在法治体系形成与发展中的意义,将使现代国家的成长失去动力。④ 当代中国法治体系的发展从制定和完善公法权利和民事权利的规范入手,敢于在具有社会主义法治体系价值优先性的公共利益面前强调个体权利的价值与意义,从而有效地防止民粹主义对国家治理和社会发展的干扰,善于在具有现代法律体系价值优先性的个体权利面前延续公共利益的价值与意义,从而避免利己主义对国家认同与社会合作的破坏。更关键的是,当代中国社会要坚持公有

---

① [英]哈耶克:《自由宪章》,杨玉生等译,中国社会科学出版社 2012 年版,第 63 页。
② 《马克思恩格斯全集》,第 3 卷,人民出版社 2002 年版,第 40 页。
③ 陈端洪:《宪治与主权》,法律出版社 2007 年版,第 230 页。
④ 托克维尔于 1835 年考察美国民主制度时研究了美国的公民精神对于理智的爱国心之形成和维护的意义,他指出,理智的爱国心"虽然可能不够豪爽和热情,但非常坚定和非常持久。它来自真正的理解,并在法律的帮助下成长。它随着权利的运用而发展,但在掺进私人利益之后被削减。一个人应当理解国家的福利对他个人的福利具有的影响,应当知道法律要求他对国家的福利做出贡献。他之所以关心本国的繁荣,首先因为这是一种对己有利的事情,其次是因为其中也有他的一份功劳"。显然这种爱国心建立在美国法制对个体利益与公共利益有机统一的基础之上。在这种爱国心下,社会成员愿意为国家富强而努力,而"他们这样做不仅出于责任感和自豪感,而且出于我甚至敢于称之为贪婪的心理"。[法]托克维尔:《论美国的民主》,上卷,董果良译,商务印书馆 1988 年版,第 269—270 页。

制在所有制结构中的主体地位,要坚持马克思主义国家观对现代国家的法理要素的约束。无论是出于对平等权的捍卫,还是对社会解放的追求,法治体系都需要认真对待公共利益的法理意义和法律表达中的独特意义。①

第二,有生命力的现代国家成长的制度要求表现在法治体系要着力界定公共权力(特别是行政权)的合理范围,从法律上明确公共生活与个人生活之间的制度性关系,厘清个体权利与公共权力的底线,推进现代国家治理体系的革新和夯实国家治理能力现代化的制度基础。②

以政治革命为基础的国家重建必然会有不同于其他国家的基础。从革命后以英国为先导的现代国家构建,到20世纪后以美国为先导的现代西方的国家成长,是一个从通过法律体系确认公民消极权利与政府有限权力,到承认公民积极权利与政府有效责任的过程。也正是因为如此,法律体系的构建从市场经济立法入手强调多一点公民自由权利和少一点政府干预。但是到了十九中叶经济危机引发阶级对立、社会危机引发国家合法性危机,法律体系不得不认真对待以经济社会文化权利为核心的公民积极权利和政府责任的正当性问题,20世纪20年代开始,美国着手社会性立法以明确政府责任,最终构建公共生活与个人生活之间的制度性关系。③ 虽然对于中国

---

① 这个问题随着全面建成小康社会战略的提出变得越来越急迫。正如有学者指出:"农村公共物品供给往往不是由本辖区、本社区的农民的需求决定的,而是各基层政府根据各自的'政绩'和'利益'的需要或为了完成上级任务'自上而下'做出供给决策,硬性提供的。"任勤:《完善和创新农村公共产品的需求表达机制与决策机制》,《福建论坛》(人文社会科学版)2007年第9期。

② "治理"原来是一个社会科学的术语,自党的十八届三中全会将"推进国家治理体系和治理能力的现代化"作为全面深化改革的总目标后,它变成为理论界的热门话题。治理不同于统治,它指的是政府组织和(或)民间组织在一个既定范围内运用公共权威管理社会政治事务,维护社会公共秩序,满足公众需要。俞可平:《治理与善治》,社会科学文献出版社2000年版,第1—15页。

③ 王绍光概括了20世纪美国现代国家成长的制度转型所面临的情势以及制度改革的方向。那时美国的国家成长面临的境遇是:(1)腐败横行。亨利·亚当斯在小说《民主》中借主人公雅克比之口说:"我已经活了75岁,这一辈子都生活在腐败(这里主要指的是公共权力的消极腐败,引者注)中。我走过很多国家,没有一个国家比美国更腐败。"(2)假冒伪劣。1906年辛克莱尔描写屠宰业黑幕的小说《丛林》出版后,很多美国人连肉都不敢吃了。这本书所引发的讨论最终促使美国国会于1906年出台(转下页)

社会来说，政治革命的特殊境遇必然要求突出公民经济文化权利在革命后现代国家重建中的重要性，但国家治理体系的制度化水平低下，治理能力在反对现代性的法理同时因反现代化的想象而弱化。邓小平在《党和国家领导制度的改革》中直接对此进行了反思。革命后中国社会不可能走西方国家以承认公民（消极）权利为逻辑起点的法律体系构建模式，也不能否定公民（积极）权利、社会平等和政府责任在法律体系构建中的意义。革命后中国社会要承认公民（积极）权利、社会平等和政府责任是构建社会主义法律体系的逻辑起点。虽然1978年以来的改革开放充分认识到党和国家领导制度改革的重要性，1982年宪法更是明确了致力于建设现代国家的当代中国社会必须从宪法和法律上严肃对待公民权利。政治自由、人身权等公民（消极）权利在1982年宪法中得到确认。1987年颁布的《中华人民共和国村民委员会组织法》虽是试行，却也表明基层自治是维系一个超大的现代国家有效治理的制度方向。

但是改革开放最初的十五年间始终伴随着社会主义与资本主义、马克思主义与自由主义的意识形态的分歧，这些分歧阻碍着法律体系对公共生活与个体生活之间制度性关系的构建进程。随着以政策先行、法律试行等方式探索公共权力和公民权利在现代国家成长中的存在方式进程的展开，法律体系的型塑中法律关系的失衡就成为一种不可回避的现象。有效的现代国家的经济绩效一旦递减，社会贫富差距和公共权力腐败就成为现代国家成长进程中不得不面对的问题。这一问题撕裂了国家与社会的互信，政府责任被公共权力的腐败所掩盖，社会活力随贫富差距的拉大而减弱。

（接上页）《肉品检疫法》，联邦政府由此成立食品与药品管理局。（3）重大灾难屡屡发生，当时影响最大的灾难是"三角衬衫厂大火"，由于资方无视建筑物的防火标准，145名女工被活活烧死。（4）其他社会矛盾异常尖锐。经济危机伴随着资本与劳动之间的对立导致社会处于结构性的对立状态。现代国家成长的危机也是制度革新的时机。从20世纪初开始以社会性立法和政府责任立法入手从制度上重构国家与社会间的关系、政府与市场之间的关系、个体权利与公共利益之间的关系。王绍光：《美国进步时代的启示》，中国财政经济出版社2002年版，第2—6页。

所以说,"一个国家不论在其他方面有多少潜在的或明显的优势、条件、资源,如果它的制度非常不合理、不进步、不具有与时俱进的适应性,那些长处都会给抑制下去,浪费掉"。① 对于一个后发国家而言,集中力量办大事固然是革命后当代中国国家治理的优势,但是在社会转型不断深化和利益关系日益复杂的趋势中,如何从制度上规范政府能力且不致丧失国家治理优势是关键问题。因此,完善公共权力要素间的关系与明确权力要素的责任是中国特色社会主义法治体系形成与发展进程中的重要问题。现代国家的成长过程是一个充分相信市场制度和社会力量对资源的配置能力,充分从法律上信任并培养社会成员的自我管理能力的过程。基于这一诉求,通过法治体系来完善公共权力之间的关系以限制公共权力,一方面需要社会的有效制约,另一方面需要政府自身的自觉性和不懈努力。纵观人类制度文明发展史,我们可以不带任何偏见地承认:"人类事务中有一点是确定无疑的,那就是:凡是已经得到的有价值的东西只有继续用取得它的同样的精力才能加以保持。事物如任其自流就不可避免地会衰退。"②我们必须清醒地认识到:"人性不是一架机器,不能按照一个模型铸造出来,又开动它毫厘不爽地去做替它规定好了的工作;它毋宁像一棵树,需要生长并且从各方面发展起来,需要按照那使它成为活东西的内在力量的趋向生长和发展起来。"③因此,法治体系的成长要着眼于为国家治理体系和治理能力提供制度保障,必须着力构建以尊重利益表达为出发点的理性的公共参与机制,建立个体利益有序表达与社会利益有效维护的法律实施机制,以切实提高执政者运用法治思维和法律手段解决经济社会发展中突出矛盾和问题的能力。所以建立均衡的利益表达机制,对于社会力量不断成长和民主化进程日益推进的中国社会来说,不仅显示着法治建设对社会成员表达和维护自身权利的尊重,及时回应社会成员对权利维护的新期待,而且有助于在利益关系日益复杂的社会发展进程中及时、有效形成社会共识,避免社会秩

---

① 丁学良:《辩论"中国模式"》,社会科学文献出版社 2011 年版,第 235 页。
② [英]约翰·密尔:《代议制政府》,汪瑄译,商务印书馆 1982 年版,第 100 页。
③ [英]约翰·密尔:《论自由》,程崇华译,商务印书馆 1959 年版,第 63 页。

序的动荡。① 厘清和规范公共权力的合理范围,不仅在于为个体权利的实现提供制度保障和价值认可,而且要通过程序化、规范化的实现机制,为社会生活拥有持续的活力提供稳定预期,这样"就不会把那些小型中型的矛盾闷在那里促成了大问题,最后促成了爆发性、悲剧性的对抗"。②

马克思曾对法律发展的动力有过这样的举例说明:"每当工业和商业的发展创造出新的交往形式,例如保险公司等等的时候,法便不得不承认它们是获得财产的新方式。"③在一个社会力量不断成长的现代国家中,法律体系的完善与法治体系的推进始终面临着一个共同的问题,即有生产力的发展所激发出来的普遍存在且持续不断的不同利益诉求所引发的矛盾或冲突。④这是改革开放的必然结果,但我们要反思的是这个客观结果背后的制度因素。1993年宪法修正案明确了中国处于社会主义初级阶段,承认了社会主义市场经济体制,这意味着现代国家在改革后中国社会的成长必然面临着日益增加的利益诉求和社会平等的价值观的捍卫之间的紧张关系。⑤ 法律

---

① 哈佛大学法学院教授赫尔佐格在分析欧洲两千五百年来的法律变迁后得出这样一个结论:国家不再对于"设范立制"这种事情享有垄断性的权力,这是现代社会成熟的表现,是现代国家法律体系完善中的令人耳目一新的变化。诸如各种商业组织、社会组织以及政府间组织等这些非国家行为体直接参与了各种规则的制定或完善。前所未有的多样性在法律体系的完善中喷涌而出。可以说,原本那种有国家垄断一切规则制定大权的旧模式遭到了前所未有的挑战。[美]塔玛尔·赫尔佐格:《欧洲法律简史:两千五百年来的变迁》,高仰光译,中国政法大学出版社2019年版,第391页。
② 丁学良:《辩论"中国模式"》,社会科学文献出版社2011年版,第164页。
③ 《马克思恩格斯全集》,第3卷,人民出版社1960年版,第72页。
④ 对此,马克思曾有言:"社会的物质生产力发展到一定阶段,便同它们一直在其中运动的现存生产关系或财产关系(这只是生产关系的法律用语)发生矛盾。于是这些关系便由生产力的发展形式变成生产力的桎梏。那时社会革命的时代就到来了。随着经济基础的变更,全部庞大的上层建筑也或慢或快地发生变革。"《马克思恩格斯选集》,第2卷,人民出版社2012年版,第2—3页。
⑤ 在整个财政支出结构中,占比最大的仍是经济建设支出,公共服务各项目支出的占比仍旧偏小。以教育和社会保障为例,2013年中国义务教育的财政支出占当年国内生产总值的比例仅为0.82%,而同年美国为6.1%,日本为4.28%,韩国为3.01%,俄罗斯为1.87%,巴西为2.29%。李燕凌等:《城乡基本公共服务均等化的功能、困境与路径选择》,《湘潭大学学报》(哲学社会科学版)2016年第6期;2013年中国社会保障和就业支出占国内生产总值的比重为2.56%,而同年德国约为32.4%,其他西方国家大多在20%甚至30%以上。周莹:《中国基本公共服务均等化现状及其发展》,《毛泽东邓小平理论研究》2015年第6期。

体系完善与法治体系发展的核心目标就是要解决或缓解这个问题,一方面是通过经济性立法将不同的利益诉求转换成创造力,另一方面则是通过社会性立法将公共利益转换成秩序。① 经历了改革开放四十余年的探索,构建法律体系的一个核心功能就体现在解决这个问题的能力中:能否将一部分不同利益诉求转换成创造力和社会发展的活力。这个问题的制度化的缓解机制成为当代中国法治体系推进现代国家成长的关键问题。前者意味着当代中国法治体系必须强化对中国社会发展活力的正当性规范的支持水平,后者意味着当代中国法治体系不能放弃提供中国社会生活秩序的正当性规范的能力。执政党在全面推进依法治国的若干重大问题的决定中,明确提出对部门间争议较大的重要立法事项,由决策机关引入第三方评估的选择不仅考虑立法的民主化问题,也考虑法律的有效实施问题。基于前者,当代中国法治体系必须持续推进并实施个体利益、市场制度的规范性建构和政府权力的有限性规范。基于后者,当代中国法治体系必须持续推进并落实公共利益、社会保障的规范性建构和政府权力的有效性规范。联系这两者的是程序。程序法的建设将成为规范政府权力及其权力因素间的关系,界定公共生活和个体生活的界限并实现互动的制度基础,因而是当代中国法律体系实现其价值诉求和制度使命的可靠桥梁。"它不应当容许任何一种地方利益强大到能够压倒真理和正义以及所有其他的地方利益的总和。永远应当在各种个人利益之间保持着这样一种平衡,使任何一种个人利益要获得成功必须依赖于得到至少一大部分按照更高动机和更全面更长远的观点行动的人们的支持。"②程序法的建构和发展主要通过公共权力进行,特别是行政行为的程序规范建构以及诉讼程序,尤其是行政诉讼法和刑事诉讼法的完善来体现的。基于现代国家成长的需要,程序法的建构与发展担负着通过程序正义以表明现代国家对个体正义和社会正义的职责。因此,程序法落实个体正义和追求社会正义的能力体现了其在现代国家成长

---

① [美]凯斯·孙斯坦:《设计民主:论宪法的作用》,金朝武等译,法律出版社 2006 年版,第 7 页。
② [英]约翰·密尔:《代议制政府》,汪瑄译,商务印书馆 1982 年版,第 100 页。

中的价值。20世纪40年代末开始美国就着手进行行政程序立法以及阳光政府的制度建构,以确保现代国家成长真正走出19世纪以来的社会危机和政治腐败。当然程序法的核心不在于法典化,更不是形式化,而在于要求"代表国家行使公权力的官员或者机构,在作出使一个人的权益直接受到有利或不利影响的决定之前,必须给予其以参与或声辩的程序权利,对那些利益处于对立状态的当事者,必须保持中立,不偏不倚,并确保参与者拥有平等的参与机会和参与能力。与此同时,决定者在作出限制或者剥夺个人权益的决定时,还必须极其慎重,内心就有并向外部表达出充足的理由,以便能尽量说服受到不利对待的一方"。[1] 此外,预算制度的规范化在现代法律体系形成与发展进程中具有特别重要的意义。预算制度的规范化建构既是对公共权力的约束,也是推进政府责任,实现从支持经济建设为主向提供公共服务为主转换的基础。[2] 2011年启动的对《中华人民共和国预算法》的修改,标志着约束公共权力和宣扬社会平等价值观念在政府责任中的落实。2015年《立法法》的修改通过对立法权的规范为法治体系的发展提供源头保障。这不仅是促进社会合作以有效构建社会主义和谐社会的制度贡献,也是现代国家追求个体正义(法律保留原则的彰显)与社会正义(国家整体利益的捍卫)的制度尝试。行政组织法、行政行为法和行政救济法的制定和完善应该成为现代国家成长的制度要求的重

---

[1] 陈瑞华:《看得见的正义》,北京大学出版社2013年版,第10页。
[2] 刘守刚:《国家成长的财政逻辑:近现代中国财政转型与政治发展》,天津人民出版社2009年版,第316页。可以说预算制度伴随着现代国家的成长整体进程;1689年颁布的《权利法案》标志着英国率先从制度上进入现代国家的行列。核心规范就是明确了税收法定主义和政府支出的监督机制。1852年英国成立了公共账户委员会,将政府向议会递交部门预算进行制度化,现代意义上的预算制度逐渐形成。20世纪以前美国没有关注到预算制度在现代国家成长的意义,但是随着税收对于平衡贫富差距和维系社会有序发展的重要性的日渐增加,公共支出对于体现政府责任和规范政府权力运行的重要性日益突出,1921年国会通过了《预算和审计法案》,要求总统向国会提交政府统一预算,并对政府账务进行独立审计。1974年,国会通过了战后以来最重要的预算改革法案——《国会预算和扣押控制法案》,预算制度进入相对体系化的发展历程,这无疑对美国走出20世纪前国家成长的危机有着不可忽视的制度价值。马骏等:《走向"预算国家":治理、民主和改革》,中央编译出版社2011年版,第154—155页。

要内容。行政权主体的明晰、行政行为的规范和行政救济制度的规范不仅明确了权力的边界与权力运行方式,而且明确了行政法律责任的承担以及相对人权利的维护规范。随着行政自由裁量权的不断扩大,以行政法为主要内容的公法制度改革自然成为现代国家成长的核心制度要求。基于现代国家成长的制度要求,公法要"成为凝聚社会力量、维护社会共同体价值、保障基本人权、约束公权力的实效性的制度与规范体系"。[①] 2017年《中华人民共和国行政诉讼法》的修改厘清了司法机关对行政机关的监督关系,且扩大了救济事项的范围。对行政诉讼判决类型的发展意味着行政诉讼不仅仅是一个"民告官"的问题了,而是尽全力畅通相对人权利的救济途径,最终实现对民主政府的合法性约束和合理性制约在法治体系中的平衡。正是从这个意义上说,我们可以具体地理解现代国家的成长并不是"可以被一成不变地实质化的单元;相反,它是一个具有高度争议性的领域"。[②]

第三,有生命力的现代国家成长的制度要求表现在要为有效维护国际秩序中的主权原则和国内秩序的民主原则的政府体制提供制度安排。中国既要在全球化不断深化的条件下积极融入国际秩序之中,又要维护现代国家的主权独立,放弃作为后发国家的悲情主义色彩,积极吸收人类制度文明的成果。

21世纪是一个全球化加速发展的时代。社会交往的广度和公共问题的深度都意味着任何现代国家都不能遗世而独立。[③] 因此,现代法律体系的完善和法治体系的发展对国家的认识,必须从全球政治秩序和人类制度文明发展趋势着眼,[④]不能因为近代史上所受的屈辱而拒绝法治体系之间

[①] 韩大元等:《公法的制度变迁》,北京大学出版社2009年版,第357页。
[②] 姚大力:《追寻"我们"的根源:中国历史上的民族与国家意识》,生活·读书·新知三联书店2018年版,第96页。
[③] 许倬云:《万古江河:中国历史文化的转折与开展》,湖南人民出版社2017年版,第538页。
[④] 强世功:《立法者的法理学》,生活·读书·新知三联书店2007年版,第27页。

的对话和学习。① 国内秩序的民主原则的政府体制则要求法治体系为政府平衡个体权利和社会平等之间的关系提供制度安排,最终落实现代国家成长的法治逻辑,即"不仅可以为主权提供论证,更可以为人权提供论证,人权说到底是一个公民权问题,即涉及每个个体在社会政治生活中所享有的尊严、自由、个性与追求幸福的权利保障问题,法治或法治主义便是为这种人权保障提供一整套普遍、客观而公正的规则体系"。② "在一个国际相互依赖日趋密切的世界中,在一个公共问题日益显露的社会中,国际制度对于国际社会的治理与稳定、发展与进步,是至关重要的、不可或缺的。"③今天,我们需要对某些国际制度的合法性,甚至对其公正性表示怀疑,但是确凿无疑的是,今天的人类社会,不能没有国际制度。当然,这种国际制度的合法性必须得到各民族国家的认可或同意。国际秩序的确立和巩固,不仅要体现人类社会的普遍发展方向,也要考虑到现代国家法治现代化道路的特殊性。在这种历史际遇中,我们很难想象,没有一个统一的、独立的权力结构的支撑,一个社会可以通过所谓的现代性法理的普遍性自动地实现政府权力的限制和公民权利的扩展进而推动现代国家的成长。因此,法律体系的建构必须维护一个统一且独立的民族国家政权的合法性,以解决公民在新的制度空间中生活所面临的认同危机。④

---

① 我们深知,从 20 世纪到 21 世纪,西方中心主义的观念在以美国为中心的普遍主义霸权下日益强大,由此产生对包括中国在内的后发国家维护主权独立的挑战,但是通过制度特殊性建构来维护主权独立正当性的过程中不能回避人类制度文明的基本规范,否则在全球结构中维护主权独立将变得异常艰难。在这种过程中,对人权问题的制度化建构,可以成为作为后发国家的中国在融入国际秩序过程中有效维护主权的独立这一现代国家的核心诉求。更何况,人权的制度建构的最大受益者就生活在主权国家里的公民。因此,从这个意义上说,"人权是思考现行法律、政治、社会以及各种制度设计时最重要的观念之一"。[日]大沼保昭:《人权、国家与文明:从普遍主义的人权观到文明相容的人权观》,王志安译,生活·读书·新知三联书店 2003 年版,第 28 页。
② 高全喜:《现代政制五论》,法律出版社 2008 年版,第 305 页。
③ 苏长和:《全球公共问题与国际合作:一种制度的分析》,上海人民出版社 2000 年版,第 307 页。
④ 苏力:《现代化进程中的中国法治》,载赵汀阳等:《学问中国》,江西教育出版社 1998 年,第 187 页。

在我们看来,改革后现代法律体系的形成是现代化这个三四百年来席卷全球的历史性运动所带来的、与当代中国社会结构性变迁相互契合的组成部分。这一命题的含义不仅仅要说明现代法治体系出现和发展过程中的普遍性规律,而且要凸显现代法律体系出现和发展过程中的特殊性原理,也并不仅仅要说明现代法律体系是现代人用来解决专制或权力行使无限制的问题,而且要强调现代化所带来的国家主权的维护的问题。革命后现代法律体系对国家权力的制度架构、活动范围和能力扩展方面的规定和限制,绝对不是国家主权在质上的减少。摩根索说得好:"主权不是摆脱法律限制的自由权。国家限制自己的行动自由的法律义务的数量本身并不影响它的主权。……一个国家可以接受法律限制而仍不失为独立自主,只要这些法律限制不影响它作为立法和执法的最高权威的性质。"[1] 人类社会不可能走西欧社会那样的现代国家的道路。吉登斯就非常敏锐地指出过,世界体系并不仅仅由国家间的相互依赖关系所塑造,而且也由全球范围内的民族国家所建构。[2] 因此,所谓的"民族国家终结论"不是无视现代国家在建构与完善国际制度中的重要性,就是关于世界政府的理论想象的复活或另一种形式的西方中心主义的主张。因此,在某种意义上,"全球治理这一概念的提出是对过去片面强调'去国家化'的全球化概念的纠正与弥补"。[3] 人类社会在 21 世纪所面临的诸如环境、安全和卫生等公共事务治理挑战,深化了这样一个事实:"民族国家发展的程度也在事实上制约着全球化的实现

---

[1] [美]汉斯·摩根索:《国际纵横策论》,时殷弘等译,上海译文出版社 1995 年版,第 393 页。
[2] [英]安东尼·吉登斯:《民族-国家与暴力》,胡宗泽等译,生活·读书·新知三联书店 1998 年版,第 198—210 页。
[3] 朱景文:《全球化是去国家化吗?——兼论全球治理中的国际组织、非政府组织和国家》,《法制与社会发展》2010 年第 6 期;20 世纪末期,在有关全球化与民族国家历史命运的热烈讨论中,有学者提出了"全球治理"的概念。这里的治理主要是"作为一个分析性概念"而出现的,它"指的是一种以公共利益为目标的社会合作过程——国家在这一社会合作过程之中起到关键性作用的却不一定是支配性的作用。而作为一项政治工程,这一治理意味着对业已改变的国家行为的战略反应"。[英]托尼·麦克格鲁:《走向真正的全球治理》,陈家刚编译,《马克思主义与现实》2002 年第 1 期。

程度。"①

因此,在全球结构不断深化和改革开放不断推进的背景下,法治体系对于现代主权国家治理体系和治理能力的现代化的制度追求必须体现在以下两个方面:一是在全球化背景下保护国家主权完整,尽量减少全球化经济与文化交流给本国人民带来负面影响,善于通过制度学习和借鉴维护国家安全和社会秩序的合法性基础;二是法律体系的完善与法治体系的发展要体现人类社会制度文明的一般要求和基本精神,规范国家公共权力的行使。基于超大社会的复杂性治理经验和全球治理的国际制度成长,当代中国社会尝试着探索一条改制(基于全球治理的既有国内制度的革新与完善)——入制(已被证明尊重国家主权和人类公共利益的国际制度)——转制(国际制度成长的中国法贡献)的道路。因此法治体系承认对国家主权权力的适用范围、运作方式应该有所限制,这种限制可以体现为不同的层次。也就是说,在全球结构深化和改革开放推进的现实逻辑中,现代国家成长的制度要求就是善于在制度学习与制度竞争中实现与捍卫基于主权国家治理的正当性和有效性。② 2012 年 6 月 30 日全国人大常委会颁布了《中华人民共和国出入境管理法》,从而结束了我国出入境法律规制中《中华人民共和国公民出入境管理法》和《中华人民共和国外国人出入境管理法》并立的状态,这体现了中国社会在制度学习和制度竞争中完善当代中国法治体系的具体努力。我们今天回顾中国革命后现代国家的成长历程,必须明白一个道理,用一种彻底的激进主义或极端主义的方式对待全球化背景下现代法律体系的完善与法治体系的发展,对中国社会所造成的破坏或对现代国家成长方向的扰乱,远远大于它给中国社会的贡献。对身处 21 世纪的中国社会来说,

---

① 贾英健:《全球化背景下的民族国家研究》,中国社会科学出版社 2005 年版,第 81 页。
② 西方法学家面对全球化趋势对法律带来的挑战提出重新思考两大法系之间的差异问题,认为人们大可不必在意两大法系在理论上差异,因为那只是一些僵化刻板的理念,而绝非现实的反映;从另一个角度看,欧洲法本身就是一个能证明两大法系和平相处的绝佳例子。[美]塔玛尔·赫尔佐格:《欧洲法律简史:两千五百年来的变迁》,高仰光译,中国政法大学出版社 2019 年版,第 38 页。

我们当然不应该再用这种逻辑来思考法治体系的未来发展。制度自信必然要求当代中国通过维护产权制度与契约自由在法治体系构建中的表现来抑制民粹主义对现代国家成长方向的干扰,通过维持国家权威和政府权力的民主程序在法治体系成长中的表现来消解寡头主义对现代国家成长方向的阻遏。同时在全球化日益深化的背景下,法治体系的特殊性必须在中国进入"世界结构"三千年未有之真正的大变局中体现和延续。① 此时,我们应当思考这样一个问题:我们如何为新时代构想具有历史素养和系统眼光的法律范式?这一法律范式对于法治体系而言,意味着在悖论中平衡不同利益关系和不同层次公共问题中的紧张关系,并寻找制度创新的空间,从而为当代中国社会迈向动态的、理性和理想的有生命力的现代国家提供制度安排以及价值系统。对此,"我们的态度是批判地接受我们自己的历史遗产和外国的思想。我们既反对盲目接受任何思想也反对盲目抵制任何思想。我们中国人必须用我们自己的头脑进行思考,并决定什么东西能在我们自己的土壤里生长起来"。②

在任何社会,已经形式化了人与人之间的关系都是灰色的,法律体系的形成无疑是这种形式化了的关系的重大进步,但一经形成,就显示其确定性以及由这种确定性所伴生着的滞后性。一个悖论就是社会进步和国家建设需要法律体系对人与人之间的关系进行形式化,以便建构社会交往秩序、降低社会交往成本并维护国家统治秩序、维系国家认同,但是社会生活和国家建设本身并不会因为法律体系这种形式化的努力而面临不确定性。但社会

---

① 邓正来基于世界结构的图景提出了重新发现、感受和理解中国社会转型背景下法治的复杂性、艰巨性、特殊性以及与此相伴的长期性,反思既有的法治道路和探寻一条从当下的中国角度来看更为可欲和正当的道路或者一种更可欲和正当的社会秩序的问题。这一问题对于我们检视改革开放以来法律体系建构中规范选择和价值追求是有意义的。邓正来:《谁之全球化?何种法哲学?:开放性全球化观与中国法律哲学建构论纲》,商务印书馆 2009 年版,第 252 页;塔玛尔·赫尔佐格提出了值得我们深思的民族国家大体制如何才能妥善应对立法和司法领域出现的新情况以及法律统一化的目标是否会实现的问题。[美]塔玛尔·赫尔佐格:《欧洲法律简史:两千五百年来的变迁》,高仰光译,中国政法大学出版社 2019 年版,第 392 页。

② 《毛泽东文集》,第 3 卷,人民出版社 1996 年版,第 192 页。

生活和国家建设发展到一定程度时，就会与这种社会结构及其所支持的法律体系发生冲突。中国社会在改革开放后变得日益复杂，被改革开放所激活的欲望无限性、发展型政权的资源有限性以及社会成员禀赋差异性之间的紧张关系所带来的各种群体性事件或集体抗争，考验着全面深化改革后的中国社会通过法律体系的完善和法治体系的建构以提升治理能力的水平。

> 赫胥黎做过一个被后人称之为"赫胥黎之桶"[①]的比喻：地球上生命的增加，就像往一个大桶中放苹果，苹果放满了，但桶还有空隙，还可以往里面加石子，石子在苹果中间，不会使苹果溢出来，石子加满了，还可以加细沙，最后还要加入几加仑水。桶就是生物圈最主要的结构，它们是土壤、大气和绿色植物。苹果、石子、细沙和水是一批批依附在生物圈内的各种生态系统。如果地球上不是首先出现了这个桶的结构，那么整个复杂的生命系统的增加都是不可能的。既然有了桶，就可以往里填入各式各样的东西，其丰富多彩与桶的单调形成鲜明的对比。

赫胥黎的桶在比喻生态结构时有些牵强附会，但在比喻社会生活的发展与法律体系的完善时却有一定的说服力。赫胥黎没有谈到不断往桶里加东西会出现什么后果。如果桶里装的东西有一种内在的不可遏制的发展趋势或者出现了内部的冲突的话，显而易见，桶迟早会破。法律体系就是赫胥黎之桶，它的适应性会被社会生活的增长破坏。20世纪90年代以来，随着社会转型所带来的利益关系调整和通过制度有效维护公平正义的需求与现代国家治理能力之间的落差，以经济利益诉求为主导的群体性事件日益增加。因此，有生命力的现代国家的制度要求必然体现为，通过法治建设消解改革开放过程中所形成的各种利益固化的制度性因素，用法治来消解社会

---

① 转引自金观涛：《历史的巨镜》，法律出版社2015年版，第235—237页。

成员对国家建设和社会发展的不稳定预期,"明显的经济差异对于人们的生活是有破坏性的,然而如果人们同时相信他们拥有向前进步的自由,那么,不平等将不会显得如此尖锐且不可忍受"。① 法律体系对社会生活的作用有两种:一是法律体系对社会生活的支持作用,二是法律体系对社会生活的限制作用。从改革后中国社会生活的变化和有效的现代国家的法律体系建构来看,只有创造社会生活的每一个人都从法律体系中获得支持,社会发展才有活力,有效的现代国家的成长才能获得改革前所没有的合法性支持。随着改革进入深水区,法律体系就不能简单地对社会生活进行限制,或者放弃对自身的革新行动。法和正义之间的关系在有生命力的现代国家的法理叙述逻辑中必须得到前所未有的关注。"所有可以想见的'法律'问题,都要依照正义理念被纳入完美的和谐。对于附历史条件的事情而言,正义理念宛若引航的星辰。我们在处理那些附历史条件的事情时,心中需要惦记着达成客观正义的结果,尽管它们绝不可能实际达成绝对正义的状态。这是在这个意义上,我们说一切统治的终极目的在于法和正义。"②

改革后法律体系的形成和全面改革后走向法治体系的制度诉求,让我们把握现代国家在当代中国社会的法理要求与法律供给。可以看到,中国社会正处在有生命力的现代国家的法治秩序逐渐形成的过程之中。法治体系本身正是借助人治的负面反衬,要求我们对其予以尊重,更重要的是,一个以社会解放为使命的社会主义现代化国家,无论在价值系统的平衡和法律制度的革新上,还是对现代性的丰富与超越上,其改善的制度空间和法理基础都无疑是明确的。从这个意义上说,制度自信和理论自信,既承载着从有效的现代国家迈向有生命力的现代国家的不可或缺的共识,同时又表明当代中国社会在明确了法治体系的制度诉求之后,需要丰富和夯实有生命力的现代国家的法理基础。现代法治体系的建设进程本

---

① [美]安东尼·奥罗姆:《政治社会学导论》,张华青等译,上海人民出版社2006年版,第146页。
② [德]斯塔姆勒:《现代法学之根本趋势》,姚远译,商务印书馆2016年版,第141页。

质上是由我们基于法治信念和信仰的共同行为所推动着的。① 当摸着石头过河的改革结束之后,有生命力的现代国家的法理基础要为当代中国社会良法善治提供有说服力且能转换为实践的价值系统与制度安排。因此,有生命力的现代国家的法理逻辑将表明:"我们既需要一个强有力的和守法的国家,也需要一个健康而有活力的社会,更需要无数享有自由与尊严的个人。"②

第二节 寻找有生命力的现代国家的法理基础

中国从封闭走向开放、从计划走向市场、从无法可依走向有法可依所经历的革命性的体制系统性变革与法律体系整体性建构,为有效的现代国家的成长提供了制度安排,而且进一步巩固了社会主义制度这一根本制度。取得这些成就的关键在于中国的改革开放和法律体系的构建始终坚持把法的现代性置于"历史-社会-文化"结构性关系中进行创新性表达和落实。从有效的现代国家的法理逻辑和法律表达来看,中国社会现在面对的已经不是要不要接受法的现代性问题,而是以何种方式和何种逻辑来实现和丰富法的现代性的问题。因此,以法的现代性为核心的现代法律体系建构以及迈向法治体系的追求具有很强的务实性,需要时刻从中国制度的历史约束前提和现实发展需要出发,走出形形色色的教条与误读,始终把人民利益至上的法律价值与法的现代性的法理要素紧密联系在一起。这样一来,有效的现代国家的成长在法律价值体系上自觉从人民利益至上出发,以丰富法的现代性。从革命后以政治运动的方式推动社会进步,到改革后以有法可

---

① [美]塔玛纳哈:《法律工具主义:对法治的危害》,陈虎等译,北京大学出版社2016年版,第339页。
② 梁治平:《在边缘处思考》,法律出版社2012年版,第56页。

依推进社会发展,变化的不是其背后的世界观和价值观,而是其对什么是社会主义、怎样建设社会主义,建设什么样的执政党、怎样建设党,实现什么样的发展、怎样发展等重大理论和实践问题的探索与回答。从有法可依到科学立法,从中国特色社会主义法律体系形成到坚定不移地走中国特色社会主义法治道路,中国社会不是为了改革而改革,而是紧紧围绕日益开放的社会情势中法的现代性如何支持有效的现代国家的成长这一重大的法理问题和法律实践问题展开的。中国特色社会主义法治体系的发展既丰富了缘起于西方社会关于法的现代性的法理想象,又自觉突破了西方社会在法的现代性问题上的中心主义陷阱,因而具有鲜明的建设性与发展性。从社会发展的新矛盾和国家建设的新目标的法理逻辑出发,当代中国社会提炼出从法律体系迈向法治体系的转型的制度诉求,即与法的现代性紧密结合,围绕现代国家的发展进行法律价值体系的变革,通过国家治理能力和国家治理体系现代化创造有生命力的现代国家。有生命力的现代国家应该有对西方社会危机和病态的全面认识和理性批判,也应该有当代中国社会对法的现代性的自身性反思。有生命力的现代国家不仅需要法律体系的持续完善,为生产力的解放和物质财富的增长提供制度保障,而且需要法治体系的全面发展,为健康的国家与和谐的社会提供价值体系和制度安排。有效的现代国家迈向有生命力的现代国家,后者不是对前者的否定,而是在寻找现代性法律价值体系在中国社会实现的法理依据,进而从法律体系的中国观中探索超越西方社会现代性的独断话语的可行方向。依然处于社会主义初级阶段的中国社会在寻找有生命力的现代国家的法理依据过程中始终坚持这一理论自觉的逻辑:不走老路,意味着放弃马克思主义国家观在现代性问题上的教条;不走邪路,则意味着放弃自由主义国家观在现代性问题上的迷思。因此中国社会要始终保持对教条和迷思所带来的激进主义的警觉,在法律体系的完善和法治体系的发展过程中要避免陷入"激进-异化"的怪圈。[①] 由

[①] 陈晓:《当代中国问题:现代化还是现代性》,社会科学文献出版社 2009 年版,第 22—23 页。

此,社会正义的法理价值不仅仅对型塑法律体系的中国观来说是至关重要的,更重要的是,它无可选择地成为推动全面深化改革和法治中国建设的理论自信的表达起点。正是在此,我们或许能够通过"合作如何可能"与"社会如何可能"的可能性答案,有效体现社会主义根本制度的法理要素。① 这也构成了有生命力的现代国家的知识基础的核心问题。

改革开放以来,无论是社会发展的新矛盾和国家建设的新目标,还是法律体系迈向法治体系的法理逻辑与制度诉求,都围绕三大核心使命展开:一是解放和发展生产力;二是实现可持续的科学发展;三是国家治理体系和国家治理能力的现代化。② 这三大核心使命所提出的法理依据和发展现代性的任务是逐步升级的,与此相应的知识基础创新也需要更加深入、系统和全面。这三大使命都是只有起点没有终点的,而使命的背后都有着理论的依据。"古代力量与现代力量的对立、它们的发展与它们之间的斗争是两个文化总体及其群众阶层共同面对的东西。"③对此,我们自信拥有了极为清醒的认识:一方面是马克思主义国家观对现代国家的法理反思以及社会主义制度的价值系统对于建立一种超越资本主义和自由主义国家观的新秩序的意义。④ 这种认识到现在依然有其生命力。任何有生命力的有关社会制度的规范理论都要求某种形式的平等,这一点在现代资本主义国家只是一个制度妥协的知识基础,但在现代社会主义国家却是制度自信的必然要求。只不过这一制度自信在革命后一段时间里脱离了社会发展的客观阶段和社会制度的现实基础。改革后有效的现代国家的成长承认人类社会发展的基本矛盾,在不放弃公有制的主体地位的前提下通过现代法律体系的构建释放社会活力的制度空间,最终服务于平等的实现。没有现代法律体系,社会就会陷入整体性贫困,这不符合马克思主义国家观对平等的价值追求以及

---

① 许章润:《现代中国的国家理性》,法律出版社2011年版,第104页。
② 林尚立:《当代中国政治:基础与发展》,中国大百科全书出版社2017年版,第229页。
③ [德]斐迪南·滕尼斯:《共同体与社会》,张巍卓译,商务印书馆2019年版,第467页。
④ [美]特伦斯·鲍尔等:《剑桥二十世纪政治思想史》,任军峰等译,商务印书馆2016年版,第521页。

对社会主义制度的法理想象。当然,改革后社会相对性贫困的制度根源则是当代中国走向有生命力的现代国家的障碍。必须从法理上和法律上认真对待。

另一方面是从邓小平理论到习近平新时代中国特色社会主义思想的发展的过程,就是一个从主张实现有法可依的中国特色社会主义法律体系的构建到主张全面依法治国的中国特色社会主义法治体系的成长过程,也必然是一个从有效的现代国家到有生命力的现代国家的发展过程,是全面实现邓小平在 1993 年提出的制度更加定型、更加成熟的预期的过程。这个过程充满着被现代法律体系所激发的日益多元化的利益诉求以及冲突。对于有生命力的现代国家而言,要通过法治体系来缓解冲突,就必须从人与社会的发展出发充实其法理依据。有生命力的现代国家的法理依据必须回到社会主义制度的本质上来。"如果说西方的法律现代性问题是在解决共和传统中政府腐败的问题以及市民生活的兴起所导致的民主政治问题和防止国家过度治理的问题中走向了法治的道路,那么在中国法律的现代性则首先和以国家现代化为目标的治理问题联系在一起。"[①]社会主义制度的本质是要把中国法律的现代性与以现代化为目标的现代国家建构联系在一起。寻找有生命力的现代国家的知识基础,其实是一个在日益开放的社会中如何把马克思主义国家观的发展与中国国家治理体系现代化的实现相结合的问题。

一、从有效的现代国家迈向有生命力的现代国家:法理依据何在?

没有以 1982 年宪法为统帅的现代法律体系,也就不可能有以民主和法制支撑的有效的现代国家。可以说,有效的现代国家的成长过程在本质上就是现代法律体系建构和成长的过程。没有以法律实施为根本的现代法治

---

① 强世功:《法制与治理——国家转型中的法律》,中国政法大学出版社 2003 年版,第 133 页。

体系,也就不可能有以平等和正义为诉求的、有生命力的现代国家。可见,从有效的现代国家到有生命力的现代国家,正是一个以平等和正义丰富民主和法制的过程,最终是把法的现代性与中国社会持续改革联系在一起的过程。任何现代制度建构的背后都是有明确的价值规定和规范理论的。这种价值规定和规范理论在决定现代国家成长中的具体制度设计和价值系统选择的同时,也决定了所确立的制度的正当性。法理上的正当性与法律上的合法性一起制约着从有效的现代国家迈向有生命力的现代国家的合法性的知识基础和规范依据。这种合法性的知识基础"是每一个制度都必须拥有的价值规范合法性,它是一个国家制度体系得以确立并获得内在合法性的决定性力量;而一个国家制度体系也因为拥有了明确的价值合法性基础而成为具有内在规定有机体系,从而使其所支撑的国家成为价值、制度与组织有机融合的政治有机体"。① 现代国家与现代制度的生成原理决定了从有效的现代国家迈向有生命力的现代国家的前提,就是守住并发展其内在的价值合法性基础,在这方面的任何怀疑或忽视,都将直接影响既有制度的巩固,从而可能从根本上动摇现代国家的根基。因此阐释并丰富其价值合法性基础的法理依据就成为寻找有生命力的现代国家的知识基础的核心命题。

在古代国家,人们是从彼岸来认识国家,也就是说传统王朝国家的统治者之所以能够统治世界,其最终的法理依据是"天命"或又称作"帝命"的"天"的意志。② 古代国家在法律上建构与强化人与人之间的依附关系。在现代国家,人们是从此岸来把握国家,也就是说不同类型的现代民族国家的执政者之所以能够管理公共事务,其最终的法理依据是"人民主权"或又被称作"民主"的"民"的意志。因此,传统王朝国家的生命力只能通过周而复始的暴力来维系,而现代民族国家的生命力可以通过制度性的民主来演绎。在现代国家的法理中,人们是从自我来把握国家和认同国家的,所以必然在

---

① 林尚立:《当代中国政治:基础与发展》,中国大百科全书出版社2017年版,第235页。
② [日]王柯:《从"天下"国家到民族国家:历史中国的认知与实践》,上海人民出版社2020年版,第11页。

法律上不断拟制人与人之间的契约关系。人们只有拥有基本相同的国家认同才会在国家共同体内实现积极的团结和合作。① 宪法爱国主义就是在国家认同中得到理解并强化的。现代国家认同的法理逻辑决定了社会成员对国家的认同，不是来自于国家的强力，而是建立在人民主权基础上的社会与国家之间的积极互动。"荷兰幻觉"的教训在于，沉迷于人与人之间契约自由带来的社会繁荣而忽视了国家建构。而苏联的教训则提供了现代世界的另一个值得深思的案例，即国家建构忽视与社会互动的制度建构，这不仅使民主的有效性无法成长，也导致社会的活力被国家所控制。在这种情况下，国家认同只能不断通过强化国家强制力来实现，结果不仅国家权力没有得到制度化规范，而且公民权利与社会自主同样受到忽视和压制，最后的结果一定是国家的失败。因为其生命力无法从国家与社会的有效互动中的获得，国家认同无法内化为社会的内源性自觉。这在全球化的背景下常常演变为国家的危机。② 人类社会自有国家出现以来的历史已经表明，所有的国家认同都是建立在法律体系所提供的国家效能与社会和民众的基本追求相契合的基础上的。因此，没有国家的社会和没有社会的国家在法理上都没有说服力，在法律上也都没有生命力。从现代性的法理逻辑和现代法律体系的制度安排来看，一个有生命力的现代国家对自身的制度建设，特别是在通过立法质量和司法水平来深化法治建设问题上不能有任何含糊和犹豫，否则将带给现代国家的成长毁灭性的打击，这已为历史所证实。改革开放以来中国社会通过现代法律体系的塑造，一方面强化了现代国家认同的制度安排，另一方面通过有效的现代国家的成长完善现代法律体系。这在法理上是对法的现代性的再认识，以及对什么是社会主义以及如何在经济文化相对落后的社会里建设一个真正超越现代资本主义国家的现代社会主

---

① 林尚立：《现代国家认同建构的政治逻辑》，《中国社会科学》2013 年第 8 期。
② 美国浦洛基教授在翻阅大量的历史文献的基础上，运用戏剧化的语言描述了苏联解体背后高度政治化的事件。除了以美国为首的西方国家不遗余力地对苏联内部进行干预，其悲剧的种子早已埋下了。国家失去社会的认同以及由认同转化而来的有效支持，这是一个帝国在现代文明成长的失败。[美] 浦洛基：《大国的崩溃：苏联解体的台前幕后》，宋虹译，四川人民出版社 2017 年版，第 4—5 页。

义国家的再探索这个过程使得现代国家的法理与法律逐渐摆脱了教条化藩篱,更加契合现代人类法律文明的发展规律,更加积极地吸纳现代人类法律文明的制度共识,更加尊重现代人类法律文明的核心价值。面对社会发展的新矛盾和国家建设的新目标,从有生命力的现代国家的成长的制度诉求出发,我们需在全面推进依法治国的国家战略中,进一步厘清有生命力的现代国家的法理依据。

现代国家与传统国家的根本区别在于现代国家从主权在民出发,以个体自主为前提,以促进人与社会发展为使命。因而在法理上,现代国家寻求国家与社会、政府与市场、权力与权利之间关系的平衡,以缓解认同危机、参与危机和分配危机。有生命力的现代国家以此为法理依据在法律体系上不断完善公民权利保障体系、公共权力规范体系以及国家治理体系。从有效的现代国家迈向有生命力的现代国家,就需要三大体系的有机统一,进而体现现代性、社会主义规定性和中国性的三者之间的自洽性。当然这种自洽性要通过制度化和法治化的轨道来实现,否则现代国家的成长将时刻有陷入危机的可能。① 所以说,有生命力的现代国家在法理上为好的国家和好的社会之间的关系提供知识基础。好的国家无疑巩固了现代国家的合法性基础,而追求好的社会则是彰显现代国家通过对个体自主、社会自主和市场制度的尊重而延续其生命力的努力。这两者之间的关系在法理上不能失衡。著名未来学家托夫勒曾经从权力转移的视角考察了人类文明发展的过程与逻辑。② 实际上,我们只要简单分析一下改革开放后党和国家领导制度的改革就会发现,当代中国社会迈向现代国家并且要体现其有效性的前提与基础,就是权力关系及其决定的权力结构的深刻变化。无论是加强社会主义民主,还是健全社会主义法制,无论是放权让利以启动改革,还是发

---

① 美国政治学者林茨对民主在现代国家中如何巩固的分析,对我们今天分析有生命力的现代国家的法理依据有着重要的启示意义。他提出五大基础条件,即拥有公民社会发展的条件;存在受人尊重的政治社会;自由而自主的结社生活;服务民主的国家官僚系统;制度化的经济社会。[美]林茨等:《民主转型与巩固的问题:南欧、南美和后共产主义欧洲》,孙龙等译,浙江人民出版社2008年版,第7页。

② [美]托夫勒:《第三次浪潮》,朱志焱等译,生活·读书·新知三联书店1983年版。

展市场经济以深化改革,这种变化既体现对国家权力正当性的彻底革命,也包含社会与国家权力关系的真正革新。

好的国家和好的社会在法理上要求现代国家为个体自主和社会自治提供价值正当性确认,也就是说,好的国家在于对社会自主的接受与个体权利的包容能力。这种接受与包容能力首先体现在不断完善公民权利的保障;其次表现在公共权力自身的制约问题;再次是对社会正义的维护问题。对于好的国家而言,这三方面内容是系统地结合在一起的。① 当然,好的社会是好的国家的归宿,它体现了社会主义国家的历史使命及其所处的"从国家到非国家"的过渡形式,就是说,"已经不是原来意义上的国家了"。②

就公民权利的保障而言,其法理逻辑在于:社会主义制度要超越资本主义制度的是,必须在政治解放的基础之上致力于推进社会解放。好的国家就意味着不仅通过政治解放确立个体自由的法理价值,全面否定人类社会自有国家以来人对国家形形色色的依附关系,而且要致力于通过社会解放确立社会平等的法理意义,彻底消解人类社会自有公共生活以来人对人的各式各样的依附关系。"如果一种民主制度要想成功地运行并持续下去,国家必须能够确定它运作的共同体,保护公民的基本权利,建立并维持一种基于规矩的政体,激活市民社会,并满足人民的需要。"③人的解放创造了现代社会,现代社会构建了现代国家,好的国家就是要为个体自由和社会平等

---

① 我们可以从哈佛大学法学院教授赫尔佐格对于以《法国民法典》为核心表征的法国式法典在西方法律史上的意义中获得启发。一方面是法国式法典对于以财产权为核心的公民权利的保护满足了正在成长中的社会期待,纵使拿破仑在政治和军事的战场上一败涂地,《法国民法典》却可以在他身后在全球范围内得到长久的地方认同和适用。[美]塔玛尔·赫尔佐格:《欧洲法律简史:两千五百年来的变迁》,高仰光译,中国政法大学出版社2019年版,第337—338页;另一方面却是法国式法典缺少对公共权力的制约和对社会正义的维护,导致好的国家没有在法国出现,极端与激进在相当长的时间里阻碍着革命后法国走向现代国家的道路,法国成为日本宪法学家佐藤功笔下的所谓现代宪法试验场。"法兰西宪法史的特色,是以政治的变革成为国家组织变革的典范。……法兰西的宪法,从大革命以来已经有了十余次的变迁,但每一次的宪法都可说是革命的清算表。"[日]佐藤功:《比较政治制度》,许介鳞译,正中书局1985年版,第38页。
② 列宁:《马克思主义论国家》,人民出版社1964年版,第29页。
③ 王绍光:《祛魅与超越》,中信出版社2010年版,第144页。

的实现提供法理正当性和法律合法性。现代法律理论在关于法律规范的实效和效力的界限的最新研究强调了这一点,即法律规范只有最大限度上被社会自愿地接受,其实效和效力的界限才能最大程度上消弭。否则国家行动者的强制力量如何行之有效是很难想象的,"如果授权规范不是发自自愿地得到那些应该屈从于这些规范的权力工具占有者的多数人尊重的话"。换句话说,"如果保证公民在权力面前的流动,让那些立场正确的公民各就其位,反之则离开,那么可以期望的是,作为人口流动的附加效果——国家和法律权力持有者自身将有理由开发并保留期望的内部动机"。① 因此,基于对一个好的国家的追求,有生命力的现代国家在法理和法律上要为公民权利、免于公共权力干预的权利以及公民程序性权利提供充分的空间。在这个空间里,个体权利和社会自主不仅降低了法律体系的实施成本,而且为社会合作提供了可能性。不承认个人权利,显然无法体现现代法律体系与专制体系的差异。而无法通过公民权利,尤其是程序性权利促进社会的合作就不是一个成熟的现代社会。更为重要的是,作为一个国家过渡形态,在社会主义根本制度的约束下,有生命力的现代国家在法理和法律上通过公民权利的保障来完成这一使命。

对公共权力的制约不仅是所有现代国家法治的重要内容,更是坚持人民主体地位的我国全面推进依法治国的关键环节。我们无法否定公共权力对社会生活的意义,但越是这样,我们越要清醒地认识到公共权力制约的法理自觉,并将其转换为法律体系的实践观。以权利制约权力,以承认公民权利为根本前提,以保护公民权利为最终目的,只有以人民主权原则为基础的现代民主社会才会重视和建设这种机制。② 人民主权的法理确立了以权利

---

① 《法治国作为中道:汉斯·凯尔森法哲学与公法学论集》,中国法制出版社 2017 年版,第 401—402 页。
② 关于以权利制约权力的制度设计,我们可能发现它的某些制度与专制社会中为制约权力设计的一些制度相似,例如举报制度,瓯函制度等。有关瓯函制度的情况,杨一凡等:《中国古代瓯函制度考略》,《法学研究》1998 年第 1 期;但是两者之间的不同是显然的。前者以承认公民的民主权利为前提,后者仅仅将这些制度视为一种统治策略,为皇权实现其对社会的控制而服务。

制约权力这一机制的正当性基础。这一机制不仅充分体现了制约权力的根本目的,而且弥补了接下来的两种机制的缺陷。无论是以权力制约权力,还是以道德制约权力,如果脱离民主的性质,就只是为了维护统治者一己利益的策略。这两种机制都属于统治体系的内部监督。以权力制约权力的机制意在使公共权力内部的机构和官员相互监督与制约,以道德制约权力的机制意在培养官员的自我监督和自我制约的能力。而以权利制约权力这一机制所要建立的是被治者对于统治者的监督。这是一种体现民主性质的、与公民的主体地位相称的监督与制约机制,进而成为现代法治建设的基本要求。当然在一个有生命力的现代国家的法理逻辑中,这三种机制是可以同时存在、相辅相成的。这三种机制无论在现代法治的一般原理中,还是在当代中国现代国家建设的特殊路径中均是不可或缺的。从现代法治对公共权力的制约的一般原理来说,"法治意味着政府除非实施众所周知的规则以外不得对个人实施强制,所以它构成了对政府机构的一切权力的限制,这当然也包括对立法机构的权力的限制。法治是这样一种原则,它关注法律应当是什么,亦即关注具体法律所应当拥有的一般属性。……在今天,人们时常把政府的一切行动只须具有形式合法性的要求误作为法治。当然,法治也完全以形式合法性为前提,但仅此并不能含括法治的全部意义:如果一项法律赋予政府以按其意志行事的无限权力,那么在这个意义上讲,政府的所有行动在形式上就都是合法的,但是这一定不是现代法治逻辑中的合法。因此,法治的含义不止于宪政,因为它还要求所有的法律符合一定的原则"。[1] 这个法治的一般原则就是,基于对社会成员尊严的尊重和维护而对公共权力的约束与规范,从而使法治真实建基于公民权利保护之上,无论如何,法律对公共权力的约束意义是不会被否定的。[2] 从当代中国现代国家建设的特殊路径来看,改革后有效的现代国家运用公共权力推动经济社会发展和改善人民生活水平起到了无可否认的成就,但越是无法否定国家在

---

[1] [英]哈耶克:《自由秩序原理》,邓正来译,生活·读书·新知三联书店1997年版,第260—261页。

[2] 关保英:《行政法模式转换研究》,法律出版社2000年版,第9页。

经济社会发展中的作用,就越要注重对公共权力的内部与外部的制约。通过制度创新来规制公共权力,实现国家治理的法治化,以便通过预防与惩治行政机会主义来有效压制市场机会主义的膨胀,对于确保国家治理的公正性而言,显然是至关重要的。党的十八大以来,全面从严治党与全面推进依法治国的结合,无疑是建立在当代中国现代国家建设的特殊路径的法理认知基础之上的。对于致力于迈向有生命力的现代国家的当代中国社会而言,无论是执政党提出的抓住关键少数,还是把权力关到制度的笼子里;无论是不敢腐、不能腐和不想腐的提出,还是执政党的"四个善于"①的提出,在法理价值上都是与执政党自我革命的制度规范体系建设密切联系在一起的。② 2014年党的十八届四中全会从战略和制度上落实这一法理诉求,强调"加快推进反腐败国家立法,完善惩治和预防腐败体系,形成不敢腐、不能腐和不想腐的有效机制,坚决遏制和预防腐败现象"。2018年宪法修正案把国家监察委员会纳入宪制结构之中,意味着执政党对公共权力的制约的法理认识进一步深入。虽然无法一劳永逸地消除贫富差距,但是必须从法理上充分认识到贫富差距的制度性因素是与公共权力的制约体系分不开的。

好的国家一定体现在通过维护社会正义以促进社会合作的能力的提升之中。"只有一个得到社会支持的政府才会是强政府;一个只有能够考量社会利益的政府才会是好政府。"③强政府和好政府是好的国家的必然要求,也是好的国家的根本体现。好的国家要得到社会支持和考量社会利益,就必然要在尊重个体权利的同时强化社会正义的维护。马克思认为:"我们越

---

① "四个善于"是习近平总书记在首都各界纪念现行宪法公布施行30周年大会上提出来的,即善于使党的主张通过法定程序成为国家意志,善于使党组织推荐的人选通过法定程序成为国家政权机关的领导人员,善于通过国家政权机关实施党对国家和社会的领导,善于运用民主集中制原则维护中央权威、维护全党全国团结统一。
② 党的十七届四中全会明确提出执政党面临长期执政考验、改革开放考验、市场经济考验、外部环境考验这"四大考验"。党的十八大则进一步提出精神懈怠危险、能力不足危险、脱离群众危险、消极腐败危险"四大危险"。执政党清醒地认知系统性的腐败对国家建设的危害。
③ 郑永年:《重建中国社会》,东方出版社2016年版,第141页。

往前追溯历史,个人,从而也是进行生产的个人,就越表现为不独立,从属于一个较大的整体;最初还是十分自然地在家庭和扩大成为氏族的家庭中;后来是在由氏族间的冲突和融合而产生的各种形式的公社中。只有到18世纪,在'市民社会'中,社会联系的各种形式,对个人来说,才表现为只是达到他私人目的的手段,才表现为外在的必然性。"在这里,马克思以18世纪为界,将人的存在分为不独立的存在和独立的存在。传统国家的法理从普遍意义强调人与人之间的依附性关系,因此个体必然表现为不独立的存在,而相反,独立的存在一定属于现代国家的法理要素。只不过在资本主义制度下,因受到所有制结构的制约,这种独立的存在实际上并非是完全独立与自由的个人。无论是英美两国对现代国家的初始定义与重构的困境,还是自由主义国家观的流变,都表明独立存在的个人不是建立在一个流动的沙堆上,就是无法走出阶级的对立与冲突。所以在马克思看来,在私有制主导的所有制结构下人的独立存在,实际上是源于"他们的生活条件对他们来说是偶然的",因而,事实上,"他们当然更不自由,因为他们更加屈从于物的力量"。① 正是由于这种个体自由的被规定性、偶然性和脆弱性,自20世纪以来西方社会学术界往往在针对国家毫无保留的敌意与完全接受国家的过分干预这两个极端之间徘徊。② 社会主义从空想到科学,进而进入实践的历史过程,就是要超越这种极端以及独立存在的个人的法理限度。改革开放以来,当代中国社会在建构现代法律体系的进程中,始终坚持公有制在所有制结构中的主体地位,并接受多种所有制的发展和市场制度的成长,因此一方面个体独立的存在得到了法理承认和法律确认,更为重要的是这种承认和确认是以社会正义的维护为归宿,另一方面有生命力的现代国家在法理上对社会正义的延续能力,决定了其对个体独立的存在的承认不至于伤害社会合作。2018年宪法修正案把和谐作为社会主义现代化强国的内涵要素从根本法上避免了西方社会20世纪以来经历的极端或异化。宪法把和

---

① 《马克思恩格斯选集》,第1卷,人民出版社2012年版,第200页。
② [美]特伦斯·鲍尔等:《剑桥二十世纪政治思想史》,任军锋等译,商务印书馆2016年版,第143页。

谐作为强国的要素，显然从法理上把社会正义的实现作为全面深化改革后中国社会走向有生命力的现代国家的正当性依据。好的国家需要社会正义，社会主义制度要超越资本主义制度，更离不开社会正义在中国社会从有效的现代国家迈向有生命力的现代国家的法理逻辑中的存在意义。公有制为主体的所有制结构和执政党以人民为主体的执政观为这一法理逻辑的实现提供了现实的基础。

> 为了能被当作自为存在的持存着的统一体，同样，为了能被视为同其组成部分保持着种种可能关系的统一体，共同体必须要超越一个阶段：在这个阶段里，共同体不能同结合在它之中、逻辑地构成着它的意志的大多数分离。相反，它必须从中生长出来，清楚地将自己表现为一个独特的、持续着的意志，无论这种意志反映着所有人的一致意愿还是一部分的意愿。这是一个发展的过程，观察者有辨认其完成状态的职责。①

作为一位见证了从德意志帝国崩溃直到纳粹上台的半个世纪剧变的德国著名社会学家，斐迪南·滕尼斯在寻求克服理性主义与历史主义世界观在共同体与社会之间关系所造成的对立的方式。我们可以发现这种对立不仅在西方社会存在，在社会成员利益关系日益得到现代法律体系接受的中国社会同样存在，只是表达方式和产生根源不同。在社会主义制度的法理中，集体主义无疑具有特别重要的意义。也就是说，有生命力的现代国家应该创造任何有助于社会合作的、能够让每个社会成员共享国家发展成果的现代法治体系。2018年宪法修正案对国家目标的丰富以及对社会主义制度作为国家根本制度的再强调，意味着对于依然处于社会主义初级阶段的当代中国来说，不能无视或放弃个体正义，不能让社会正义成为一种劣质的

---

① ［德］斐迪南·滕尼斯：《共同体与社会》，张巍卓译，商务印书馆2019年版，第344—345页。

理想主义,不能让个体正义变为一种庸俗的利己主义。社会主义法治体系对资本主义法治体系的超越既不能像革命的法制逻辑那样通过否定个体正义来实现,更不能通过否定社会正义来实现。社会主义初级阶段的中国依然要承认个体正义以实现国家权力的有限性和规范化,同时坚守社会正义以明确国家权力的有效性与合理性。正如卡尔·波兰尼所说,市场力量的扩张或早或晚会引发旨在保护人、自然和生产组织的反向运动;而社会性立法与其他体现国家的社会责任的立法是这种反向运动中的特征和内容。①

好的社会作为好的国家的归宿,在法理上要求有生命力的现代国家为社会合作和公共秩序提供价值正当性确认,也就是说,好的社会在于对社会合作的规制与公共秩序的建构能力。从人类社会的文明史来看,"不能天真地假定社会就是好的。我们要的是一个好社会,而不是坏社会。……如同政府会犯错那样,社会也同样会犯错"。② 而社会成员忽视公共利益和社会合作的意义就是社会犯错的开始。因此,"保障个人在自由经济市场的所得安全固然是国家的职责,但在现代社会,更重要的是国家应改善个人或家庭在进入自由竞争的市场前的不平等地位,国家必须努力调和因不同的权利分配、财富不均、教育高低所产生的矛盾。因此,在一定意义上,通过法治所确立的社会保障制度就构成了对财产权和契约自由的有效补充,它们相互衔接,共同组成一个完整的社会财产的法秩序,为了确保自由权体系能够存在并有效发挥其自身的作用,社会权就成了对自由权的一种必要补充,承载着保证一种有效的法治秩序的职责"。③ 如果说西方因私有制的限制而终究无法实现自由权与社会权在现代国家的现代性要素中的真正平衡,那么对于把社会主义制度作为现代国家的根本制度的中国社会而言,公有制的主体地位和多种所有制的共同发展为有生命力的现代国家平衡社会权和自由权提供了法理依据。没有自由权的法理,有效的现代国家就无法成长,而

---

① [英]卡尔·波兰尼:《大转型:我们时代的政治与经济起源》,冯钢等译,浙江人民出版社 2007 年版,第 102 页。
② 郑永年:《重建中国社会》,东方出版社 2016 年版,第 127 页。
③ 郭春镇:《法律父爱主义及其对基本权利的限制》,法律出版社 2010 年版,第 47 页。

有生命力的现代国家一定是建立在由自由权所激发的有效的现代国家的成长的基础上的。没有社会权的法理,不但无法实现对西方现代性诠释的超越,而且会产生对社会主义制度规定性的背离。由此不仅会瓦解社会成员对现代国家的认同,而且会削弱社会成员对社会主义制度的接受程度。

二、从法治体系的中国意义看国家治理的中国观:如何超越现代性?

"就中国的现实来看,'三千年未有之变局'的根本在于制度,是制度而不是文化,才是我们首要的问题。"①因此,对于致力于走向有生命力的现代国家的中国来说,全面推进依法治国,建设一个社会主义法治国家,由此来超越西方对现代性的话语垄断,进而凝聚人民对现代国家的认同,可能更加切中中国问题的实质。基于善治(good governance)诉求的国家治理体系和治理能力现代化,已成为现代政治治理与国家秩序的理想目标。国家治理的效能成为现代国家善治和社会制度生命力的保证。无论在何种社会政治体制下的政权都希望自己的治理体系和治理能力是良好的,而不是无效的和失败的。② 中国也不例外。对于致力于实现国家治理体系和治理能力现代化的当代中国社会而言,面对生活在多元规范中的事实,如何处理法治与德治的关系,两者如何互动,如何在具体法治运行中敬畏德治,将决定中华民族能否得以复兴,中华文明能否得以体面地延续。③ 中国正处于全面深化改革和全面推进依法治国的社会大转型中,但社会转型并不会自动地成功转向一个现代文明秩序。国家治理观的成熟与完善的主要资源来自于革命后当代中国社会对恪守社会正义的社会主义制度自信的基本要素,来自于超越追求个体正义的资本主义制度现代性的价值内涵,也来自于中国的

---

① 高全喜:《从非常政治到日常政治:论现时代的政法及其他》,中国法制出版社 2009 年版,第 106 页。
② [美]亨廷顿:《变化社会中的政治秩序》,王冠华等译,上海人民出版社 2008 年版,第 139 页。
③ 季卫东:《通往法治的道路:社会的多元化与权威体系》,法律出版社 2014 年版,第 211—213 页。

国家治理传统。中国社会通过国家治理体系和治理能力现代化追求的是体现法的中国性的国家治理观,进而实现"中国之制"走向"中国之治"。

基于秩序供给与有效治理的诉求,无论是西方社会,还是中国社会都会面临国家治理观形塑问题:现代法治体系的中国意义与国家治理的现代性如何在法理上表现,以及如何通过德治价值的展开以维系社会成员对现代国家治理体系的认同、如何通过法治秩序的建构以形塑社会交往对规则之治的接受。国家治理体系和治理能力的现代化不仅依靠并体现在经济增长、社会发展和生活秩序上,还需要依靠法治体系的支持以获得不同于传统国家的国家理性,依靠德治价值的展开以获得不同于西方社会的文明秩序,最终通过构建有效的中国特色社会主义法治体系以发展不同于传统社会和西方社会的国家治理观。因此国家治理的中国观通过落实以人民为中心的价值观以体现其对文化传统和公民美德的正视,同时以公平正义提升国家治理效能,最终彰显中国特色社会主义制度的生命力。法律之治无疑将深刻影响国家治理的中国观型塑。但是这并不意味着成熟的国家治理观可以否定一个民族长期积淀下来的价值观、一个社会生活在多元规范中的事实以及传统、社会以一种更加复杂的形态存在于国家治理的中国观建构中的现实。这也意味着当代中国社会从革命后对现代国家的制度建构,经过改革后围绕有效的现代国家的法律体系的建构,最终走向全面深化改革后有生命力的现代国家的法治体系的发展。在这一发展方向上,恪守法的现代性,接受法的中国性的国家治理观才可能真正走向定型和成熟。

在有生命力的现代国家的法理逻辑中,我们可以清晰地看到,国家治理的中国观实际上通向选择和建立与社会主义市场经济相适应、符合和谐社会发展要求的现代法治体系以及价值禀赋的目标,而社会主义社会的历史方位以及不同于资本主义制度的内在规定性决定了不同于西方国家的制度文明体系和价值归宿,更加明确要求人民主体地位在法治国家建设中的实现。在国家治理的中国观的法理逻辑中,法治国家不仅仅从法理抽象出以人民主权为基础的国家认同,而且自觉通过法治实践把国家利益与人民利益、公共利益与个体利益、个体正义与社会正义进行有效平衡。也就是说,法的现代性所塑造的国家治理观中，人民既是整体的存在，也是个体的存在。因为人民是法治参与的主体，也是国家治理的主体。这就决定了国家不仅是属于全体人民的国家，而且是保证每个人利益的国家。从法律体系的构建到法治体系的发展，其中一个关键是，人民利益如何在法治国家建设中得到切实的体现。因此，执政党把司法体制改革作为法治国家建设的重要任务。执政党努力让人民群众在每一个司法案件中都感受到公平正义，重点解决影响司法公正和制约司法能力的深层次问题。① 看得见的正义成为法治国家建设的核心问题，重点就在于解决好损害人民利益的突出问题，在具体法治的实践中落实和维护国家认同。由此，法治国家不仅是一种有关现代国家治理观的法治理念表达，更包括科学立法、严格执法、公正司法、全民守法有机相连的法治实践展开。

"公民始终与国家的所作所为有关，国家也会在特定的时期里，不断了解到社会深层正在发生什么事情。国家可以通过行政渠道或选民的呼声得知最远的或最模糊的社会基层中正在发生什么事情，反过来也可以把政治圈中正在发生的事件传递给公民。这样，公民隔着一定的距离也可以参与正在进行的某些讨论；他们很清楚国家采取的行动，他们的判断和深思熟虑的结果也会通过这种渠道反馈给国家。"②法治政府建设就是致力于连接国家与社会，一方面法治政府建设水平体现着法治国家建设的深度，另一方面法治政府建设质量体现着法治社会建设的广度。法治政府建设弥合或缓解国家与社会二元结构的冲突。简单地说，没有法治政府，法治国家无法全面实现，法治社会也无法真正推进。基于全面深化改革的需要，基于中国社会现代化的逻辑，基于人民主体地位的国家治理观的要求，法治政府建设之关键就在于规范政府权力，落脚点就在于要有效平衡公共权力的有限性约束规范与公共权力的有效性维护规范之间的关系。要有效抑制改革开放过程所累积的权力犬儒主义和物欲犬儒主义。法治的中国观绝对不是一个简单

---

① 《习近平谈治国理政》，第1卷，外文出版社2014年版，第145页。
② ［法］涂尔干：《职业伦理与公民道德》，渠东等译，上海人民出版社2001年版，第91页。

承认个人权利的过程,当然也不是简单强调公共权力的过程。因此,对于有生命力的国家治理观而言,法治政府不是要不要自由裁量权的问题,而是如何规范自由裁量权行使的问题。

自由主义为西方国家构建的国家治理观原本奉行严格法治观,从个体自由和个体价值出发,否定政府享有自由裁量权,其所引发的社会危机直接导致自由主义国家治理观的当代转型。当然不管如何转型,自由主义国家治理观始终是从个体自由和个体价值出发的,始终维护资本对劳动的雇佣关系,始终强调个体自由相对于社会平等的优先性,始终从政府权力有限性出发限制政府权力有效性。而当代中国马克思主义法学所要构建的国家治理观从人类法治文明发展趋势、革命后国家治理实践经验和社会制度规定性与国家建设目标出发,注重政府权力有效性的法律保障,但不超越政府权力有限性的法律规范;捍卫社会平等的价值观,但不否定个体自由的法理意义;以产权正当和契约自由为核心体现市场配置资源的决定性作用,但是不放弃以社会公平正义为诉求的政府负责必要性。

可见,法的现代性对于国家治理的中国观而言,不是简单地在一般意义上对政府权力的限制,即防止滥用权力和出现错误,而是在限制的同时引导和支持政府权力的行使。建设法治政府应该包含政府权力正当化和合法化机制的过程。这一点最明显地体现在现代社会数量和重要性都日益增加的程序性法律中。[①] 所以,法治对于国家治理的中国观的贡献就在于必须关注特定社会和经济结构发展进程中演化出来的法理诉求以及这种诉求的法律表现。超越自由主义法学所塑造的国家治理观,不是要抽象地否定自由主义国家治理观对个体自由、市场经济与有限政府的法理主张,而是根据中国社会发展水平、社会基本矛盾和社会制度规定性,把社会平等、公共利益和有效政府作为国家治理观的法理起点。而这个法理起点要想在现代国家的成长中得到实现,就无法否定个体自由、市场经济与有限政府在法治体系

---

① 苏力:《现代化进程中的中国法治》,载赵汀阳等:《学问中国》,江西教育出版社1998年版,第184页。

中的存在。

　　健康的市场制度发展以及法治体系的发展为个体的自主发展和个体自由提供了充分的社会基础与法理依据。市场经济对当代中国推进法治社会建设最根本的意义在于两个方面：一方面是在一个资源相对稀缺的大国中建立和发展有效的激励机制，进而体现法的现代性在成熟的国家治理观型塑中的意义；另一方面是在此基础上形成与市场经济相适应的法治社会，进而实现国家治理的转型并推动现代社会的成长。因而，为了实现好的社会，有生命力的现代国家在型塑法律体系的中国观时，市场制度的发展要在两个方面实现超越：一是要加强社会合作，健康的市场制度不仅要捍卫个人利益，特别是经济利益在法治体系中的正当性，而且要深化公共利益和社会正义的价值对市场制度的约束；二是要抑制机会主义，打破在有生命力的现代国家成长进程中市场制度对公共权力的排斥，或者说公共权力对市场制度的控制。市场机会主义和行政机会主义对好的社会来说都是致命的。权力的腐败或利己的滋长，特别是两者的勾结问题是有生命力的现代国家在超越现代性的法理逻辑中需要正视的。市场经济最大限度地激发社会成员的自主性和利益诉求，这种自主性和利益诉求的成熟必然引发社会结构的变革，从而带来现代主权国家从法律体系构建到法治体系运行的革新。更重要的是，个体权利与社会自治在国家治理观上获得了法理上的正当性和法律中的合法性。因此，有生命力的现代国家既要防范反自由的化私为公的法理从而真正走出对现代性的偏见，又要厘清反民主的化公为私的法理从而彻底超越对现代性的误读。与前者相比，有生命力的现代国家再也无法拒绝现代性在现代国家的法理要素中的意义；与后者相比，有生命力的现代国家再也不能无视现代性的畸变对于现代国家的法理要素的腐蚀。综上，法的现代性对于全面形塑现代法律体系的中国观而言，一方面是以民法典的制定为抓手，持续为社会自主性成长和社会成员个体权利的维护提供系统的法律保障，以应对社会力量的成长和社会转型的深入所可能带来的纠纷演化为对立，因此法治体系必须维护法治政府的权威性以实现现代国家治理的有效性；另一方面国家权力和社会正义之于经济和社会生活的作用限度、作用方式和程序规范成为中国特色社会主义法治体系发展的重要内容,以应对个体自由和社会自主性的有效表达不至于伤害社会合作,因此法律体系的中国观的型塑必须注重社会成员关于好的国家和好的社会的稳定性的合理预期的一致性。因为,对于一个有生命力的现代国家而言,"在对稳定性的合理预期中出现的一致性,就是应当服从的一致性"。① 面对全面深化改革所激发的社会成员追求个体权利的成长,通过推进法治社会建设以丰富法律体系的中国观的内涵,有两个至关重要的维度,一是国家能力抑或政府责任,二是社会力量抑或个体权利。正如庞德所说,从来没有一个社会,居然会有如此多的利益,以致在满足人们的需要时不会有什么竞争或冲突。② 利益冲突是现代社会的一种普遍现象。在一个不完美的世界里,可怕的不是利益冲突本身,而是在利益冲突中失去形成社会共识的能力。对于有生命力的现代国家来说,政府越具有公正的品质,社会共识的形成成本就越低,就越能有效地平衡社会利益的冲突并且以低成本解决社会利益的冲突。这是现代法治发展的一个基本方向。因为,社会对公正的要求,是植根于我们的精神本能之中的,其程度就如同我们的思想对逻辑关系的诉求一样强烈。③ 对于有生命力的现代国家的法治体系而言,基于稳定性预期的法律的质量、基于程序正义追求的司法的水平以及对社会主义制度的价值系统的维护能力变得越来越重要。

全面推进依法治国增强了产权、契约与有限政府在国家治理观中的正当性。也就是说,从法的现代性出发,国家治理的中国观在法理上再也不能否定个体权利、个体自由与社会自治的价值。但是为了巩固社会主义制度的社会基础,国家治理的中国观不仅意味着要为市场制度所激发的社会成员追求个人权利提供法律空间,而且要为一个现代社会,特别是社会主义社

---

① [美]本杰明·卡多佐:《法律的成长》,李红勃等译,北京大学出版社2014年版,第62页。
② [美]庞德:《通过法律的社会控制/法律的任务》,沈宗灵等译,商务印书馆1984年版,第35—36页。
③ [美]博登海默:《法理学——法律哲学与法律方法》,邓正来译,中国政法大学出版社1999年版,第160页。

会捍卫公共利益与社会正义提供法律保障。所以,当代中国社会放弃法的现代性问题的教条主义束缚以充分承认个体权利在国家治理观中的正当性,"成千上百万的人们的物质富足和自尊在不完美的市场的平凡的日常运作中得到了促进,远比由政府决心进行的再分配和平等来得有效"。① 当代中国社会也要警惕自由主义迷恋,以充分维护社会合作和公民美德在国家治理观中的必要性。所以在塑造国家治理的中国观时,既要充分尊重市场在资源配置中的决定性作用以及这种作用所激发的个体权利的正当性追求,又必须考虑社会主义制度的内在要求和社会合作的客观约束。现代社会越是自觉地通过法治社会建设促进社会合作,国家治理能力越能得到彰显。国家治理的中国观可以通过法的现代性确认以满足个人的合理需求和主张,并与此同时促进社会合作和提供社会内聚性的程度——这是延续文明的社会生活所必需的。归纳起来说,认真对待法的现代性,才能真正超越现代性,因此法的现代性在型塑有生命力的现代国家治理体系的中国观中获得前所未有且不可逆转的意义,个体权利、契约自由和有限政府的主张就是这一意义的具体表现。从法律体系的完善到法治体系的成长,究其实质也正是落实这一意义的生动实践。我们可以理解,不是法律在国家治理观中变得越来越重要,而是承载法的现代性的国家治理观越来越不可逆。然而越是认识到这种不可逆,国家治理的中国观越是要正视社会合作、公民美德以及生活在利益关系之中的事实。这一事实不仅来自一个民族的历史,而且也来自于现实的社会生活,更直接的是来自法的现代性的局限,因此要将道德资源及其作用机制当作法治体系的不可或缺的组成部分。所以说,一方面我们必须注意到不论是中国的国情,还是法治的法哲学逻辑,②把市场经济的正当性与社会主义制度的规定

---

① [美]西蒙斯:《政府为什么会失败》,张媛译,新华出版社2017年版,第315页。
② 黑格尔就充分讨论了道德、伦理对法治的价值和意义。"在论述形式法时,我们已经说过,这种法单以禁令为其内容,因之严格意义的法的行为,对他人的意志说,只具有否定规定。反之,在道德的领域中,我的意志的规定在对他人意志的关系上是肯定的,就是说,自在地存在的意志是作为内在的东西而存在于主观意志所实现的东西中。这里可看到定在的产生或变化,而这种产生或变化是与他人意志相关的。道德的概念(转下页)

性结合在一起,把公有制的主体地位和多种经济成分共同发展结合起来,使按劳分配和多种分配方式并存,国家治理的中国观就能超越并丰富现代西方国家对法的现代性的诠释。

"一个道理的意义不在于它能创造多少美学上的新鲜感或者提供多少智力上的游戏感,而在于它在多大程度上回应现实中的真问题。"① 从法律体系的建构走向法治体系的发展,法的现代性的中国意义依然在于如何规范公共权力和维护公民权利,这个问题属于现代性范畴的老问题,但中国社会依然面临如何在法律体系完善和法治体系的运行中丰富法的现代性,才能真正超越现代性的问题。广东乌坎事件所暴露出来的维权之争以及基层治理中的无序之困表明,公民的程序性权利的制度化是法治体系建设中的重要问题。面对权力寻租及其对社会信任关系的破坏,通过赋予包容性政治制度与包容性经济制度以合法性基础的国家治理观以避免国家的失败,更是法治体系发展中无法绕开的问题。② 有生命力的现代国家的法理必须在有效的现代国家的基础上思考社会生活中的现实问题。坚持思考现实问题,并坚持现实问题的答案不可能从前现代和后现代的法理中获得,超越现代性不是对现代性的否定,而是根据社会的现实条件对现代性的法理要素进行丰富或深化。

(接上页)是意志对它本身的内部关系。然而这里不止有一个意志,反之,客观化同时包含着单个意志的扬弃,因此正由于片面性的规定消失了,所以建立起两个意志和它们相互间的肯定关系。"[德] 黑格尔:《法哲学原理》,商务印书馆 2009 年版,范扬等译,第 115 页。

① 刘瑜:《观念的水位》,江苏文艺出版社 2014 年版,第 22—23 页。
② [美] 德隆·阿西莫格鲁等:《国家为什么会失败》,李曾刚译,湖南科学技术出版社 2017 年版,第 248 页。

第五章
重塑现代国家成长的法理要素与法律体系的中国观

我们发现,从有效的现代国家走向有生命力的现代国家的历史进程反映到中国的法律发展与社会生活中时,"前现代""现代"以及"后现代"的各种要素混合或纠缠在一起。执政党正是全面认识到这种混合或纠缠对国家建设和法治体系的束缚,从战略高度敏锐地认识到中国社会基本矛盾的变化,并在这个基础上提出"四个全面",明确走向有生命力的现代国家的首要任务还是现代法治建设。从全面从严治党,尤其是抓住关键少数和推进制度定型成熟的路线中,我们可以发现,有必要重塑现代国家的法理要素,同时通过法治国家、法治政府和法治社会三位一体的系统,推进现代法律体系的成熟与定型,核心是牢固树立起"法治是法律的法则"信念[①]的前提下的法律体系的中国观。

当代中国社会走向有生命力的现代国家,不仅打破了形形色色的西方中心主义对现代国家的法理要素问题提出的种种非此即彼的独断,而且开启了重塑现代国家的法理要素的中国道路,进而在全面推进法治中国的建设进程中为人类社会贡献法律体系的中国观。众所周知,现代法对

---

① 季卫东:《法治秩序的构建》,商务印书馆2019年版,第483页。

抗传统法的两分法图式构成且显然主导了西方中心主义关于现代国家的法理要素的话语体系。无论是历史学家汤因比所说,"在民族大迁移的过程中,跨海迁移的苦难所产生的另一个成果不是在文学方面而是在政治方面。这种新的政治不是以血亲为基础,而是以契约为基础的",①还是梅因主张的人类文明史是从"从身份到契约"②的论断,抑或所谓的"从礼俗社会到利益社会"③"从神圣的封闭的社会到世俗的迁徙的社会"(贝克)、"从特殊主义到普遍主义"(帕森斯),以及伦理主义对合理主义、共同体对个人、强制对合意、义务本位对权利本位、实质正义对形式正义等观点都体现了这种两分法图式。④ 这种非此即彼的法理图式即使是对现代国家在西方社会的成长都缺乏说服力,更不用说把这种法理图式套在革命后现代国家的成长路径与现代法律体系的构建与西方社会存在差异的中国社会上。当代中国社会通过改革开放走出了一条致力于解决人民日益增长着的物质文化生活的需要与落后的社会生产之间的矛盾的有效现代国家成长之路。

中国特色社会主义法律体系的建构充分反映了改革后中国社会建构发展的动力体系以保障社会持续繁荣的诉求,但是改革越深入,就越需要通过重塑中国社会关于现代国家的法理要素以确立一个现代国家的价值核心,进而型塑现代法律体系的中国观。只有这样,才能确保利益关系日益复杂的条件下国家治理与社会活力之间的相互依存、社会交往日益开放的时代图景中主权国家与开放社会之间的相互对话。由此,我们必须走出现代法与传统法两分图式给现代国家的法理要素注入的各种教条主义。重塑现代国家的法理要素"当然要反映各种因素互相依存、互相作用的复杂的关系性、相对性"。⑤ 从这个前提出发,一个有生命力的现代国家才能真正拥有

---

① [英]汤因比:《历史研究》,上卷,曹未风等译,上海人民出版社1997年版,第132页。
② [英]梅因:《早期制度史讲义》,冯克利等译,复旦大学出版社2012年版,第112页。
③ [德]滕尼斯:《共同体与社会》,张巍卓译,商务印书馆2019年版,第152—154页。
④ 季卫东:《法治秩序的构建》,商务印书馆2019年版,第484页。
⑤ 同上书,第487页。

一个统一的价值核心,并按照情境需求而适应变革的法律体系。与有效的现代国家成长相伴生的中国特色社会主义法律体系的构建走出了一条中国式的法制现代化道路,正如邓小平所说,"每个国家都有自己的情况,各自的经历也不同,所以要独立思考"。当然,解放思想才是真正的独立思考,建设现代国家,"不要把自己置于封闭状态和孤立地位"。为此,法律体系的中国观不可能固守一成不变的法治教条,最简单且最具说服力的理由就是"世界上的问题不可能都用一个模式解决。中国有中国自己的模式"。[①] 重塑现代国家的法理要素的说服力,最终要体现在法治中国建设的实践之中。处于全球化时代的现代国家的法理要素重塑一定是以普遍性法律、现代法治价值与当代中国社会条件、历史因素以及文化传统持续互动为特征的。在这种互动中,现代性的法理除魅、社会主义规定性的制度认同和中国社会的法文化可以协调并达到有意义的融合。当代中国社会通过这种协调和融合彰显社会正义为诉求的人民主体地位来诠释现代法律体系的中国观的真正内涵。国家治理体系张力和以人民为中心的法治观,意味着在全球化与地方化互动所产生的相对化对现代国家的法理要素和现代法律体系的中国观的冲击是无法回避的。总之,由于现代国家的法理要素的普遍性与现代法律体系坚持的特殊性之间的矛盾日益激化,试图照搬严格的法律实证主义关于现代国家的法理想象的经典体系论不用说在中国社会,即使是在西方社会都已经受到前所未有的挑战。走中国特色社会主义法治道路的选择酝酿着法律思维方面的突破。[②] 致力于走社会主义法治道路的中国社会通过全面深化改革,为社会发展动力和国家治理秩序提供有效的现代法律体系,从而为人民谋幸福并走向社会活力与社会合作有效互动的有生命力的现代国家。

---

① 《邓小平文选》,第3卷,人民出版社1993年版,第260—261页。随着全面深化改革和法治中国的推进,习近平再次强调世界上没有放之四海而皆准的具体发展模式,也没有一成不变的发展道路。历史条件的多样性,决定了各国选择发展道路的多样性。《习近平谈治国理政》,第1卷,外文出版社2014年版,第29页。
② 季卫东:《法治秩序的建构》,商务印书馆2019年版,第479—480页;姜涛:《中国法学知识谱系建构的主题词》,《法律科学》2010年第5期。

第一节　国家治理体系现代化重塑现代国家成长的法理要素

"理论在一个国家实现的程度,总是取决于理论满足这个国家的需要的程度。"①也就是说现代国家的法理要素从来、也不可能是一成不变的。无论是革命后现代国家在西方社会的变迁和自由主义国家观的变化,还是革命后现代国家在中国社会的成长和马克思主义国家观的丰富,都印证了这样一个简单的道理:现代国家的成长必然伴随着为之提供正当性知识基础的法理要素的变化。法国著名公法学家狄骥针对现代国家在西方社会的转型指出:"各种迹象已经表明,我们正处在国家史上的这样一个关键时期。我们并不是从悲观主义的意义上说现在正处于一个关键阶段,而仅仅是描述性指出这一事实。不管我们多么不喜欢这一事实,现有的证据已经断然地向我们表明:以前曾经作为我们政治制度之基础的那些观念正在逐渐解体。到目前为止仍然左右着我们这个社会的那些法律制度正在发生巨大的变化。……我们正身临其境的并不是一场范围狭小的变迁。所有的法律制度都已经卷入其中。"②美国启动对现代国家定义的重构深刻反映了社会变革进程对包括公法在内的现代法律体系的重大影响,提示我们要正视现代国家的法理要素已经或正在经历的深刻变化。这种变化的动因无疑来自于21世纪以来当代中国社会的全面深化改革,以及这种改革所必然带来的国家治理体系和社会交往方式的变化。当代中国社会从有效的现代国家走向有生命力的现代国家,以制度定型成熟为诉求的国家治理体系现代化必然重塑现代国家的法理要素。基于法律体系的一定特殊性和现代国家的法理要素的相对稳定性,我们在分析国家治理体系的现代化、重塑现代国家的法理要素时,必须谨记这样一个出发点:国家治理体系现代化既不可能是一

---

① 《马克思恩格斯选集》,第1卷,人民出版社2012年版,第11页。
② [法]狄骥:《公法的变迁》,郑戈译,商务印书馆2013年版,第1—2页。

个非此即彼的选择,也不会是一个一蹴而就的决断。"每一个社会都会依据它本身的形象来看它的法律,一如看它的'神'一样,而且即使是同一个社会也会不断变迁与发展,虽然它未必像我们维多利亚时代的祖先深信的那样,依照社会进步的方向前进。由于社会的变迁,社会为它的法律结构而创造或怀抱的形象也会随之重塑,虽然它的步调通常很慢。法律概念一向以保守著称,在一个像社会民主制度这样剧烈发展和进步的社会中,这项观念的重塑总比社会本身逐渐产生的实际行动为迟。"①

"人们的社会存在决定人们的意识。"②现代国家法理要素的重塑反映着中国社会重新安排生活秩序的努力并为这种努力提供论证。对于当代中国社会而言,法律体系的构建到法治体系的发展,不只是一整套规则体系的完善问题,更重要的是为成熟的现代国家与美好的社会生活之间的关系提供法理共识。从这个角度看,国家治理体系现代化中的法律体系与法治体系存在差异。法律体系的建构伴随着改革后当代中国社会建设有效的现代国家的法律实践与法理认知,法治体系的建设则是与全面改革后当代中国社会走向有生命力的现代国家的法律实践的系统性与法理共识的整体性重塑联系在一起的。我们把国家治理体系现代化与现代国家法理要素的重塑结合在一起考察,探寻现代国家成长的普遍性和特殊性,也可以更为深刻地理解现代国家不仅需要现代法律体系的安排以区别于传统国家,同时也需要一种包含着为社会提供核心价值观的法理共识以体现现代国家的生命力。③ 革命后现代国家的成长历程表明,国家治理体系的现代化,不可避免地会涉及创设新的国家制度与丰富既有的政府形式、全新的权利与义务体系,从而建立新的国家与社会共同体,其关键在于应从何种立场来建构中国

---

① [英]丹尼斯·罗伊德:《法律的理念》,张茂柏译,新星出版社2005年版,第269页。
② 《马克思恩格斯选集》,第2卷,人民出版社2012年版,第2页。
③ 只有这样,我们才能对麦基文关于法治的理解有深刻的理解。法治是"从某民族的现实制度和它们的发展中推演出来的实在原则",而在现代国家的法理逻辑中,法治是"根本法下的人民的自觉设计。"[美]麦基文:《宪政古今》,翟小波译,贵州人民出版社2004年版,第16页。

特色社会主义法治体系,而这最终取决于如何重塑现代国家的法理要素。①在国家治理体系现代化的进程中,当代中国社会将着力解决三个基本问题:一是如何在包容国家治理体系现代化所必然带来的多样化的社会结构发展的前提下深化社会正义的法理共识?二是如何在适应国家治理体系现代化所无法回避的全球化冲击的同时维护主权国家的法理价值?三是如何在适应国家治理体系现代化所催生的社会自主性成长的同时丰富现代性的国家建构?在国家治理体系和治理能力现代化的诉求下,想要通过现代国家的法理要素的重塑以实现国家与社会、政府与市场、权力与权利之间关系问题上价值观念的转变,必须认真对待以上三个基本问题。

一、如何包容多样化的社会结构?

改革与法治的双轮驱动表明,新的社会要素和新的社会空间已经超出了伴随着有效的现代国家成长所构建起来的法律体系所能涵盖的法律实践范围和所能承载的法理价值共识。将社会主义、市场经济与多样化社会融合在一起,是国家治理体系现代化的必然要求。② 如果说改革后有效的现代国家的法理要素的革新是围绕资源配置方式展开,那么全面深化改革后有生命力的现代国家的法理要素的重塑则是围绕国家建设的目标而展开。也正是基于资源配置方式从计划向市场的转型的现实需要,有效的现代国家从法理上为个体权利和社会活力赋予充分的正当性,以新的社会要素和新的社会空间为支撑的多样化的社会结构由此出现。有生命力的现代国家的法理要素的重塑的关键就在于如何包容随着现代国家的成长所必然出现的多样化的社会结构,③在法理上接纳有效的现代国家成长所激发出来的

---

① 公丕祥等:《21世纪的中国法治现代化》,法律出版社2016年版,第463页。
② 刘建军等:《创新与修复:政治发展的中国逻辑(1921—2011)》,中国大百科全书出版社2011年版,第324页。
③ 关于社会结构,我们可以从社会学家的研究中获得启发。"所谓社会结构,概括地说,是指一个国家或地区占有一定资源、机会的社会成员的组成方式及其关系格局。……一个理想的现代社会结构,应具有公正性、合理性、开放性的重要特征。"陆学艺:《陆学艺文萃》,生活·读书·新知三联书店2019年版,第333—334页。

现代性的要素,同时将社会活力、社会合作与多样化的社会结构融合在一起。

反观人类社会文明史,人类社会要想在一种多样化的社会结构中维持下去,无外乎两种途径:一是一方消灭或绝对控制另一方,就像施密特所说的敌我政治;①另一是通过罗尔斯所说的相互叠加的共识,②建立各方能够共处、交流、竞争最终达致制度化妥协的权力结构。摩尔根认为在早期国家的构建过程中,暴力机制起了主导作用,③就是看到了第一种途径的历史作用。在传统国家时期,暴力机制维系了社会结构的稳定。中世纪后期西欧封建制的出现,在某种意义上昭示着存在通过等级性分权来维系社会结构的稳定的可能性。主权在民在法理和法律上被普遍接受,则是现代国家包容多样化的社会结构的制度安排和价值共识。当然,正是在英国社会的商品自由交换中成长起来的新兴社会力量——资产阶级头顶着"法律权力高于国王权力"的惯例,实现了议会对征税权的绝对控制,从而开启了现代国家的初始定义。④ 资产阶级用代议民主和个人自由的法理和法律定义了现代国家,同时也为自己挖好了坟墓。马克思在批判1848年法兰西共和国宪法时指出:"这部宪法的主要矛盾在于:它通过普选权赋予政治权力的那些阶级,即无产阶级、农民阶级和小资产者,正是它要永远保持其社会奴役地位的阶级。被它认可其旧有社会权力的那个阶级,即资产阶级,却被它剥夺了这种权力的政治保证。资产阶级的政治统治被宪法硬塞进民主主义的框子里,而这个框子时时刻刻都在帮助敌对阶级取得胜利,并危及资产阶级社会的基础本身。"⑤这就是说,西方社会将资本的逻辑与阶级共存的逻辑糅合起来,确定了现代国家的法理。虽然只要生产资料私有制的产权逻辑不变,无论美国如何重新开启现代国家初始定义的重构都于事无补,但是从这

---

① [德]施密特:《政治的概念》,刘宗申译,上海人民出版社2004年版。
② [美]罗尔斯:《正义论》,何怀宏等译,中国社会科学出版社1988年版。
③ [美]摩尔根:《古代社会》,杨东纯等译,商务印书馆1995年版。
④ [法]德尼兹·加亚尔:《欧洲史》,蔡鸿滨等译,海南出版社2000年版,第402—404页。
⑤ 《马克思恩格斯选集》,第1卷,人民出版社2012年版,第480页。

一法理逻辑和法律安排出发,"无产阶级抓住了资产阶级所说的话,指出:平等应当不仅仅是表面的,不仅仅在国家的领域中实行,它还应当是实际的,还应当在社会的、经济的领域中实行"。① 从17世纪英国对现代国家的初始定义到19世纪晚期美国启动现代国家的转型表明,西方社会现代国家的法理要素始终是以个体自由和有限政府为核心的,即使接受社会正义和有效政府的法理正当性和法律合法性,也只是为维护这种核心的不得已的妥协。一方面现代西方国家对个体自由和有限政府的强调确实在确立不同于传统国家的法理,提供了在一个多样化的社会结构中、个体的自主性所带来的一种关于美好生活的预期和社会合作的可能,特别是20世纪以来,随着选举权的普及,"人民的意志就像一根强力而稳定的弹簧,作用于法律和政府,并在关键节点上施压或提供支撑,从而绝对有把握地促成政治机制的理想运作"。② 但另一方面,是这种法理的逻辑造成了社会在财富、权力和特权方面巨大不平等的合法化。因此,西方社会通过现代国家的法理而编造了一个谎言,"对特权阶级来说是一种安慰,但对非特权阶级来说更多的是一种幻觉"。③

马克思和恩格斯正是从物质生产活动市场化的深刻变化中,看到了人们结成一定的组织并建立相应的经济、政治与法律制度体系的新趋势和必然性。"人们在自己生活的社会生产中发生一定的、必然的、不以他们的意志为转移的关系,即同他们的物质生产力的一定发展阶段相适应的生产关系。这些生产关系的总和构成社会的经济结构,即有法律的和政治的上层建筑竖立其上并有一定的社会意识形式与之相适应的现实基础。物质生活的生产方式制约着整个社会生活、政治生活和精神生活的过程。"④可见,市场化不仅撕下了人们社会交往中温情脉脉的面纱,而且导致了多样化的社

---

① 《马克思恩格斯选集》,第3卷,人民出版社2012年版,第484页。
② [法]埃米尔·布特米:《斗争与妥协:法英美三国宪法纵横谈》,李光祥译,北京大学出版社2018年版,第237页。
③ [美]厄尔·怀松等:《新阶级社会:美国梦的终结?》,张海东等译,社会科学文献出版社2019年版,第219页。
④ 《马克思恩格斯选集》,第2卷,人民出版社2012年版,第2页。

会结构。没有市场化,就不可能完成国家建设的第一次转型,但市场化也促使中国社会阶层结构发生改变,社会经济变迁已导致一种新的社会阶层结构的出现。①"原来的'两个阶级,一个阶层'(工人阶级、农民阶级和知识分子阶层)的社会结构发生了显著的分化,一些新的社会阶层逐步形成,各阶层之间的社会、经济、生活方式及利益认同的差异日益明晰化。"②因此,面对有效的现代国家如何走向有生命力的现代国家的现实挑战,如果说市场配置资源的基础性作用支持了有效的现代国家的成长,那么有生命力的现代国家的法理要素的重塑则是要维持个人权利保护的必要性、社会合作维系的正当性以及社会主义制度的规定性之间的平衡。只要社会主义制度是根本制度、公有制的主体地位不变,当代中国从有效的现代国家走向有生命力的现代国家,就必须在法理上加强对社会正义、平等权和公共利益的正当性以及在法治体系的实践约束。当然这一强化的过程绝不是要走老路,以计划来否定市场、以纯粹的公有制来否定多种所有制、以社会平等否定个体自由,同时也要在法理上防范西方自由主义者塑造出来的、且在西方社会都已经遭到挑战的关于现代国家的想象。这是一条邪路。这条邪路引向的只能是社会的对立。这从根本上与现代国家的法理要素相违背。更重要的是把社会主义制度从宪法上确立为根本制度的当代中国社会更不能陷入这种

---

① 美国经济学家库兹涅茨就指出:现代化过程中的市场化和城市化所带来的深刻的社会与经济结构变化,往往会加剧群体与阶层之间的冲突。"在某种情况下,这样冲突会导致公开的内战,美国内战就是明显的例子。在发达国家工业化初期和现在某些欠发达国家中,类似的例子也不少。只有在不付出太高的代价,而且肯定不至于在整个社会的政治结构长期被削弱的情况下解决这种冲突,现代的经济增长才有可能实现。主权国家具有以忠诚和感情一致为基础的权力,简言之,即现代民族国家,在和平解决由于经济增长而引起的冲突时起着关键作用。"[美]库兹涅茨:《现代的经济增长:发现和思考》,载[美]布莱克:《比较现代化》,杨豫等译,上海译文出版社1996年版,第270页。
② 陆学艺:《陆学艺文萃》,生活·读书·新知三联书店2019年版,第216页;李强进一步分析后指出:"改革开放以来中国社会分层结构变迁的突出特征是身份制的弱化以及经济分层机制的强化。"李强全面整理了中国社会学界革命后,特别是改革后中国社会分层问题的研究。虽然社会学界对社会分层的内涵和外延以及背后的动因有不同的研究视角,但是这一研究无疑为法学界研究全面深化改革后当代中国社会重塑现代国家的法理和建设现代法治体系提供知识支持。李强:《当代中国社会分层》,生活·读书·新知三联书店2019年版,第70、502—535页。

迷思之中。所以,从有效的现代国家走向有生命力的现代国家,在法理上不仅不能否定个体权利的正当性和权力的有限性,而且要丰富个体权利的内涵和全面落实权力的有限性,同时深化社会公平正义、公共利益和权力的有效性在现代国家法理要素重塑中的意义。这不仅仅关系着当代中国社会处理好的国家秩序和好的社会生活之间张力的国家治理能力,而且承载着社会主义制度超越资本主义制度的国家建设使命。从这个意义上,我们可以深刻理解习近平所指出的,"全面深化改革是立足国家整体利益、根本利益、长远利益进行部署的,要注意避免合意则取、不合意则舍的倾向,破除妨碍改革发展的那些思维定势。对党和人民事业有利的,对最广大人民有利的,对实现党和国家兴旺发达、长治久安有利的,该改的就要坚定不移改,这才是对历史负责、对人民负责、对国家和民族负责"。① 基于不断提高运用中国特色社会主义制度有效治理国家的能力的目标,习近平提出新时代的"三个有利于",为当代中国面对多样化的社会结构推进国家治理体系现代化、进而重塑现代国家的法理要素点明了价值取向。

"实现向现代性的重大突进,不仅在于大大改变这个中心象征的内容并使其世俗化,而且在于对人类尊严和社会平等的价值观日益重视,以及广大群众参与其主要象征与制度的可能性日渐增长,即使这种参与是以某种间断的或局部的方式进行的。"艾森斯塔德认为,这是"所有一切现代社会的基本特征"。基于这样的特征,现代化的发展必然表现为两个方面的内在统一:一是形成持续变化和发展的开放的社会结构;二是形成能够容纳持续变迁的问题与要求的制度结构。② 因此,面对市场经济带来的多样化的社会结构,形成能够容纳持续变迁的问题与要求的制度结构成为全面深化改革后国家治理体系现代化的重要内容。

在坚持法治体系普遍承认个体权利的正当性的前提下,从国家治理体系现代化出发重塑现代国家的法理要处理好三个问题:第一个问题是形成

---

① 《习近平谈治国理政》,第 1 卷,外文出版社 2014 年版,第 107 页。
② [以色列]艾森斯塔德:《现代化:抗拒与变迁》,张旅平等译,中国人民大学出版社 1988 年版,第 46—49 页。

能够体现多样化的社会结构的关于法的阶级性与社会性之间张力的法理表述。忽视或掩盖法的阶级性，就会陷入没有国家的法理幻觉。西方自由主义宪法观试图在革命后现代文明成长中型塑一种没有国家的法理观，这不仅不符合经验事实，而且极其危险。这也无法解释法律体系所提供的规则秩序与人类社会所积淀的规范体系之间的区别，同时掩盖了现代国家存在的本质和利益关系的不平衡性。但是如果否定或放弃法的社会性，就无法揭示现代国家的规则秩序与传统国家规则秩序之间所存在的差异，同时掩盖了当代中国社会推进国家治理体系现代化的前进方向与利益关系的普遍性对包容多样化的社会结构的正当性之间的冲突。从人类社会制度文明发展历程和改革后中国对现代法律体系构建进而走向现代法治体系的探索过程看，偏执于法的阶级性在法律体系构建中的实现会削弱和伤害法律规范本身对社会生活的意义，也就无法形成包容多样化的社会结构的法理观。当然对法的社会性关注不是简单地把个体权利纳入现代国家的法理要素之中，因为法的社会性不能背离人的社会性。"人是最名副其实的政治动物，不仅是一种合群的动物，而且是只有在社会中才能独立的动物。"[1]在现代国家成长过程中，人与人之间的依赖关系不断深化，要求当代中国社会在全面赋予个体权利以正当性的同时，不能弱化乃至否定公共利益正当性的法理建构。

第二个问题是由于中国社会市场经济发展中政府与市场之间关系的特殊性，重塑现代国家的法理要素需要有效平衡公共权力的有限性约束规范与公共权力的有效性维护规范之间的关系。公共权力的有限性约束规范不仅表明现代国家合法性基础不同于传统国家合法性基础，而且通过实体法规范和程序法规范之间张力的法理叙述，从法理上最大限度地抑制现代国家公共权力的滥用，尊重社会成员自主性的追求。但是公共权力的有效性维护规范的提供同样是现代国家法理要素的重塑要面对的诉求，这不仅是现代国家在中国社会成长特殊性的要求，也是人类社会成长普遍性的趋势。否定前者在当代中国重塑现代国家的法理要素中的意义，现代社会中个体

---

[1] 《马克思恩格斯选集》，第2卷，人民出版社2012年版，第684页。

自由的作用无法发挥,现代国家中社会秩序必然会受到随意挑战,多样化的社会结构将随时演变成社会危机。否定后者在现代国家法理要素重塑中的价值,现代国家中公共利益的好处无法实现,现代社会中利益关系的制度化必然遭到恣意破坏。对依然处于社会主义初级阶段的当代中国社会来说,国家治理体系现代化所催生的现代国家法理要素的重塑不可能毕其功于一役,也不可能是非此即彼的价值选择。

第三个问题是有效平衡现代国家对公共利益的关注和现代社会对个体权利的强调之间的关系。现代社会对个体权利的强调应该成为国家治理体系和治理能力现代化的基本面向,从而为现代社会发展所需要的活力与个体自我实现所需要的动力提供法理性支持,但是个体权利实现的外部性和公共利益依赖的客观性决定了在走向有生命力的现代国家的进程中,重塑现代国家的法理必须把公共利益的正当化叙述与个体权利规范机制放到同等重要的议程中,杜绝公共利益的维护机制上的民粹化取向和个体权利现代性叙述中的极端化追求,这都将导致多样化的社会结构内部危机,助长现代社会的风险系数。也就是说,国家治理体系和治理能力的现代化不仅要防范关于社会平等的民粹主义叙述误区,而且要抑制关于个体权利的利己主义叙述误区。

面对多样化的社会结构,国家治理体系和治理能力的现代化重塑现代国家的法理要素要走出有关社会平等问题的任何民粹化的叙述和个体自由问题上的任何利己化的迷思。所以说,现代国家的法理要素的重塑就是个发展过程,是个没有完成时的旅程。"一个社会所达到的政治共同体水平反映着其政治制度和构成政治制度的社会势力之间的关系。所谓社会势力指的是种族、宗教、地域、经济或者社会地位等方面的集团。……历史地说,政治机构是在各种社会势力的相互作用和歧见的程序和组织环节中脱颖而出的。"①人类社会用人民主权的宪法原则和个体权利的法理要素实现了现代

---

① [美]亨廷顿:《变化社会中的政治秩序》,王冠华等译,上海人民出版社2008年版,第7—9页。

国家对传统国家的超越,[①]在这个基础上,中国社会通过恪守社会平等的宪法原则与社会正义的法理要素,破解身份关系并抑制各式各样的利己主义,从而实现社会主义对资本主义的超越。也就是说基于人民主权与个体权利的法理,现代国家要尊重现代社会利益多元化,并致力于对公民基本权利的保护与救济,以缓解国家权威与个体自由的张力。基于社会平等与社会正义的法理,社会主义国家必须自觉维护现代社会合作并致力于缓解公共权力的有限性与有效性之间的张力。市场配置资源的决定性作用在执政党的章程中获得确认、法治中国建设成为执政党推进国家建设的新目标后,我们必须面对日益多样化的社会结构对现代国家法理要素重塑的深刻影响。基于国家治理体系现代化的现代国家法理要素的重塑可能是很复杂的。但是对于承载着双重超越使命的当代中国社会来说,要包容多样化的社会结构,重塑现代国家法理要素有三个基本的要素是不可少的,这就是稳定的法治体系、知识体系以及沉淀在一定群体或社会中超越金钱和特权的法律信仰以维护社会合作与价值整合。[②] 社会建设成为有生命力的现代国家实现国家治理体系与治理能力现代化的关键因素后,无论是要避免"拉美陷阱"的

[①] 只有人民主权观念并以落实人民主权原则的现代宪法的出现,现代国家对传统国家的超越才成为可能,现代国家的法理也只有从人民主权的宪法原则中才获得转换为法律实践的可能。我们认为其原因主要在于:人民主权观念破除了政治权力的神秘性,为现代国家的法理要素的客观研究提供了前提;人民主权观念开辟了现代公共批评的文化空间,成为现代国家法理学知识体系的繁荣发展的重要条件;人民主权观念一劳永逸地确立了权力的归属,为现代法律体系提供了契机;最后,人民主权观念分离主权与治权的思想,使现代公共管理独立出来,并且促进了国家治理现代化的法学知识研究的繁荣。曹沛霖:《制度的逻辑》,上海人民出版社 2019 年版,第 270 页。

[②] "由于改革开放在相当程度上调整的是所有制结构,即从较为单一的公有制向多种所有制的方向发展,因此中国社会的利益格局则必然也朝着多元化和分化迈进。利益格局的分化导致的结果之一就是利益主体的觉醒。因此在中国人价值取向的走向上再出现一种较为统一的、导向性的价值取向已很困难,这就意味着经济转型时期已具有了各社会群体都有自己的价值取向的问题。可见,未来的价值取向不在于寻求一个什么价值向度或内容做导向,而是如何能实现价值整合,以作为社会稳定的基础"。翟学伟:《中国人的行动逻辑》,生活·读书·新知三联书店 2017 年版,第 117—118 页。通过政府比公民守法更重要的法律信仰实现价值整合,应该是当代中国走向有生命力的现代国家的不可或缺的内容。

困扰,还是要实现社会主义制度的优势,以社会正义为价值共识的法理和以社会性立法为实践抓手的法律都会变得越来越重要。

二、如何应对全球化的冲击?

随着工业革命后资本主义制度对现代国家建构的新趋势,人类社会出现了不同于以朝贡依附方式建立起来并主导的早期国家间关系。马克思和恩格斯用非常形象而深刻的语言把这种关系称为以"中心(西方)—外围(殖民地或半殖民地)"为本质的现代国家间关系。"资产阶级,由于开拓了世界市场,使一切国家的生产和消费都成为世界性的了。……过去那种地方的和民族的自给自足和闭关自守状态,被各民族的各方面的互相往来和各方面的互相依赖所替代了。……它迫使一切民族——如果它们不想灭亡的话——采用资产阶级的生产方式。"①工业革命所建构起来的国家间关系是以国家攫取资本、市场扩张和治外法权为动力和表现的,同时也是西方国家以全球化的名义对其他国家的控制。我们不得不承认中国现代国家的建构"最初多半是在外力的冲击下产生的,而只是在较小的程度上通过其广泛群体和阶层的内在主动性和转变所促成"。② 由此反帝救亡成了革命以及革命后现代国家法理要素和法律体系建构中压倒一切的首要主题,国家独立和民族解放在革命后现代国家的法理要素和法律秩序中具有特别重要的意义。当然把这种意义绝对化无疑也造成了革命后中国社会在建构现代国家的法理要素时的一种盲目排外倾向,无论是政治运动对法律秩序的挤压,还是阶级性对社会性的否定,都在一定程度上受到第一波以"中心—外围"为表征的全球化浪潮的深刻影响。但自 20 世纪末开始的全球化显然不同于以往"资本主义化"作为表现形态的"全球化"。③ 执政党充分反思了革命后

---

① 《马克思恩格斯选集》,第 1 卷,人民出版社 2012 年版,第 404 页。
② [以色列]艾森斯塔德:《现代化:抗拒与变迁》,张旅平等译,中国人民大学出版社 1988 年版,第 96 页。
③ 在《不列颠百科全书》中,詹宁斯·沃森从文化角度将这一次全球化定义为"日常生活的经验,经由物品与理念的传播,最终在全世界形成标准化文化表达的过程"。世界银行对这一轮全球化的正式定义是纯粹经济学式的,即"个人和公司与其他国家居(转下页)

现代国家建设的内部因素和外部条件后,于1978年底实行改革开放,并将1982年宪法所表述的"一个中心,两个基本点"作为有效现代国家建设的依据。建设有中国特色的社会主义成为中国社会在新一轮全球化冲击下实现国家现代化的一种战略选择。"全球化不仅仅是中国社会转型的背景,中国社会转型也是全球化的组成部分,并推动了全球化进程。"①

但是,全球化对当代中国社会走向有生命力的现代国家的冲击愈来愈强烈,因为全球化的发展已经打破了原来的"中心与外围"国家间关系,"应该被理解为在许多尺度上不同力量运行的复杂结果"。② 这种结果告诉我们,21世纪的全球化浪潮既隐藏着陷阱,又包含着通途;既解构着国家与社会之间的关系,又在刺激国家能力的提升;既在释放公共事务治理现代化的普遍性,又在强化现代主权国家建构的特殊性。在这个意义上,与其认为民族国家衰弱了,不如说民族国家正在改变其传统功能,全面地介入当代世界的社会关系。③ 这就构成了2018年宪法修正案把人类命运共同体纳入国家建设的议程之法理意义。这一法理意义的实现显然不应诉诸国家管制范围的扩大,而应该致力于增强国家能力。因此,当代中国社会如何改制(内部不适应全球化浪潮的法理判断与制度安排)以入制(开放的法理价值与既有的国际秩序),最终提升改制(共商共享共建的法理逻辑与构建人类命运共同体的制度安排)的能力;如何主动地通过国家建设来调整国家与社会之间的关系,为政治系统的生存和存续营造一个良好的社会生态环境等问题变得尤

(接上页)民开展资源经济交易的自由和能力。"[美]达昌:《绑在一起》,刘波译,中信出版社2008年版,导言;美国学者认为全球化指的是一组多向度的社会进程,它们创造、增加、扩展和强化了世界范围内的社会交流和相互依存性,同时也使人们越来越意识到本地与远方世界之间的联系正在日益深化。[美]斯蒂格:《全球化面面观》,丁兆国译,译林出版社2009年版,第8—10页。

① 郁建兴:《马克思国家理论与现时代》,东方出版中心2007年版,第280页。
② Bob Jessop, *The Future of the Capitalist State*, Cambridge: Polity Press, 2002, p.114. 按照杰索普的看法,全球化时代的国家正面临着三种挑战:一是"去民族化"的挑战;二是"去国家化"的挑战;三是政策规制的国际化。
③ 庞中英等:《全球化、反全球化与中国》,上海人民出版社2002年版,第260页。

为重要。① 总之,应对全球化浪潮的冲击,有生命力的现代国家应强化国家能力的法理要素的叙述。必须指出的是,中国是大国,是文明国家的历史成长结果而不是简单的民族国家的现代性要素体现。当代中国法治体系不可避免地要面对世界百年来未有之大变局所带来的挑战。随着中国对外交往增加,国家治理复杂性日益显现,这个面向正日益显著。② 落脚点就是要在开放的社会中,从全球政治秩序中寻找制度改革的方向和维系法治秩序的生命。③

当代中国社会全面正视国际规则体系所秉持的价值选择给重塑现代国家的法理要素带来的挑战。"国内事务与外交事务,国内政治问题与外部问题,民族国家的主权关注与国际考虑之间的界限被削弱了。"④全球化进程的推进有一个前提条件,即每一个民族国家面对日益开放的社会交往和日益增多的公共事务,都必须致力于为国家间合作与非国家行为体等参与公共治理提供规范引导和法律保障。统筹推进国内法治与涉外法治对各个民族国家法律体系的发展产生深刻的影响。其中最重要的影响表现在各个民族国家法律体系的发展必须审慎处理由革命后现代西方国家主导的国际规则体系所定义的价值标准,比如法治、人权、民主等。对于依然处于发展中国家行列的当代中国来说,必须慎重对待国际规则体系中的西方中心主义的因素,坚持以历史的眼光和开放的思维选择当代中国法律体系的价值追求方向。孟德斯鸠曾深刻地指出,人类社会存在着两种类型的暴政,"一种是真正的暴政,是以暴力统治人民;另一种是见解上的暴政,即统治者建立的一些设施和人民的想法相抵触时,让人感觉到的那种暴政"。⑤ 无论是以理性伪装的教条主义还是强制性的乌托邦主义,都是把人类生活简单化、一元化,它要创造的是单一决定论的神话,是一种主观主义的盲目自信,是对

---

① 刘京希:《国家与社会关系的政治生态理论诉求》,《文史哲》2005 年第 2 期。
② 苏力:《大国宪制——历史中国的制度构成》,北京大学出版社 2018 年版,第 551 页。
③ 强世功:《立法者的法理学》,生活・读书・新知三联书店 2007 年版,第 27 页。
④ [英]戴维・赫尔德等:《全球大变革》,杨雪冬译,社会科学文献出版社 2001 年版,第 614 页。
⑤ [法]孟德斯鸠:《论法的精神》,上册,张雁深译,商务印书馆 1961 年版,第 304 页。

错综复杂的人类社会生活的误解,其实质上也是一种暴政,因而是与现代社会法律发展的基本价值取向背道而驰的。但是我们也必须认识到,无论人类的文化存在着多少差异,人类社会还是有着越来越多的共同的文化价值观,这是现代国家的法理要素在价值选择时无法回避或拒绝的。而且这一趋势将随着人类社会的发展而强化。制度文明的发展过程本来就是借鉴、积累和升华的过程。有生命力的现代国家法理要素的重塑不可能在世界法律文明的发展路径之外发生,因此在全球化进程日益拓展的过程中,当代中国要发展和完善社会主义法治体系只能在开放中寻求进步的动力。既然任何一个国家都没有办法重新回到与全球化相遇之前的状态,那么所有民族国家尤其是发展中国家都必须敏锐地把握人类社会一切法律制度在其存在和发展过程中为人类所积累的法律实践经验和法学知识资源。中国特色社会主义法治体系不可能也不应该自外于人类制度文明发展的总潮流和总趋势,必须通过自己独特的道路加入普遍的历史潮流之中去。① 全面深化改革意味着当代中国社会把人类命运共同体的宪法规定所体现出来的共商、共享和共建的理念贯彻到现代国家法理要素的重塑之中。简单拒绝或简单接受所谓普适性价值并用来指导当代中国重塑现代国家的法理要素是极其危险的。可见,面对全球化的冲击,当代中国重塑现代国家的法理要素应当致力于消除将全球性与地方性(或普遍性与特殊性)作为价值选择的两极而产生的非此即彼的对立,使它们作为一种"相互贯穿的"原则而存在。②

国家治理体系和治理能力现代化必然注重政府职能的转变与国家能力的提升,以应对日益复杂的全球化浪潮冲击。当代中国社会要在走向有生命力的现代国家的进程中重塑现代国家的法理,就要从观念、价值和关系这三个核心问题上把握政府职能转变和国家能力提升进而通过法治体系的运转为社会成员提供稳定的预期。马克思主义经典作家没有区分政府职能与国家能力。马克思和恩格斯提出过政府职能分为政治职能与社会职能,即

---

① 何兆武:《苇草集》,生活·读书·新知三联书店1999年版,第462页。
② 郁建兴:《马克思国家理论与现时代》,东方出版中心2007年版,第294页。

"政府统治人民的权威"和"由于国家的一般的共同的需要而必须执行的职能"。① 前者包括政府同民众相对立而产生的各种特殊职能,后者执行的是一切社会的性质产生的公共事务。从马克思主义国家观来看,前现代国家的法理表明其政府职能更多在政治职能上,而现代国家的法理必然要求政府更多地承担社会职能。当然,像前现代国家的政治职能履行并不意味着否定社会职能的承担一样,现代国家的社会职能履行并不意味着放弃政治职能的承担。只是由于现代国家的法理要反映现代社会的现实发展,对社会职能的要求越来越强烈,特别是对于坚持公有制主体地位的社会主义国家来说,强化社会职能的正当性以及提升国家能力是当代中国社会走向有生命力的现代国家以应对全球化浪潮的冲击并实现国家能力提升的法理叙述的关键。我们要立足于工业革命以来、特别是 20 世纪以来现代国家政府职能转变的规律,以及全球化浪潮冲击下国家治理体系和治理能力现代化发展的诉求,从法理上厘清政治职能与社会职能的关系,从政治职能为中心的法理叙述转变为社会职能的法理叙述。在全面深化改革的背景下,面对全球化浪潮的冲击,我们需要全面落实社会职能的法理叙述能力以及其在中国特色社会主义法治体系中的实现水平,在全球气候变化、人民卫生健康、公共产品提供等关键领域的社会职能的法理表达能力和法律实践水平要得到有效提升。

执政党提出市场配置资源的决定性作用之后,当代中国社会转变政府职能的目的在于提升人民对改革的获得感。因此现代国家的法理要素通过发展和强化社会职能的方式转变政府职能与提升国家能力就变得越来越重要。一是表现在观念层面,即政府理念的转变,如不能总是"关起门来为民作主"。② 好的政府是一个有能力通过内部权力关系的调整与约束实现国家目标的政府。要防止 20 世纪 90 年代以来中国社会出现的新自由主义和所谓新左派关于好的政府的观念误区。从美国重构现代国家的初始定义的实践和自由主义国家观的当代转型来看,我们千万不要遗忘了新自由主义

---

① 《马克思恩格斯选集》,第 3 卷,人民出版社 2012 年版,第 167 页。
② 曹沛霖:《制度的逻辑》,上海人民出版社 2019 年版,第 239 页。

的隐蔽主题,即高度强调现代国家对于个体自由与社会合作的法理意义,强调国家在提供公共物品与保障一定程度社会正义中的积极作用,强调国家在国际交往中保护本民族利益的重要性。① 而新左派面对改革中出现的社会问题和所面临的国际环境,突出强调政治职能和国家责任,进而把国家权力的加强和政府干预范围的扩大误认为国家能力的强大。因此,"要在中国建构一种既有经济活力、又有秩序,既有个人自主、又有社会公正的国内秩序;同时使中国在全球化的过程中能够维护本国国民的经济、社会、政治与文化福祉",②现代国家法理要素的重塑就必须超越新自由主义和新左派之争,真正走出"一放就乱,一统就死"的怪圈。二是全面落实法治价值,没有法治价值的落实,想要政府职能转换和国家能力提升就注定是一个幻觉,或者收效甚微。③ 在现代国家成长的法治逻辑中,法治体系确保现代国家承认各种社会利益群体合法组织起来的权利,以体现国家对社会的信任,无论是通过《中华人民共和国民法典》的颁布以全面落实对个体权利的保护和现代契约精神,④还是司法体制的系统性改革以实现对权利的有效救济以防止某些社会力量在利益分歧中演变为对现代国家成长的不必要的掣肘因素。法治价值要素中包含着国家能力需要通过为个体权利实现提供规范化和程序化的机制来实现的基本要求,这同样有助于社会信任国家和社会自身合作所

---

① 李强:《宪政自由主义与国家建构》,载王焱:《宪政主义与现代国家》,生活·读书·新知三联书店2003年版,第23页。
② 同上书,第20页。
③ 美国学者西蒙斯教授运用公共选择的理论视角,立足政府如何在社会职能领域发挥作用问题,系统地解释了在社会福利、消费者保护、教育、贸易、环境等领域政府不必要的干预是如何导致政治上的短视、经济上的停滞以及公众对政府的不信任等问题。明确了一个再简单不过的道理:政府在社会职能领域表达其现代国家的国家能力的贡献时,最基本的事情应该是建立法治。[美]西蒙斯:《政府为什么会失败》,张媛译,新华出版社2017年版,第353—355页。
④ 与封建契约不同,现代契约有三个显著的制度性特点:第一,意思表示的主体独立于现实力量的对比关系;第二,交换的对象是物质关系而不是人身关系——即当事人在身份上是平等的;第三,交换关系的等价性是意思自由的基础。在现代契约的价值观中,意思的对立、权利的抗争占有重要的位置。国家治理体系现代化就需要现代契约的价值观置入现代国家法理要素的重塑之中。季卫东:《法治秩序的建构》,商务印书馆2019年版,第395—396页。

需要的契约观念。"总之,在现阶段,国家需要允许社会以自组织的形式发展,并为其发展创造条件,建立法治框架。不过,在这个过程中,需要避免民粹主义或者强社会/弱国家的建构模式。"①三是深层次地处理好国家与社会的关系问题。马克思明确认识到了现代国家的私有财产基础不变,其社会职能受制于且服务于政治职能,在法理本质上只能是"冒充的共同体""虚假的共同体"。"在真正的共同体的条件下,各个人在自己的联合中并通过这种联合获得自己的自由。"②真正的共同体的现实条件,就是革命后中国社会把公有制作为现代国家的基础。只要社会主义制度作为中国建设现代国家的根本制度,公有制主体地位就不会变。这就不会落入"目的—手段"式抽象化看待个人与社会、国家关系的个人主义窠臼。只要中国社会处于社会主义初级阶段的事实没有改变,国家与社会之间的关系就不能超越现代国家的发展阶段。这就击中了视国家为不可超越的最高自由实现形式的客观唯心主义的要害。③

最后,我们必须承认这样一个事实,"每个人都置身于一种共同体生活方式中,它受到社会的制约,且发生历史的演化。个人的生存方式被深深打上了由此而来的各种印记。通过每个人与他人的联系,语言、习俗和法律作为规定性的因素进入每个人的生活中——这些因素本身表达了历史性的共同体生活,受到历史的制约,变化无常、更易不息"。④ 全球化浪潮无疑加剧了这种历史性共同体生活的复杂性。也正如德国著名法学家施塔姆勒所说的,这种复杂性通过语言、习俗和法律作为规定性的因素进入新时代每个人的生活。正是基于这一事实,现代国家法理要素的重塑要认真对待语言、习

---

① 马骏:《改革以来中国的国家重建:"双向运动"的视角》,载马骏等:《中国"行政国家"六十年历史与未来》,格致出版社 2012 年版,第 38 页。福山正是从国家能力在法治价值中得以实现出发对国家的运作范围和国家能力两个概念作了有启发意义的区分。他指出:"国家的运作范围是指政府施政的各种功能与目标,国家力量的强弱则指国家拟定与实施政策、执行法律并兼顾廉洁与透明的能力——现在统称之为国家或制度的能力。"See Francis Fukuyama, *State Building*, Cornell University Press, 2004, p.7.
② 《马克思恩格斯选集》,第 1 卷,人民出版社 2012 年版,第 199 页。
③ 郁建兴:《马克思国家理论与现时代》,东方出版中心 2007 年版,第 115 页。
④ [德] 施塔姆勒:《现代法学之根本趋势》,姚远译,商务印书馆 2016 年版,第 46 页。

俗,特别是法律作为规定性的因素对全球化浪潮带来的固有法与移植法、国家秩序与民间秩序等分殊倾向做出的具有说服力的法理回应。"任何新的法律制度都不可能是凭空产生出来的,而总是或多或少来自于已有的正式或非正式的制度。这样,本国或他国已有的正式制度或非正式制度就构成了法律发展过程中可以利用的制度资源。"①然而对曾受国际规则体系欺压的后发国家来说,中国在利用外来资源与本土资源问题上面临着紧张关系,往往会陷入不易察觉的悖论之中。一方面,对于"法律是什么"的追问成为当代中国构建和完善现代法律体系无法回避的问题。西方国家运用自由主义法治话语对现代性的叙述,在法律的法理追问上倾注了太多的抽象理解。这些抽象理解现实的用意,即使在法理上也是缺乏说服力的。对于当代中国社会而言,需要认真面对的一是中国的历史传统,即活生生的、流动着的、在亿万中国人的生活中实际影响他们的行为的观念以及在行为中体现出来的约束力;二是在当代中国人的社会实践中已经形成或正在萌芽发展的各种非正式的制度,如各种本土的习惯、惯例,这是更重要的本土资源。除了因为法律是地方性知识之外,本土资源对当代中国法律体系的重要性还在于,与外来的法律制度相比,从本土资源中产生的法律制度更容易获得人们的接受和认可,更易于贯彻实施,因而有利于减少国家强制力,减少社会的交易成本,建立比较稳定的社会预期。② 也正是从这个意义上,我们可以理解这样一个事实,"预测一种移植的法律或制度在受移植国家的实践中达到怎样的效果,需要相当丰富的地方性知识,包括对现存制度、规范、支持或反对情况,政府包容多样性的能力及法律命令的区域差异等情况的了解。因此,一国接纳部分国际法治内容并上升为法律,但常常得不到执行,也不足为奇"。③

但是另一方面我们必须认识到,面对全球化的冲击,当代中国法治体系

---

① 黄文艺:《全球结构与法律发展》,法律出版社2006年版,第64页。
② 苏力:《法治及其本土资源》,中国政法大学出版社1996年版,第6—22页。
③ [澳]阮蒂·裴瑞布姆:《法治的未来:此领域的挑战与前景》,张耀泽译,载张丽清编译:《法治的是与非:当代西方关于法治基础理论的论争》,中国政法大学出版社2015年版,第76页。

的发展依然要把落实现代性的法理因素作为不可回避的议题。为此,我们必须承认西方社会对现代性的理解以及对国际规则体系的贡献,特别是现代性价值所主张的个体权利及其背后所隐藏着的自下而上的法治体系建构逻辑。这一逻辑中必然包含着的社会自主以及由此产生的现代法治创新的价值追求才是当代中国重塑现代国家的法理要素中必须认真对待的。我们可以从改革开放以来法律体系的构建历程中清楚地发现,许多自上而下的制度创新常常偏离初衷甚或改变了正常路径,致使法条主义盛行,形式主义泛滥,引领法制改革的思想观念成为扭曲的法治主义或修辞学的法治主义。① 总之,面对西方国家主导的国际规则体系的压力,真正的危险在于我们对现代性的肤浅理解,由此形成对本土资源的肤浅把握。不能认真对待民族法律文化、共同的社会生活和不同的社会制度选择对当代中国法律体系的约束,简单地借用自由主义的概念和命题而没有真正把握自由主义包含的个人通过国家进行自我治理的精神实质,对当代中国法律体系的过去历史资源利用、当下现状需求把握和未来发展方向回应都是危险的。② 当然,用历史悲情主义和文化相对主义来对待本土资源同样是危险的。自绝于国际规则体系之外,不仅不能推进当代中国法律体系的成长,而且会使当代中国法律体系陷入民粹主义或是后现代主义的泥淖之中无法自拔。③ 构建一种回应时代需求的现代法治体系和重塑有生命力的现代国家法理要素,必须拨开笼罩在现代法治话语体系上的相对主义和绝对主义迷雾。马克思主义哲学关于扬弃的思维,对于当代中国面对全球化浪潮的冲击、扎根中国大地、保持中国特性和重塑现代国家的法理要素依然具有重要的意义。也就是说,"只要把历史视为思想资源而不是精神负担,就应该有足够的智

---

① 高全喜:《法制变革与中国经验》,《中国政法大学学报》2009 年第 2 期;冯玉军:《法律与全球化一般理论述评》,《中国法学》2002 年第 4 期。
② [美] 小曼斯费尔德:《社会科学与美国宪法》,汪庆华译,载《宪法与公民》,上海人民出版社 2004 年版,第 107—121 页。
③ 我们必须清醒地认识到民粹主义或后现代主义"既没有建立权威的意图也没有这个能力,所以,解构总是思想性的,是言而不是行,是怀疑论的态度而不是实践性的革命"。赵汀阳:《没有世界观的世界》,中国人民大学 2003 年版,第 227 页。

慧在人类经验的基础上对各类文明取长补短,产生出一种相对均衡、人与人和人与自然都能长期和谐共处的取向来"。①

三、如何推进现代性的国家建构？

福山在论及发展中国家的国家建构时指出:"我们知道如何以跨越国界的方式引入资源,但是运作健全的公共体制有赖于某些心态习性的养成,其推动过程也相当复杂困难。对于这个领域,我们必须投入更多的心思、关注与研究。"②当代中国社会要全面深化改革和全面推进依法治国,充分表明国家建设的推进已不在于是否需要现代国家法理要素的重构,而在于如何全面推进现代性的法理建构。当代中国社会要走向有生命力的现代国家,并全面实现社会主义制度对资本主义制度的超越,最终为自由人的联合体的实现提供现实的可能性和法理的说服力。

虽然我们必须承认以个人权利观念为核心要素的现代性的国家建构,且把这种现代性的法理落实在法律之中的方式确实是从西方社会开始的,③但是我们从西方社会对现代国家的初始定义和重构中发现,现代性的国家建构从来不是线性和均质的。革命前的历史资源、革命后的制度选择以及改革后的社会结构表明,现代国家法理要素的重构"不仅仅是一个不完全现代化的问题,相反,它涉及一个世界社会中相关的制度和历史特殊性,以及在它们不同的时期和形势中的转型"。④ 所以说,我们不能简单地演绎和照搬西方国家的国家建构实践和西方自由主义国家建构理念。更重要的是,我们依然可以发现西方在推进现代性的国家建构时所面临的一个自身无法解决的问题,这一点在西方社会内部也从来没有停止过反思。在马克思看来,个人权利的普遍性释放和所有制结构下的特殊利益发展到了极端,

---

① 罗志田:《中国的近代:大国的历史转身》,商务印书馆 2019 年版,第 67 页。
② Francis Fukuyama, *State Building*, Cornell University Press, 2004, p.ix.
③ 金观涛:《探索现代社会的起源》,社会科学文献出版社 2010 年版,第 36—41 页。
④ Bob Jessop, "A regulationist and state-theoretical analysis", in Richard Boyd and Tak-Wing Ngo (ed.), *Asia State: Beyond the Developmental Perspective*, Routledge Curzon, 2005, p.1.

现代国家已无力用普遍性来掩盖其特殊性，这就是现代性的危机。美国通过对现代国家定义的重构和自由主义国家观的转型，试图走出现代性危机。但是由于所有制结构和晚期资本主义社会的潜在阶级结构的约束，现代性的危机不可能彻底解决。因为"公民参与政治意志形成过程，即实质民主，必定会使人们意识到社会化管理的生产与私人对剩余价值的继续占有和使用之间所存在的矛盾"。① 而且，现代西方国家法律供给的合理性危机必然导致现代性的法理认同的削弱。

革命后中国社会在 1954 年宪法中真正开启了一种超越西方社会用资本主义制度实现现代性并建构现代国家的法理逻辑和法律框架的努力。当然，这种努力一度脱离了中国社会的"历史-社会-文化"的约束，试图用马克思主义的法理教条和意识形态的对立去实现对现代性的超越。现代性的好处没有展开，现代国家的建构遭遇重大挫折。改革后马克思主义的中国化、1982 年宪法的制定以及修正案的颁布，表明当代中国社会不走现代性的西方邪路，也摆脱反现代性的法理教条。国家治理体系和国家治理能力现代化的提出，意味着推进现代性的现代国家建构已经全面进入到有生命力的现代国家成长过程之中，市场的逻辑、权利的逻辑和社会主义的规定性等诸多要素成为重塑现代国家法理要素的"中轴原理"。② 当然，正如全面从严

---

① [德] 哈贝马斯：《合法化危机》，刘北成等译，上海人民出版社 2000 年版，第 50 页。
② 马克思在分析人类文明发展时提出要把握国家建设和社会发展的内在逻辑，就必须寻找到这个行动框架的逻辑起点，由于这个逻辑起点决定着这个行动框架下的具体行动的出发点和价值取向，所以，也就构成了整个行动框架的中轴。在本书中就可以表述为当代中国社会重塑现代国家法理要素的中轴。马克思说："在一切社会形式中都有一种一定的生产决定其他一切生产的地位和影响，因而它的关系也决定其他一切关系的地位和影响。这是一种普照的光，它掩盖了一切其他色彩，改变着它们的特点。这是一种特殊的以太，它决定着它里面显露出来的一切存在的比重。"《马克思恩格斯选集》，第 2 卷，人民出版社 1995 年版，第 24 页。美国著名社会学家丹尼尔·贝尔完全接受了马克思的这个研究方法，并冠之以"中轴原理"。"中轴原理和中轴结构的思想力图说明的不是因果关系（这只能用经验关系论来说明），而是趋中性。在寻找社会如何结合在一起这个问题的答案时，它设法在概念性图式的范围内说明其他结构环绕在周围的那种组织结构，或者是在一切逻辑中作为首要逻辑的动能原理。" [美] 丹尼尔·贝尔：《后工业社会的来临——对社会预测的一项探索》，高铦等译，商务印书馆 1984 年版，第 14 页。

治党所表达出来的意义,在国家治理体系现代化进程中,政党(中国共产党)总是内嵌于社会主义法治体系之中的,是推进现代性的国家建构的发电机,其主要任务是运用国家机器实现有效的国家治理。①

市场的逻辑蕴藏着国家成长和社会发展的理由。国家和市场是分不开的。从人类社会的文明史看,分工、交换、市场的发生和发展是先于权力、国家、法律的出现和发展的。只不过人类社会进入现代文明之后,市场制度化和现代国家的成长紧密结合在一起以实现社会持续繁荣。"自我调节的市场的理念,是一个彻头彻尾的乌托邦。除非消灭社会中的任何自然物质,否则这样一种制度就不能存在于任何时期;否则,它将摧毁人类并将其环境变为一片荒芜。"②在这一认知前提下,市场制度包含着现代性的两个共识:一是清晰界定的产权;二是产权得到良好的保护,不存在任何形式的掠夺。市场制度既提供了现代国家释放社会自主和个体自由的内容,也指明了现代国家构建现代法律体系的方向。因此,只有到了现代社会,市场秩序的发展和法律体系的建构成为国家治理体系现代化的两个轮子。改革开放以来,当代中国社会消除了在市场与政府之间关系上的误区之后,我们需要正视的是,关于全面深化改革后中国如何通过现代性的国家建构来摆脱市场机会主义、行政机会主义以及两者勾结带来的寻租问题。③ 我们应该从中国目前的市场机会主义"被放任的自由"的种种弊端以及改革陷入利益固化的困境中认识到,为了使当代中国从有效的现代国家走向有生命力的现代国家的发展不至于半途而废,有效抑制市场机会主义、行政机会主义以及两者间的勾结,并在此基础上建设现代法治体系,我们必须在认清机会主义的前

---

① 刘建军等:《新中国根本政治制度研究》,上海人民出版社 2009 年版,第 187 页。
② [美]波兰尼:《大转型:我们时代的政治与经济起源》,冯刚等译,浙江人民出版社 2007 年版,第 59 页。
③ 杜赞奇的一个分析对我们正视这个循环圈问题有启发。他说:"从今日发展中国家的经历中可找到答案:其成功的关键在于,在被释放出来的'非法'(delegitimation)力量冲倒之前,过渡政权必须建立起新的合法性,这是一场关系着政权命运的竞赛。"[美]杜赞奇:《文化、权力与国家——1900—1942 年的华北农村》,王福明译,江苏人民出版社 1994 年版,第 227 页。

提下进行现代国家的法理重构和法治建设。这才是真正的法理创新与法治创新,但这同时还是一道无从回避也不应望而却步的隘口。① 我们从法理上必须明确接受这个事实,在市场的逻辑中,"市场机会主义与行政机会主义相互强化的交易费用问题,其普在性已经得到了经验证明(不仅仅是逻辑演绎)"。② 过高的交易费用影响着市场制度的正常运行,进而阻碍现代社会的成长。因此,为一个好的市场和健康的社会提供现代法治体系,是适应现代性的国家建构必须面对的一个现实问题。为此,重塑现代国家的法理要素"不是根植于那种关于先于社会而存在的个人权利的形而上学和自相矛盾的观念之上,而是来自于那些构成社会联结的相同因素"。③ 也就是说,适应现代性的国家建构既是抑制市场机会主义并增进市场主体合作的要求,也是现代社会文明的发展所必须具备的前提。适应现代性的国家建构总是围绕着增进行政主体/市场主体展开,最终增进市场主体间的协作性。法律体系能否以及在何种程度上增进社会合作成为评判国家治理体系和治理能力现代化的重要标准。④ 市场的逻辑中,适应现代性的国家建构必须基于相互依赖的社会合作事实,并回应解决因机会主义产生交易费用问题的真实需求。⑤ 市场经济、契约自由和产权正当之间的整体性关系是

---

① 季卫东:《法治秩序的建构》,商务印书馆 2019 年版,第 273—274 页。
② 宋功德:《论经济行政法的制度结构——交易费用的视角》,北京大学出版社 2003 年版,第 109 页。
③ [法]狄骥:《公法的变迁/法律与国家》,郑戈等译,辽海出版社、春风文艺出版社 1999 年版,第 437 页。
④ 在狄骥看来,人必须生活于社会之中,因此必须要有一个基本的社会规范,即每一个人的行为都不得违反社会协作关系,他应当根据他的能力和地位来维持和促进社会协作关系。这个基本规范决定其他一切社会规范(经济规范、道德规范与法律规范)。每一个人不论他是统治者还是被统治者,也无论其能力大小,从事的职业如何的不同,根据社会协作关系都负有两种义务,即不能违反社会协作关系而应促进社会协作关系的发展和每个人的法律地位根据其履行的社会协作关系的功能而定,当其行为符合社会协作关系时受到法的保护,否则无效。王名扬:《法国行政法》,中国政法大学出版社 1988 年版,第 762 页。
⑤ 经济学家诺斯在研究了第三世界市场发展所存在的问题时指出:"造成第三世界历史上的停滞以及现代发达程度不高的最重要的因素是:社会不能有效地廉价地契约履行。……第三世界的契约履行是不确定的。这不仅由于法律原理暧昧,而且由于法律执行者行为的不确定性。" See, D. C. North, *Institutional Change and Economic Performance*, Cambridge University Press, 1990, chap.7.

法律体系的发展、进而构成国家治理体系现代化的基本内容,法律体系要落实现代国家关于社会是社会利益的最好判断者、尊重社会自主判断能力和公共权力有限性的要求。唯有人的社会性与差异性在现代国家的法理要素中得到充分尊重,生活在现代国家下的社会成员才能真正体认到现代国家成长的长远价值与现代社会的个体利益之间的平衡之意义。当然,市场的逻辑里对公共权力的依赖与限制的诉求同样强烈,只不过基于这一逻辑在中国社会展开的特有限制,法治所面临的挑战主要表现为关系社会中的人情伦理对现代社会所诉求的契约法理的破坏。"在中国,法律受情理的牵制,决策方式往往是概率性的。市场活动为了获得必要的预测可能性,不得不回过头来向关系本身求援。"①现代市场经济的一种体制条件必然是法治,而法治则是通过法理约束和法律供给来为现代市场经济提供价值共识和法律约束,在法理上追求政府权力的有限性和有效性的平衡,以建构保障竞争的公正性的国家以及法治秩序,在法律中界定产权和契约履行以及公正、高效和权威的司法救济。② 国家治理体系和治理能力的现代化必须改变造成市场失灵的制度结构,平衡契约自由和社会正义的法理张力,全面建构普遍的法治秩序约束下的市场与政府间的法律关系。"任何过于强调一方力量的制度设计都是有风险的。完全强调国家的利益,以国家的利益取代市场和社会的利益,例如在全能主义国家,已经被历史证明是有害的。然而,过于强调市场或者社会的利益,弱化国家能力,也同样是有害的。"③

权利的逻辑无疑是现代性的国家建构不可或缺的要素。"现代性意味着以下两种全新价值在人类社会中涌现:第一为'工具理性'成为社会行动

---

① 季卫东:《法治秩序的建构》,商务印书馆2019年版,第271页。执政党在十八届四中全会所作出的全面推进依法治国若干问题的重大决定中也明确指出了这一点。关系案、人情案和金钱案困扰着国家治理体系和治理能力现代化。全面从严治党和全面推进依法治国成为新时代法治中国建设的关键要素。
② 钱颖一:《市场与法治》,《经济社会体制比较》2000年第3期。
③ 马骏:《改革以来中国的国家重建:"双向运动"的视角》,载马骏等:《中国"行政国家"六十年历史与未来》,格致出版社2012年版,第36页。

(制度)正当性的最终根据;第二是个人权利观念的兴起。"①因而权利的逻辑是现代国家法理要素重构议程中需要不断深化并贯穿到法治体系之中的议题。"就像制度影响现实生活中的行为和激励因素一样,它们会决定国家的成败。个人才能在社会的每个阶层都很重要,但是需要一个制度框架把他转化成积极的力量。"②英国对现代国家的初始定义拉开了从权利逻辑入手建构国家认同的合法性基础的序幕,但是从自由主义国家观的转型和20世纪以来西方现代国家合法性危机中可以发现,一方面社会成员基于宪法倡导的公民权利平等的政治诉求,不断进行各种形式的抗争,另一方面以个人主义作为宪政主义国家合法性的基础,又使国家的合法性基础有如建立在一个沙堆之上。③ 自由主义对权利逻辑的法理主张和西方现代国家法治实践的内在缺陷,最深层地植根于自由主义的理论假设,即个人乃使一种孤立的、非社会的造物和一种只关注个人私利的造物,而所谓社会和政体只是个人与个人的联合的结果。因此他们强调个人权利对社会的绝对优先性,把个人权利当作评判社会政治结构和政治行为的基本准则。这种基于自由主义国家观原子式个人主义的共同理论假设未能而且也不可能对支配社会互动的经济、政治和历史过程给出真实且充分的解释。④ 虽然20世纪以来西方国家提出并实践第二代人权观,力图通过经济社会文化权利在法律体系发展中的落实来维护国家建构的合法性基础,但是这一努力不可能突破其既有社会经济结构和个体自由在权利逻辑的优先性的限制。当代中国在推进现代性的国家建构中深化权利的逻辑时,需要强化的是具体的公民权利、认真对待公民程序性权利以及公民消极权利。"每个社会的法律在实质上都面临同样的问题,但各种不同的法律制度以极不相同的

---

① 金观涛:《探索现代社会的起源》,社会科学文献出版社 2010 年版,第 6 页。
② [美]德隆·阿西莫格鲁等:《国家为什么会失败》,李曾刚译,湖南科学技术出版社 2017 年版,第 29 页。
③ [英]约翰·基恩:《公共生活与晚期资本主义》,马音等译,社会科学文献出版社 1992 年版,第 287 页。
④ 邓正来:《哈耶克的社会理论——〈自由秩序原理〉代译序》,载[英]哈耶克:《自由秩序原理》,邓正来译,生活·读书·新知三联书店 1997 年版,第 46—47 页。

方法解决这些问题。"①从 2004 年人权入宪,再到 2020 年民法典的颁布,这是一个权利的逻辑通过公民权利的法律规范推进现代性的国家建构的过程。人是制度的根本,是制度发展的必由之路,人权将推动社会文明和国家建设的发展,权利的逻辑应该就是国家治理体系和治理能力的目的。尤其需要指出的是,权利的逻辑展开要适应全面深化改革进程所出现的多样化的社会结构,公民程序性权利观以及在现代法治体系建构中的实现在权利的逻辑中变得越来越重要。"个人如果不把利益转变成权利,那么这种利益是不安定的;国家如果不把服从转变成义务,那么这种服从是不可靠的。实现这种转变的装置是程序。"②因此,如果一个有生命力的现代国家要拥有有组织的民主、有保障的人权、有认同的权威,那么,公民程序性权利观应该是现代国家的法理要素的最重要的基石。公民程序性权利观通过转化成为法律程序,法律程序是现代法治体系发展所不可或缺的要素。③ 当人民日益增长着的对美好生活的向往与不平衡、不充分的发展之间矛盾成为当代中国走向有生命力的现代国家的基本矛盾的前提,必须考虑人们是如何选择的。"当一个文化表现出探究和追问人们如何进行选择包括道德的(或者规范的)、社会的(或者结构的)、个人的(或者行为的)选择的态度时,作为非经济过程的现代化就开始发生了。对于现代人,选择即是中心的问题……从关于选择这个观点更进一步,政治体系就变成一个为某种特定集体而设定的选择体系。政府是调整选择的机制。……现代化过程的一个特点是它包括选择的两个方面:改善选择的条件和甄别最满意的选择机制。"④所以说,公民程序性权利的完备程度可以视为推进现代性的国家建构的一个根

---

① [德] 茨威格特等:《比较法总论》,潘汉典等译,贵州人民出版社 1992 年版,第 56 页。
② 季卫东:《法治秩序的建构》,商务印书馆 2019 年版,第 84 页。
③ 诺贝尔经济学奖获得者科斯特别强调"司法性规则"(法律运作的程序要件)与市场功能的关联,认为经济的法制结构分析是今后经济学发展的一个重要方向。Ronald H. Coase, *The Firm, the Market, and the Law*, University of Chicago Press, 1988, esp. Chap.1.
④ David E. Apter, *The Politics of Modernization*, The University of Chicago Press, 1965, pp.9-11.

本性的要素。

社会主义制度的逻辑是推进现代性的国家建构的前提,反过来说,现代性的国家建构是基于完善和发展社会主义制度。进一步说,只有通过现代性的国家建构以及实践,才能让社会主义制度的逻辑运转起来,人们才能由表及里、去伪存真地触及国家建设的规律,在重塑现代国家的法理要素的过程中使社会主义法治道路变得豁然开朗。钱穆先生在研究中国政治制度史的《中国历代政治得失》一书中探讨了"制度环境""现实环境"与"理论"三者间关系。他认为:"制度须不断生长,又定须在现实环境、现实要求下生长,制度绝非凭空从某一种理论而产生,而系从现实中产生者。唯此种现实中所产生之此项制度,则亦必然有其一套理论与精神。理论是此种制度之精神生命,现实是此制度之血液营养,二者缺一不可。"[①]制度选择逻辑的背后是制度精神和法理要素的积累。让制度运转起来需要有法理要素的支撑。同时,让制度运转起来又是重塑现代国家法理要素的现实路径。基于革命后现实环境和国家成长的历史累积,当代中国社会选择了社会主义制度,从而为现代国家建设定立了根本制度。同样基于改革后社会情势的发展和制度成长的条件,当代中国社会提出了贫穷不是社会主义,从而为有效的现代国家建设提供了根本制度完善的方向和路径。全面深化改革后基于社会发展的新矛盾和国家建设的新目标,中国特色社会主义进入了新阶段,对推进现代性的国家建设提出了新要求。"在中国特色社会主义新时代,我们党把不断创造美好生活、逐步实现全体人民共同富裕作为发展的目标和归宿,体现了以人民为中心的发展思想,体现了我们党全心全意为人民服务的根本宗旨,体现了中国特色社会主义的本质要求。"[②]社会公平正义的法理价值就成为社会主义制度的逻辑在充满不确定性和不可预测性因素的社会生活中的价值优势,因此构成了适应现代性的国家建构的前提,并成为现代国家法理要素重塑的价值原点。虽然美国开启了现代国家初始定义的重构,但

---

① 钱穆:《中国历代政治得失》,九州出版社2012年版,第56页。
② 《习近平新时代中国特色社会主义思想三十讲》,学习出版社2018年版,第57页。

是只要所有制结构不变,资本主义的逻辑约束着包括美国在内的现代西方国家最终只能为"资本-福利-信息"三者与权力深度复合的正当性进行法理辩护。① "社会的生存本身是被置于个人和社会的整体之间的一种原则上和谐的前提之上。"②社会主义制度的逻辑无论是通过其核心价值观的表达,还是对以公有制为主体的所有制结构的坚持,都超越了资本主义制度下不自觉的妥协,是从根本上实现社会的生存本身的和谐。"社会主义的本质,是解放生产力,发展生产力,消灭剥削,消除两极分化,最终达到共同富裕。"③这就是说,社会主义制度的逻辑重构了个人观念和自由观念在现代国家的法理要素中的意义之后,不能放弃这一逻辑超越包括资本主义在内的不同社会制度的终极追求。全面深化改革就是在改革后释放社会活力的基础上让人民对改革有获得感,这就需要把社会正义这一社会主义制度的逻辑所追求的终极意义,全面贯彻到当代中国社会重塑现代国家的法理要素之中。无论是将社会性立法和公正司法在法治体系构建与实施中作为前提约束,还是将社会正义和共同富裕在法治理论丰富与发展中作为终极意义,都体现了一个有生命力的现代国家在法理要素的重塑中自觉接受社会主义制度的逻辑的约束。④ 麦迪逊在《联邦党人文集》中表达了这样一个观念,在构建一个我们希望长治久安的制度体系时,我们不能够忽略由时间所带来的变化。

---

① 我们可以不带任何偏见地看到,"企业共同体将经济权力转化成政策影响和政治通道的能力,连同它与中产阶级社团和宗教保守派结盟的能力一道,使得它成为联邦政府中最有影响力的力量……经济权力、政策专家和持续的政治胜利之间的结合,使得公司的所有者和主管们成为支配阶级,他们不仅掌握着绝对的权力,而且拥有权力形塑其他群体和阶级必须活动于其中的经济和政治框架。"[美]威廉·多姆霍夫:《谁统治美国:权力、政治和社会变迁》,吕鹏等译,译林出版社2009年版,第5页。
② [德]齐美尔:《社会是如何可能的:齐美尔社会学文选》,林荣远编译,广西师范大学出版社2002年版,第374页。
③ 《邓小平文选》,第3卷,人民出版社1993年版,第373页。
④ "在缺乏有效社会政策的情况下,政治和经济的开放政策将走入只有少数社会群体受益的怪圈。我们必须保卫社会,特别是社会中的弱势群体。显而易见,保卫社会不单是经济任务,更是政治任务。"这一任务对于社会主义制度来说又具有根本性的意义。郑永年:《中国模式:经验与困局》,浙江人民出版社2010年版,第185页。

中国社会曾在 20 世纪的一段岁月里被理想的社会主义的太阳照耀过，而经历了改革开放制度创新和法律思维上突破之后，中国现在正面临重拾社会主义制度的终极意义的时刻。只要社会主义制度依然是马克思主义法学和现代法治体系所坚守的根本制度，社会正义在现代国家法理要素重塑中就不能缺位。当然，只要当代中国社会处于社会主义初级阶段的事实没有改变，就不能把社会正义的法理价值绝对化。"优良的立法家和真实的政治家不应一心想望绝对至善的政体，他还必须注意到本邦实现条件而寻求同它相适应的最良好政体。"[1]亚里士多德这句话并没有因时间的流逝而失去对我们在重塑现代国家的法理要素的警醒意义。抽象的理想往往在现实中落实为国家主义。[2] 但是放弃根本制度所追求的理想，同样不是社会主义。因此，社会主义的制度逻辑不能陷入抽象的理想，但也不能放弃理想。当代中国在重塑现代国家法理要素时要注重平衡个体正义与社会正义的关系，其目的不在于民粹化地对弱势群体的施舍，而在于对结构性活力的保存与巩固。[3] 从革命、改革和建设的历程来看，任何形式的教条主义都无助于平衡点的寻找。更何况这种关系必然随着社会现实条件的变化而变化。致力于走向有生命力的现代国家的当代中国社会在重塑现代国家的法理要素的进程中，既不能无视社会主义制度的逻辑所追求的社会正义的理想之重要性，又不能脱离这一根本制度的发展阶段和现实条件的约束。

从法律体系走向法治体系，这一发展蕴含着当代中国社会重塑现代国家的法理要素时不再回避且努力回答的一个核心问题：什么制度才是最好的制度？"对制度而言，最关键的是调节好三种关系：一是人与人之间的关

---

[1] ［古希腊］亚里士多德：《政治学》，吴寿彭译，商务印书馆 1965 年版，第 176 页。
[2] 20 世纪以来，特别是从苏联颁布 1936 年宪法形成所谓的社会主义制度斯大林模式后，西方学者批评社会主义的一个重要方面就是它必然导致国家主义，导致对社会本身的否定。没有社会的国家，自然个体权利观念和自由是没有正当性的，最终导致社会贫困化后的国家失败。郁建兴：《马克思国家理论与现时代》，东方出版中心 2007 年版，第 281 页。
[3] 刘建军等：《创新与修复：政治发展的中国逻辑（1921—2011）》，中国大百科全书出版社 2011 年版，第 339 页。

系,二是人与物之间的关系,三是人与自然的关系。制度如果是好的,那么这三种关系调节得也就好。"①富强、民主、文明、和谐、美丽的社会主义现代化强国是国家建设的新目标。法治体系就要为当代中国社会实现这一国家建设新目标提供好的制度,而现代国家的法理要素也就要为这样好的制度提供正当性的知识基础。无论是国家认同,还是社会信任,都需要从现代国家的法理要素中获得支持。西方社会的现代性困境的缘由,正如理查德·拉什曼所说的那样:资本主义与现代国家并不是目的性产物,而是小心翼翼的精英阶层为了维护其已经享有的特权与权力而一步一步的成长起来的。没有多少精英是在有意识地创造新的社会关系或新的生产方式。②当代中国社会选择社会主义制度作为根本制度以实现共产主义的最终目标。公有制为主体的所有制结构下的生产力解放为这一目的的证成提供了现实的可能性。现代国家的法理要素重塑是在这一现实的可能性的前提约束下展开的。只有这样的行动才能超越资本主义制度对现代国家的法理定位,而且走出旧唯物主义对现代国家的法理误读。马克思明确指出:"旧唯物主义的立脚点是市民社会,新唯物主义的立脚点则是人类社会或社会的人类。"③这就表明马克思主义国家观对以社会主义制度作为根本制度的现代国家法理要素的把握,既不是从超验的个人权利观念出发,也不是从国家成长的当下逻辑出发,而是从整个人类命运共同体的总体规律出发。无论从资本主义制度的危机和自由主义国家观的转型,还是从社会主义制度的完善和马克思国家观的发展的角度看,个人要获得真正的自由,社会要获得真正的解放,最关键的条件就是要消除生产资料与劳动的分离,以及这种分离所带来的物对人的统治,以及以这种统治为基础的人与人之间被契约自由掩盖着的不平等关系,而要做到这一点,就必须使"个人占有现有的生产力的总和"成为现实。以社会主义制度作为根本制度的当代中国社会,从所有

---

① 曹沛霖:《制度的逻辑》,上海人民出版社 2019 年版,第 377—378 页。
② Richard Lachmann, *Capitalists in Spite of Themselves: Elite Conflict and Economic Transitions in Early Modern Europe*, Oxford University Press, 2002, p.228.
③ 《马克思恩格斯选集》,第 1 卷,人民出版社 2012 年版,第 136 页。

制结构和分配关系上确立了这一现实的制度依据,社会主义初级阶段的提出只是从时间上明确了这一现实展开的过程,但始终没有改变这一现实的走向,反而在现代国家法理要素的重塑过程中更加明确了好的制度的三个面向对于当代中国走向有生命力的现代国家的现实意义。2018年宪法修正案确定的国家建设新目标则把这种现实意义通过根本法予以落实。富强民主文明和谐美丽的社会主义现代化强国这一国家建设的新目标,从根本法上体现了马克思国家观的法理主张,即"只有在共同体中,个人才能获得全面发展其才能的手段……才可能有个人自由",[1]也只有在这种联合中,个人才真正实现"自主活动",获得真正的自由,从而使原来"偶然的个人"发展为能够"自主活动"的"有个性的个人"。[2] 于是,在国家建构的现实进程和现代国家成长的法理逻辑中,社会主义国家与资本主义国家是完全颠倒的。前者不是从个人解放和抽象的个人权利观念出发,建立市民社会和现代国家的正当性,进而建立和发展现代国家,而是首先将个人联合起来,通过占有生产力的总和,实现个人的自由,创造社会的解放,使社会主义国家不是原来意义上的国家。[3] 所以说,现代国家法理要素的重塑就是要致力于实现"不是原来意义的国家"的正当性诉求,这也是现代性的法理价值最全面、最深刻的实现。要实现这一诉求需要尊重历史发展的阶段性,不能改变方向以及这一方向对现代国家法理要素重塑的约束。

第二节　以人民为中心的法治观 诠释法律体系的中国观

正如马克思所说"工人阶级不能简单地掌握现成的国家机器,并运用它

---

[1] 《马克思恩格斯选集》,第1卷,人民出版社2012年版,第199页。
[2] 同上书,第203—204页。
[3] 林尚立:《当代中国政治:基础与发展》,中国大百科全书出版社2017年版,第94页;列宁:《马克思主义论国家》,人民出版社1964年版,第29页。

来达到自己的目的"那样,①处于法治现代化历史进程的当代中国马克思主义法学原理也不能简单用自由主义法治观所表达的现代化理论和西方国家现代法治实践逻辑来发展自己的法治观,并用于指导中国特色社会主义法治实践。这需要我们正确认识所有制结构对现代西方法治体系的现实约束,以及自由主义法治观从抽象的个人权利观念出发对现代国家的定义的法理困境。正如恩格斯所言,"当法国革命把这个理性的社会和这个理性的国家实现了的时候,新制度就表明,不论它较之旧制度如何合理,却决不是绝对合乎理性的。理性的国家完全破产了"。② 因此,尽管20世纪以来自由主义法治观试图通过现代国家法理要素的再定义以平衡国家与社会、政府与市场、权力与权利之间的关系,但这种努力始终走不出所有制建构对这种关系调整的限制和抽象的个体权利观念对现代西方法治观拓展其社会基础的限制。对于西方国家法治观和法治实践的困境,哈贝马斯指出:"只有当国家确实表现出自己是社会国家,能够控制住经济过程中的破坏性的副作用,并对各个人的利益不造成损害时,而且只有在这种情况下,合法性面临的威胁才能得以避免"。③ 当然,西方法治观在现代国家的合法性威胁问题上面临悖论,并不意味着我们要全然否定西方法治观和现代西方国家法治实践在人类文明史上的法理价值与法律贡献。尽管马克思在《哥达纲领批判》中认为"现代国家"是一种虚构,因为,"现代国家"在不同的"社会-历史-文化"要素的约束下是具体的,各不相同的,但由于现代国家都是建立在社会活力得到释放和现代性法理得到接受的基础之上,又具有某些共同的特征。在这个意义上可以谈"现代国家制度"或者说现代法律体系。当代中国马克思主义法学应该从现代法律体系发展的一般趋势、社会主义制度发展的特殊诉求和中国国情出发,探寻有生命力的现代国家的法治观,并在这个基础上诠释法律体系的中国观。以人民为中心的法治观建构与法律体系

---

① 《马克思恩格斯选集》,第3卷,人民出版社2012年版,第2页。
② 同上书,第643页。
③ [德]哈贝马斯:《重建历史唯物主义》,郭官义译,社会科学文献出版社2000年版,第281页。

的中国观发展是同一个过程。这个过程是以人的现实发展为出发点来构建现代法律体系,从而将作为现代性的法理逻辑落实于人的进步与发展,落实于以人民为中心的法治观构建和实践之中。因为"只有当任何可能制度和可能生活都获得话语权利,并且不同话语之间形成对话关系,我们才能拥有充分的知识背景"。① 从这个意义上说,当代中国走向有生命力的现代国家需要一种全新的现代法治观,即以人民为中心的中国特色社会主义法治建设观念。法律体系的建构与法治体系的成长不仅是个实践问题,也是话语问题。

一、以人民为中心的法治观:处理好三个结构性关系

一旦确立了法治中国建设的大战略之后,选择什么样的法治观就非常重要。按照历史学家吕思勉的观点,"最根本的,莫过于统一人民的心思了……处置之法,最好的,是使其利害相一致;次之则当求各方面的协调,使其都有发表意见的机会;此即今日社会主义和民主政治的原理"。② 任何现代法律体系建构的背后都有明确的法治观和价值规定。这种法治观及其价值规定决定了现代法律体系建构以及法治体系发展进程中的具体制度设计和选择的同时,也决定了所确立起来的制度的合法性基础。因此,基于好的社会与好的国家的诉求,无论是西方社会还是中国社会,在法理知识和法律实践中都面临一个构建何种核心价值为主导的法治观、以更好地融入现代国家治理体系现代化并提升国家治理能力的问题。这一问题具体表现为现代社会成长的正当性与现代国家治理的现代性如何获得成熟的法治观的支持,以及如何通过成熟的法治观以维系社会成员对现代国家治理体系现代化的正当性认同、对国家治理能力的普遍化接受。现代社会的成长不仅依靠并体现在经济增长、社会发展和生活秩序改善,还需要依靠法治观的支持,以获得不同于传统社会的价值共识,并融入有效的法治体系,以发展不

---

① 赵汀阳:《没有世界观的世界》,中国人民大学出版社 2003 年版,第 203 页。
② 吕思勉:《吕著中国通史》,华东师范大学出版社 1992 年版,第 367 页。

同于传统国家的国家治理观。当代中国社会通过国家治理体系和治理能力现代化走向有生命力的现代国家,既要超越资本主义制度和走出现代西方法学理论关于国家治理的法律实践与法理叙述的困境,又要恪守社会主义制度这一根本制度并形成当代中国马克思主义理论关于国家治理的中国观的知识基础,深入思考成熟的法治观如何诠释现代法律体系的中国观,最终形成成熟的国家治理的中国观。这一问题不仅对于国家治理体系和治理能力现代化的法治实践的展开十分重要,而且对于提升当代中国马克思主义法学理论、回应21世纪的法与社会之间的法理关系的学术能力至关重要。

在人类认识自身的历史中,存在着一些常青的问题。"有生命力的现代国家的成长为什么需要价值观"或者说"价值观如何型塑成熟的国家治理观"就是其中之一。从19世纪、20世纪到今天,无论法学思潮如何变换,这个问题每隔一段时间就会在学术界以不同的面貌出现,而且中国法学研究的新进展往往是重提该问题的契机。从学术史上看,应该说是尼采在19世纪末宣告"上帝已死"揭开了西方社会对现代国家的法治观与现代法律体系之间张力的研究。韦伯形成并深化了现代西方学术界关于现代国家之国家理性与国家治理的价值共识与法理逻辑的核心判断,被学术界称之为韦伯模式。在20世纪,法学世界观几乎在全球范围内取代了神学世界观,不具备自我反思能力的法律上的主体被实证主义法学无限放大,主体的权利利用现代性的话语定义现代国家的正当性。历经两次世界大战和现代性的危机,到了20世纪末,普遍主义的法治秩序本身却出现了正当性危机,个人主义的主体概念在自由主义国家观中开始相对化。自由主义法哲学为了平衡个体正义与社会正义之间的张力,把现代国家的当代转型与自由主义国家观结合起来,对现代国家成长的哲学基础与法律和权利之间的关系进行新的梳理。同时,也有西方学者基于自由主义以及现代资本主义法律体系在当代社会所面临的危机,提出了旨在批判自由主义理论基础和资本主义价值体系对国家治理与法律体系之间关系定位的、所谓的"反奥狄浦斯"的后现代命题。哈贝马斯在批判尼采的"停止反思的反思"的基础上,提出了关于公共实践和对话理性的社会政治哲学理论以及相应的法学理论。于是,理性因反思而超出了实证主义的藩篱,主体因相互性而超出了个人主义的范畴,现代西方自由主义国家观的哲学基础从此动摇。沃勒斯坦在对个人主义进行全面的历史清算的基础上提出了"自由主义之后"的问题以及绝对的规范体系日趋瓦解的问题。可见,西方学术界进入了一个没有终极性价值依据的时期。另一方面,与冷战结构的崩溃和经济全球化的趋势相关联,西方学术界开始探讨新的世界公民主义的社会秩序模式和新的法治范型,试图超越法律实证主义与自然法论,以实现法的正当性叙述并提供国家治理的制度性道德基础,进而探讨一种能够适应并且强化社会生活的连续性的法,以及能够允许这种法发挥其特有功能、实现其潜在的道德价值的社会和文化。法律社会学理论的集大成者卢曼在《后现代社会与法律》一书中对回避法的"应然"这个老大难问题的思想倾向表示不满。伯克利学派的代表性人物诺内特就认为西方学术界长期来拒价值于千里之外的实证主义立场是无知的表现,现代法学知识关于现代国家法治观的法理叙述在无视一切价值的场合不可能得到充分的发展。总之,由于普遍性与特殊性的矛盾日益激化,严格的法律实证主义的经典体系和自由主义法治观已经受到前所未有的挑战。这种挑战的根源在于"过去的一切运动都是少数人的,或者为少数人谋利益的运动。无产阶级的运动是绝大多数人的,为绝大多数人谋利益的独立的运动"。[1] 中国共产党领导的现代革命在当代中国社会所要建立的现代国家在法理逻辑和法律制度上与西方社会在英国光荣革命后的选择是截然有别的。虽然我们要肯定西方社会在现代革命后从自由和平等的法理出发定义现代国家,同时使权利观念、工具理性和民族国家为核心的现代性要素转换为现代国家的法理要素不可或缺的内容的做法,但是现代性的危机已经表明,自由和平等以及现代法治观不仅无法摆脱所有制结构的限制,而且在本质上就是为资本利益服务的。"平等和自由不仅在以交换价值为基础的交换中受到尊重,而且交换价值的交换是一切平等和自由的生产的、现实的基础。作为纯粹观念,平等和自由仅仅是交换价值的交换的

---

[1] 《马克思恩格斯选集》,第 1 卷,人民出版社 2012 年版,第 411 页。

一种理想化的表现；作为在法律的、政治的、社会的关系上发展了的东西，平等和自由不过是另一次方上的这种基础而已。"①从法律实证主义的危机和自由主义国家观的演变来看，在现代性在现代国家的法理逻辑中的实现问题上，西方法学家比经济学家更多地求助于这种简单的货币关系，是为了替"现存的经济关系辩护"。②

无论是从1954年宪法所表达的现代国家的法理，还是1982年宪法所要表达的有效的现代国家的法理，以马克思主义为指导的中国共产党所构建的现代政治，不仅不同于以自由主义为指导的各种政治理论所构建的现代政治，而且是要实现对后者的超越。将社会主义制度确立为革命后当代中国建立现代国家的根本制度，表明当代中国社会开启了不同于西方社会的关于现代国家的法理逻辑和法律建构。问题的关键就是如何把这种法理逻辑和法律建构与革命后中国社会现实条件相适应。改革开放后当代中国社会接受有效的现代国家的法理并建构法律体系的过程中，邓小平提出评价政治体制的三个关键要素，"第一是看国家的政局是否稳定；第二是看能否增进人民的团结，改善人民的生活；第三是看生产力能否得到持续发展"。③ 这三条判断标准标志着中国共产党对建设现代国家的新认识，走出了革命后当代中国社会对社会主义制度的法理误读和法律虚无的困境。这三个判断标准蕴藏着当代中国社会走向有效的现代国家的法理逻辑。也正是这三个判断标准让社会主义制度运转起来，社会以及成员才能由表及里、去伪存真地触及当代中国建设现代社会主义国家的规律。改革后中国社会在促进社会主义本质的法理知识增长的过程中使建设现代社会主义国家的道路变得豁然开朗。随着社会发展的新矛盾和国家建设的新目标的提出，从法律体系的建构走向法治体系的运转，有效的现代国家走向有生命力的现代国家，人民的获得感和社会公平正义的法理价值在国家治理体系和治理能力现代化中变得越来越重要。习近平对新时代执政党和国家建设的基

---

① 《马克思恩格斯全集》，第30卷，人民出版社1995年版，第199页。
② 同上书，第195页。
③ 《邓小平文选》，第3卷，人民出版社1993年版，第213页。

础进行了系统阐释:"评价一个国家政治制度是不是民主的、有效的,主要看国家领导层能否依法有序更替,全体人民能否依法管理国家事务和社会事务、管理经济和文化事业,人民群众能否畅通表达利益要求,社会各方面能否以有效参与国家政治生活,国家决策能否实现科学化、民主化,各方面人才能否通过公平竞争进入国家领导和管理体系,执政党能否依照宪法法律规定实现对国家事务的领导,权力运用能否得到有效制约和监督"。[1] 从根本意义上说,以人民为中心的法治观贯穿法治中国建设的全过程,这一法治观在价值取向上首先是维护人民管理国家的权利,是人民管理国家需要宪法和法律,而不是国家需要宪法和法律管理人民,尽管成熟的法治社会依然强调人民要接受法律的约束。[2] 如果说人心是最大的政治,[3]那么以人民为中心的法治观就是要落实当代中国的最大的政治。为此,我们可以从当代中国的法治观处理法治国家、法治政府和法治社会三个结构性关系的过程中分析最大政治所承载着的法理价值,并寻求中国法的现代性问题的解决。法治中国建设所面对的结构性关系决定了我们必须站在最大的政治的基础上思考法治观的法理价值和有生命力的现代国家的法治道路,秉持历史的素养并以系统的眼光处理健康的法治国家与人民利益之间的关系、有效的法治政府与人权维护之间的关系以及成熟的法治社会与人的全面发展之间的关系。

全面深化改革的路上充满着各种不确定性,我们必须自己去确定有生命力的现代国家的含义。尽管关于有生命力的现代国家的法理要素革新和法律体系建构越来越具有开放性,但有一点是确定的,那就是以人民为中心的法治观告诉我们,既需要一个强有力的和守法的国家,也需要一个健康而有活力的社会,更需要无数享有自由与尊严的个人。[4]

---

[1] 《习近平谈治国理政》,第 2 卷,外文出版社 2017 年版,第 287 页。
[2] 曹沛霖:《制度的逻辑》,上海人民出版社 2019 年版,第 262 页。
[3] 唐亚林:《当代中国政治发展的逻辑》,上海人民出版社 2019 年版,第 281 页。
[4] 梁治平等:《法治在中国:制度、话语与实践》,中国政法大学出版社 2002 年版,第 153 页。

有效的现代国家走向有生命力的现代国家,必须全面推进依法治国。其首要前提就是从人民利益的维护出发,建设一个健康的法治国家。健康的法治国家能够有效地作用于经济与社会发展,提升人民在经济与社会发展中的获得感。尽管现代性的法理逻辑对现代国家的公共权力保有必要的警惕,但是现代性的法理逻辑并没有否认国家在社会发展和利益分配中不可或缺的意义。对于这种意义,恩格斯有过这样的概括:"国家权力对于经济发展的反作用可以有三种:它可以沿着同一方向起作用,在这种情况下就会发展得比较快;它可以沿着相反方向起作用,在这种情况下,像现在每个大民族的情况那样,它经过一定的时期都要崩溃;或者是它可以阻止经济发展沿着某些方向走,而给它规定另外的方向走——这种情况归根到底还是归结为前两种情况中的一种。但是很明显,在第二和第三种情况下,政治权力能给经济发展造成巨大的损害,并能引起大量的人力和物力的浪费"。[①] 由此可见,在任何社会发展都无法抽象地对待国家作用的前提下,以公共权力为核心所形成的现代国家在什么样的方向上作用于现实的经济与社会发展,将直接决定现代社会文明的程度与现代国家的成败。从人民主权的普遍法理出发,现代国家固然获得了不同于传统国家在经济与社会发展中的制度安排,但是这种制度安排要真正实现人民主权对现代国家的法理约束,不仅要通过法治国家的建设以实现对公共权力的规范,而且要通过对人民利益保护的自觉性确保这种规范不至于异化或削弱。也就是说,只有将对法治的追求与保护人民利益的自觉性联系在一起,现代国家才能在经济社会发展进程真正实现沿着同一方向走,较快地发展经济,最重要的是可持续发展。美国学者詹姆斯·斯科特在研究一些现代国家推动的试图改善人类状况的项目是如何失败时深刻地指出,如果一个国家没有可靠的手段了解人口的数量和分布,不能知道他们的财富状况、不能用地图表示出其土地、资源和居住状况,那么国家对社会的干预必然是拙劣的。这种干预往往要以当地人为中介,他们了解社会内部的情况,同时很可能加入自身特

---

① 《马克思恩格斯选集》,第 4 卷,人民出版社 2012 年版,第 610 页。

有的利益。如果没有这些中介——但通常是存在的——国家的行动往往是无效的,无法命中目标。① 治国理政者在决定全面推进依法治国重大问题后要真正实现法治秩序对国家建设与社会发展的价值,除了需要良好的组织力量和技术手段之外,还要有成熟的法治观以及捍卫这一法治观的制度条件。对于致力于走向有生命力的现代国家的当代中国社会来说,"始终代表最广大人民根本利益,保证人民当家作主,体现人民共同意志,维护人民合法权益,是我国国家制度和国家治理体系的本质属性,也是我国国家制度和国家治理体系有效运行、充满活力的根本所在。我国国家制度和国家治理体系始终着眼于实现好、维护好、发展好最广大人民根本利益,着力保障和改善民生,使改革发展成果更多更公平惠及全体人民,因而可以有效避免出现党派纷争、利益集团偏私、少数政治'精英'操弄等现象,具有无可比拟的先进性"。② 因此,维护人民利益的法治观不仅仅能够最大程度上消解法律的虚无主义和法律的教条主义,为法的现代性的全面实现提供制度支持,而且有助于通过健康的法治国家建设把公共权力关进制度的笼子里。西方现代性问题的讨论给予我们一个重要启示,即我们在法治建设的结构性关系的梳理中要自觉地根据国家根本制度和社会的所有制结构的约束条件认真探索和谐的社会关系和整体的人民利益之间的关系。③ 法治国家在当代中国社会全面深化改革后的成长,一方面得益于法治国家本身与现代法治文明发展的契合性;另一方面得益于法治国家本身与社会制度所秉持的基本价值的契合性。更重要的是,法治国家的成长需要这两者的有机结合。国家制度和国家治理体系的本质属性为这两者的有机结合提供了可能与基础。意识到这一点,"我们在讨论法治问题时就会一面把注意力集中于法治的基本原则、制度结构和作用机制,一面考虑法治在整个社会转型、文化重建过程中的位置,考虑法治与社会发展和制度变革其他方面的相互联系"。④

---

① [美]斯科特:《国家的视角》,王晓毅译,社会科学文献出版社2004年版,第102页。
② 《习近平谈治国理政》,第3卷,外文出版社2020年版,第123页。
③ 葛洪义:《法律与理性:法的现代性问题解读》,法律出版社2001年版,第472页。
④ 梁治平:《在边缘处思考》,法律出版社2010年版,第55页。

现代法治国家对人民利益的维护需要通过有效的现代法治政府对具体的人权的保护,同时,有效的现代法治政府在另外一端还连着成熟的现代法治社会。因此有效的现代法治政府与人权的保护之间的结构性关系对于我们理解以人民为中心的法治观具有至关重要的意义。早在20世纪50年代末,印度新德里召开的国际法学家大会提出了一项关于法治的共识:"在一个自由的社会里,奉行法治的立法机构的职责是要创造和保持那些维护基于个人的人类尊严的条件,这种尊严不仅要求承认个人之公民权利与政治权利,而且要求促进对于充分发展其人格乃是必要的各种社会的、经济的、教育的和文化的条件。"[1]显然,这是一个充分体现了现代性法理要素和规范性的法治观念,它不但坚持依法行使权力的原则,主张个人自由与尊严,而且基于人权内涵的发展对实现法治原则和价值的政治、经济、社会、文化、教育条件提出了一系列积极要求。没有理由认为这些主张和要求与当代中国的法治观无关,也没有理由认为它们与中国今天正在进行的法治实践无关。因为,如何能够规范政府与市场的关系,规范政府介入市场的范围及形式,是建立有效政府、在推进国家治理体系和治理能力现代化中保持政治稳定的关键议题。[2]

以人民为中心的法治观深化了长期以来国际法学界关于法治观的共识,并从现代法治政府与人权保护的结构性关系中有效地平衡公民消极权利所应对的对政府权力的限制与公民积极权利所应对的对政府责任的诉求之间的张力。首先,以人民为中心的法治观强调了良法善治的重要性。良法是善治的前提。立善法于天下,则天下治;立善法于一国,则一国治。虽然何谓善法不可避免地会引发大量道德哲学和伦理学的论争,且这些论争很难在短时期内达到共识或得出令人满意的结果,[3]但是当代中国基于以人民为中心的法治观可以使我们将注意力集中到法治所涉及的一些更基本

---

[1] Joseph Raz, *The Authority of Law*, Clarendon Press, 1983, pp.210-211.
[2] 林尚立等:《政治建设与国家成长》,中国大百科全书出版社2008年版,第170页。
[3] 梁治平等:《法治在中国:制度、话语与实践》,中国政法大学出版社2002年版,第93页。

的问题上。其次,以人民为中心的法治观正是通过法治政府建设来实现当代法治所欲保护和促进的诸多基本价值,这对于正致力于加快建设中国特色社会主义法治体系的中国来说无疑是非常有意义的。执政党坚持法治为了人民、依靠人民、造福人民、保护人民,要把体现人民利益、反映人民愿望、维护人民权益、增进人民福祉落实到依法治国全过程,使得法律及其实施充分体现人民意志。① 中国社会不仅通过宪法修正和法律实施,而且通过一系列制度性安排和全面深化改革创造一种可能的社会环境,使法治对人权保护的价值逐步得到实现。再次,人权的保障在现代社会中的实现,无不与政府在提供相应政治、经济、社会和文化条件方面所做的努力和取得的成就有关。但在另一方面,以国家的名义行使公共权力的政府对于社会资源控制力的增加,再加上政府在制度变迁中所扮演的功能的特殊性,尤其是行政权力的迅速膨胀,转而成为对法治的一种威胁。这种情形早已引起执政党和法治理论家们的关注和严重不安。把全面依法治国和全面从严治党紧密结合在一起,就体现了执政党对权力腐败的严重不安。"一个政党,一个政权,其前途命运取决于人心向背。人民群众反对什么、痛恨什么,我们就要坚决防范和纠正什么。"② 以人民为中心的法治观不会否定政府在现代社会生活中的重要性,而是创造一种必要的条件、一种有效的制度安排与社会结构,实现政府与市场、权力与权利之间的适度平衡。市场制度的发展、社会力量的成长和国家建设的推进是与政府权力规范性与有效性的设计与创新密不可分的。③ 国家治理体系和治理能力现代化最重要的诉求就是把有效的法治政府建立在人权保护的基础之上。在人与人之间的联系日趋密切的现代社会中,在全球结构日益深化和公共问题日益增多的社会背景下,政府权力的有效性及其制度安排对于人类社会的治理与稳定、发展与进步、激励与和谐,合作与秩序是至关重要的、不可或缺的。所以,我们不能因为某项

---

① 《习近平新时代中国特色社会主义思想三十讲》,学习出版社 2018 年版,第 186—187 页。
② 《习近平谈治国理政》,第 3 卷,外文出版社 2020 年版,第 48 页。
③ 潘伟杰:《革命后现代国家法律体系构建研究》,复旦大学出版社 2015 年版,第 179 页。

具体的政府规制及其制度安排的失效或者无能,甚至越位,而简单笼统地认定所有政府权力的有效行使都是没有价值的,进而否定政府权力及其制度安排在市场制度发展和公共事务治理中的意义。总之,现代社会生活中存在政府权力滥用所导致的失灵的现象或破坏社会信赖的事实,但不能简单地以尊重公民消极权利,特别是自由权为名否定公共权力有效性维护机制建设在现代法治体系形成中的意义。相反,这种现象应该使我们加倍重视政府权力的制度设计、安排和建设的问题。如何不断地通过法治体系特别是公法制度的完善,设计更好的政府权力运行机制,是当代中国法治体系全面展现其对国家治理体系现代化具有的意义所不能回避的问题。① 以人民为中心的法治观要接受市场配置资源的决定性作用,这意味着认真对待公民消极权利,不走政治全能主义的老路。同时,以人民为中心的法治观要坚持社会主义的根本制度,这意味着不能消极回避公民积极权利,以切实维护社会合作的依赖,有效防范严格法治主义的邪路。

恩格斯在揭示法律的产生时说:"在社会发展某个很早的阶段,生产了这样一种需要:把每天重复着的产品生产、分配和交换用一个共同规则约束起来,借以使个人服从生产和交换的共同条件。这个规则首先表现为习惯,不久便成了法律。"② 正是社会交往的日益发展和社会自主性的不断提升,直接推动现代革命后西方社会从法律体系的构建到法治体系的发展。恩格斯在阐述法国民法典的产生时意味深长地指出:"民法典中把古代罗马法——它几乎完满地反映了马克思称之为商品生产的那个经济发展阶段的法律关系——巧妙地运用于现代的资本主义条件。"③ 无论是现代宪法在革命后英国社会的出现,还是民法典在革命后法国社会的颁布,都说明了一个基本道理或常识:没有现代社会的成长,现代法律体系的构建及其对法治的追求就无法得到理解。法律的功能和法治的价值在现代社会的成长中获

---

① 潘伟杰等:《当代中国马克思主义法学研究》,上海人民出版社2019年版,第284—285页。
② 《马克思恩格斯选集》,第3卷,人民出版社2012年版,第260页。
③ 同上书,第766页。

得了新的认识,或者说这种新的认识只有在现代社会成长获得其全面的意义。反过来说,这种认识必然受到现代社会的成熟程度的制约。正如马克思所说:"政治制度本身只有在私人领域达到独立存在的地方才能发展起来。在商业和地产还不自由、还没有达到独立存在的地方,也就不会有政治制度。"①无论是中国于2020年颁布民法典,还是债权在现代法律中占有优越的地位以及契约自由成为支配整个经济和社会的根本原则均表明,"为什么契约会有如此魔力？因为契约把自由选择与信守承诺结合在一起,适应了重建社会结构的需要"。② 这种需要源自一个成熟的现代社会为法律与美德的联系提供了扎实的社会基础。回望中国在建设现代国家过程中对法治追求的曲折历史,从本质上说,现代社会的长期缺位或严重萎缩无法为法治从理念到实践提供成熟的现实条件,从而使革命后国家建设陷入有法律无法治的困境。③"因为法治作为现代政治文明成果是现代国家运行的一个基本原则,而现代政治文明史建立在现代社会基础之上,所以,缺乏现代社会基础,即使将法治观念和相应的制度移植进来,也无法生根,甚至经常当作废纸一张被轻松地抛弃。"④所以说,没有改革后现代社会的成长,我们就无法理解现代法律体系的形成和依法治国的提出,同样,没有成熟的法治社会,我们就不能期待法治中国建设的全面展开以及最终实现以人民为中心的法治观。一个成熟的法治社会应该是,"人的秉性得到全面发展的社会,或者说是一个道德和法律都能有效发挥其作用的社会"。⑤ 以人民为中心的法治观对成熟的现代法治社会的定位是:"以法治承载道德理念,道德才有可靠制度支撑。法律法规要树立鲜明道德导向,弘扬美德义行,立法、执法、司法都要体现社会主义道德要求,都要把社会主义核心价值观贯穿其

---

① 《马克思恩格斯全集》,第3卷,人民出版社2002年版,第42页。
② 季卫东:《法治秩序的建构》,商务印书馆2019年版,第39页。
③ 蔡定剑:《历史与变革:新中国法制建设的历程》,中国政法大学出版社1999年版,第366页。
④ 林尚立等:《政治建设与国家成长》,中国大百科全书出版社2008年版,第97页。
⑤ 舒国滢等:《中国特色马克思主义法学理论研究》,中国政法大学出版社2016年版,第394页。

中，使社会主义法治成为良法善治。"①所以说，成熟的现代法治社会从不否定社会成员对个体权利的追求，同时发挥道德对法治的滋养作用以平衡基于个体权利的社会活力与基于公共利益的社会秩序之间的张力。另外一方面，与社会发展不平衡、不充分相伴随的，可能是多种知识和多重秩序并存局面的长期存在。这种局面，消极地说，可能是法律体系的建构与法治秩序的形成之间出现紧张关系，形成一个法律越来越多，而秩序越来越少、秩序的成本越来越高的局面。往积极方面看，社会建设的推进可能为形成一种具有建设意义的、把冲突减至最低程度的法律多元格局，或者说为契约关系的维护提供一个稳定的社会基础。而要实现这一目标，需要的不仅仅是高超的法律实践技艺，而且是一种新的更合理且有说服力的法律观和秩序观。② 以人民为中心的法治观，不仅要通过法律体系的完善以实现现代社会对法律实践技艺的追求以安顿社会，而且要表达对社会生活的关注，理解和尊重社会的自主选择以及基于人的全面发展的集体行动逻辑。当然，指出这一点绝不意味着民间的知识和秩序具有自足的优越性，更不是主张弱化国家政权在建构和发展现代法律体系的功能，"而只是要揭示出在强烈的国家的、现代的和理性的取向下被长期遮蔽的一些东西，并在此基础上重新看待正式制度与非正式制度之间，以及国家与社会之间的关系"。③ 既然法律实践技术的完善和现代法治体系的发展离不开成熟的现代社会的支持，那么一个成熟的现代社会在其长期运行中形成并被接受的法理知识和非正式制度对于现代法治体系来说就绝不是可有可无的。面对社会发展不平衡和不充分的现实约束，以人民为中心的法治观意味着当代中国法治道路审慎处理成熟的法治社会与人的全面发展之间的关系，进而推进国家与社会之间的互动、正式制度的依赖与非正式制度的自主之间的互补、法律强制与社会合意之间的互助。"社会"的重现从根本上提出现代法律体系的建构的

---

① 《习近平谈治国理政》，第 2 卷，外文出版社 2017 年版，第 134 页。
② 梁治平：《在边缘处思考》，法律出版社 2010 年版，第 110 页。
③ 同上书，第 109 页。

强烈渴望。这种渴望在"社会"重现之初更多地表现为对正式制度的制定和国家政权的有效所主导的"有规划的社会变迁"的依赖。而随着"社会"的成熟,在现代法律体系走向现代法治体系的历史性选择的背后所潜藏着的一定是对非正式制度的演进和国家政权的规范所表达的"有自主的社会变迁"的意义的接受与实践。我们目睹了1980年代以来当代中国走向有效的现代国家并为之建构现代法律体系进程中"社会的重现"的法理意义和法律实践。"因为仅仅依靠国家的善意和努力,而没有社会结构的改变,尤其是社会中间层和组织的成长,法治的原则实际上很难实现。换言之,推进法治事业不单涉及法律本身,而且涉及社会组织与社会结构。"①面对以人民为中心的法治观,既是现实的也是观念的"社会"将表现其更为强大的生命力。致力于每个人的自由而充分发展是法治体系对法律体系的超越的真正表现。要了解和推进这一超越进程,以人民为中心的法治观告诉我们必须首先理解现代法治的社会基础,理解社会行动者的内在世界以及价值追求。因为,"社会之所以能够维系自身,不是因为它所表现出的整体性对它具有多么强烈的约束,而是因为它的具有重要性的成员能够在社会交往过程中不断达成被他们感受到的重要性的共识"。② 其次,以人民为中心的法治观通过把人的全面发展作为一个成熟的法治社会推进法律实践技艺的目标,不仅可以改变西方自由主义法治观长期以来所形成的国家与社会之间的零和关系的范式,③更有助于在全面深化改革后当代中国社会确立市场配置

---

① 梁治平等:《法治在中国:制度、话语与实践》,中国政法大学出版社2002年版,第113页。
② 汪丁丁:《盘旋的思想:知识、秩序、自由》,生活·读书·新知三联书店2009年版,第197页。
③ 尽管对国家与社会的明确区分是黑格尔首先提出的,但是洛克《政府论》一书中已经隐含了社会与国家关系的某种认识,并在重新思考了政府的起源、范围和目的基础上提出关于国家与社会之间的二元化关系的理论架构。在洛克之后,斯密关于自由竞争的市场经济的主张为"社会先于或外在于国家"的观点注入了实质的内容。后来密尔在《论自由》中主张国家价值归根结底在于个人价值的观点把国家与社会之间的零和关系奠定了自由主义的基本主张。由此,"社会反对国家"这种国家与社会之间"零和博弈"关系范式成为西方自由主义法治观的基本教义。郁建兴:《马克思国家理论与现时代》,东方出版中心2007年版,第301—302页;然而,潜藏在这种法治观背后的是源于近代西方历史经验的法学理论,这种理论是否具有普适性的问题业已引起人们的注意(转下页)

资源的决定性作用的前提下清醒地认识中国法治问题的复杂性。① 从一般意义上看，20世纪90年代以来多个国家的转型经验也从事实上证明了这一改变的意义。没有成熟的国家与社会之间的关系，法治与现代国家的成长之间的关系就不可能是健康的。② 成熟的法治社会的发展是现代法治体系健康成长的前提。成熟的法治社会需要通过契约自由为社会活力提供制度保障，因而必须为健康的竞争秩序的建立而强化社会性立法的规制水平和公共利益的延续能力以维护社会公平正义，从而破解利益固化的藩篱并提供社会流动的制度预期。正如亚当·斯密在《国富论》开篇指出的，人与人的先天差别比猎狗与猛犬的差别小得多；而人的才能和天赋来源于后天的培养。③ 执政党走出革命后社会的高度政治化的困境，重新认识社会主义的本质，接受并建构现代法律体系为个体自由和社会活力的正当性提供制度空间，由此推动了改革后有效的现代国家在当代中国社会的成长。新时代社会发展的新矛盾和国家建设的新目标则意味着当代中国社会要正视社会衰败的问题。无论是社会合作与社会活力在法理正当性上的张力，还是社会主义制度超越资本主义制度的实践表达，都表现出以人民为中心的法治观总是从人的全面发展出发衡量成熟的法治社会的法理要素和法治实践。这就意味着深化改革持续为个体自由和社会活力提供有效的制度空

（接上页）和争论。比如黄宗智教授认为，"市民社会"是一个从西方近代历史经验中抽象出来的概念，这个概念在被应用于中国历史时预先假定了国家与社会的二元对立，因此是不合适的。黄宗智：《国家与社会之间的第三领域》，载甘阳：《社会主义：后冷战时代的思索》，牛津大学（香港）出版社1995年版；对黄氏观点的进一步讨论，参见梁治平：《清代习惯法：社会与国家》，中国政法大学出版社1996年版，导言。

① 这种复杂性在于，"它一方面涉及市场对人生的异化，另一方面还涉及大范围制度变迁时期的价值观与利益格局的极端不确定性。"汪丁丁：《盘旋的思想：知识、秩序、自由》，生活·读书·新知三联书店2009年版，第35页。

② 丁学良通过分析"俄罗斯现象"检讨了"社会反对国家"的理论范式。国家对法治秩序的追求一旦离开成熟的社会的支持，是无法想象的。没有一个成熟的现代社会，法治秩序的形成是不可能的。丁学良：《转型社会的法与秩序：俄罗斯现象》，《清华社会学评论》2000年第2期。

③ ［英］亚当·斯密：《国民财富的性质和原因的研究》，上卷，郭大力等译，商务印书馆1994年版，第23页。

间,同时深入为公共利益和社会合作提供有效的制度保障。社会主义核心价值观融入法治建设,在本质上就是成熟的法治社会对社会合作和社会活力在法理叙述与法治实践上的选择。"改革不仅是要造就一个好的社会。"① 具体来说,成熟的法治社会在法理上,"永远应当在各种个人利益之间保持着这样一种平衡,使任何一种个人利益要获得成功必须依赖于得到至少一大部分按照更高动机和更全面长远的观点行动的人们的支持"。② 在法律中,所有权的行使必须要符合公序良俗与有利于社会的合作,契约自由不能破坏社会合作进而导致社会衰败。③ 以人民为中心的法治观通过引入法治社会之维,不仅为化解人的个体性与社会性的对立所带来的社会矛盾提供了可能,而且为尊重个体自主性并抑制其中可能损害个人和社会的不良倾向提供了理性空间,有助于达成国家、社会与个人之间的适度平衡。所以说,成熟的法治社会是法治中国建设的基础,同时也是中国实现全面依法治国的不可回避的目标。

有生命力的现代国家在其成长过程中必须追求良法善治。然而其成长的首要前提之一,就是法治观以及由此展开的法治实践能够有效地作用于经济与社会发展,促进国家进步、维护社会文明和落实个体尊严。启动法治中国建设是一回事,驾驭法治中国建设又是另一回事。前者可以从理念与价值出发,创造出爆炸性的动员和革命性的变革;后者则是从发展与秩序出发,要创造法治体系、法治理论与法治道路。两相比较,启动法治中国建设容易,驾驭法治中国建设难。以人民为中心的法治观,不仅仅承载着法治中国建设的理念与价值,同时通过国家治理体系和治理能力现代化使法治中国建设落实下来。以人民为中心的法治观致力于确立一个强大的能够满足各方面发展的国家,同时又不是一个全能的政府,而是一个能够容纳个体自

---

① 孙立平:《守卫底线——转型社会生活的基础秩序》,社会科学文献出版社 2007 年版,第 58 页。
② [英]约翰·密尔:《代议制政府》,汪瑄译,商务印书馆 1982 年版,第 100 页。
③ 沈敏荣:《法律限度》,法律出版社 2003 年版,第 96 页;沈敏荣:《市民社会与法律精神:人的品格与制度变迁》,法律出版社 2008 年版,第 363 页。

由的、并且能够维系合作的社会。法的现代性的实质内涵寓于对国家治理体系和治理能力现代化的历史性实践,而不是单一的理论约定。以人民为中心的法治观通过对国家、政府、社会与个体之间的结构性关系的处理,深刻体现了何为有生命力的现代国家关于现代性的法理重构,即现代性应该被理解为追求现代理念——诸如科学知识、市场发展、公民权利——的实际历史过程,而不是任何单一的意识形态或理论。① 当然我们可以从现代国家的成长历程中发现这样一个基本事实:国家与人民对其所运行的法律体系具有依赖与自信,是国家得以成长和巩固的最基本的共识,这直接决定了现代国家的内聚力与竞争力,进而决定着现代国家的生命力。可以说,现代法律体系的建构所创造的有效发展是制度自信的基础。以人民为中心的法治观确立了中国制度自信所秉持的价值观的同时,也为中国制度自信提供了三个至关重要的支撑点:人民民主、公民权利与个体自由。

二、法律体系的中国观:认真对待三个规律性条件

同样是现代国家,社会主义国家与资本主义国家对法的现代性的法理认知以及法律实践有不同的选择。这种不同不仅源自革命后建立现代国家所承受的历史遗产和社会条件,而且源于所有制结构和社会制度的差异。这些差异决定了社会主义法律体系和资本主义法律体系是两种不同的现代法律体系。因此,强调自己的特色是应当的,"是一种文化自我意识的表现,是任何一个民族、任何一种文化、任何一个知识精英自然而然、自发自觉的诉求"。② 在中国特色社会主义法律体系走向中国特色社会主义法治体系的前提下,"中国特色"的坚持应该转换为法律体系的中国观的表达。只有这样,中国特色才不是空的,不脱离中国社会的"历史-文化-社会"条件,因为"人们自己创造自己的历史,但是他们并不是随心所欲地创造,并不是在他们自己选定的条件下创造,而是在直接碰到的、既定的、从过去承继下来

---

① 黄宗智:《经验与理论:中国社会、经济与法律的实践历史研究》,中国人民大学出版社2007年版,第387页。
② 米健等:《当今与未来世界法律体系》,法律出版社2010年版,第387页。

的条件下创造"。① 同时中国特色社会主义法治道路又要深刻反映现代社会对现代性的法理要素的共识和社会交往日益密切条件下现代法律体系成长的规律。"当我们通过思维来考察自然界或人类历史或我们自己的精神活动的时候,首先呈现在我们眼前的,是一幅由种种联系和相互作用无穷无尽地交织起来的画面。"② 为此,对于有生命力的现代国家而言,要认真对待中国性、现代性和社会主义规定性所表达出来的三个规律性约束条件,从而实现制度自信和法理自信。③ 只有这样做,法律体系的中国观才可以摆脱把任何一种价值推向极端的危险。更为重要的是,走出这种危险,我们就可以面对那些本可以清楚讨论并且同样具有重要法理和法律意义的问题。④

"在过去,西方人曾信心十足地将它的法律带到全世界。但今天的世界已经开始怀疑——比以前更怀疑——西方的'法条主义',东方人和南方人提供了其他的选择。西方已经开始怀疑传统法律幻想的普遍有效性,尤其是它对非西方文化的有效性。过去认为似乎是'自然而然的'法律现在看来仅仅是'西方的'法律,而且许多人还在议论说它甚至对西方来说也是过时的。"⑤ 这其中的法理奥秘就在于,法律体系的中国观充分认识到,国家治理

---

① 《马克思恩格斯选集》,第 1 卷,人民出版社 2012 年版,第 669 页。
② 《马克思恩格斯选集》,第 3 卷,人民出版社 2012 年版,第 395 页。
③ 列宁说得好:"要真正地认识事物,就必须把握、研究它的一切方面、一切联系和'中介'。我们决不会完全地做到这一点,但是,全面性的要求可以使我们防止错误和防止僵化。"这正是我们考察法律体系的中国观所必须遵循的方法和原则。《列宁选集》,第 4 卷,人民出版社 1972 年版,第 453 页。
④ 对此,拉兹的一番议论有其道理:"如果法治是良法之治,那么解释其本质就是要提出一种完整的社会哲学。但是如果这样,这一术语就缺少了任何有价值的功能。我们没有必要皈依法治,因为我们发现:信仰法治就等于相信正义必胜。……不能将民主、平等(在法律或其他面前平等)、人权(尊重人或人的尊严)等价值相混淆。一种植根于否定人权、普遍贫穷、种族隔离、性别歧视以及宗教迫害的非民主法律体系,在总体上可能比任何更开明的西方民主法治体系更符合法治要求。这并不意味着它将优于西方的民主制度……但在某一方面又的确表现出了优越性:符合法治的要求。"[英]拉兹:《法治及其价值》,朱峰译,载《法律的权威》,法律出版社 2005 年版,第 184 页。
⑤ [美]伯尔曼:《法律与革命》,高鸿钧等译,中国大百科全书出版社 1993 年版,第 39 页。

从来不是由任何一个单独因素决定的。在有着厚重的历史积淀,并身处日益开放的世界之中的中国社会,法律体系的中国观必须通过对历史的敬畏和对人类文明的尊重赢得社会认同并获得权威。"当代中国的法律和中国历史上的法律是有历史联系的,这种联系是不能切断的。……在论述当代法律时,我们无疑可以而且应该追溯中国法律自古迄今的历史发展。就这些意义来说,'中华法系'这一名称,连同这一名称所代表的法律文化遗产,在中国法制史以及世界法律史中,应该受到尊重。"[1]因此,法律体系的中国观无疑是不能完全抛弃传统法律文化的。法律体系的中国观既要正视和克服一个民族长期来所形成的法律文化传统对构建现代法治体系的阻力,又要善于利用传统法律文化中的积极因素。马克思说:"从人的感情上来说,亲眼看到这无数辛勤经营的宗法制的祥和无害的社会组织一个个土崩瓦解,被投入苦海,亲眼看到它们的每个成员既丧失自己的古老形式的文明又丧失祖传的谋生手段,是会感到难过的……的确,英国在印度斯坦造成社会革命完全是被极卑鄙的利益所驱使,而且谋取这些利益的方式也很愚钝。但是问题不在这里。问题在于,如果亚洲的社会状态没有一个根本的革命,人类能不能完成自己的使命?如果不能,那么,英国不管犯下多少罪行,它造成这个革命毕竟是充当了历史的不自觉的工具。总之,无论一个古老世界崩溃的情景对我们个人的感情是怎样难过,但是从历史观点来看,我们有权同歌德一起高唱:'我们何必因这痛苦而伤心,既然它带给我们更多欢乐?难道不是有千千万万生灵,曾经被帖木儿的统治吞没?'"[2]可见,无论是对西方还是非西方地区来说,革命后国家治理观的革新都伴随着法律文化的变迁,而这种法律文化的变迁都是在变革和继承传统的基础上实现的。这体现着以法律文化为核心的法律制度安排及其变革对人类社会生活连续性的承认。只是在非西方地区,这种变革表现得更加激烈、复杂和急速,几乎是在与传统

---

[1] 沈宗灵:《比较法总论》,北京大学出版社1998年版,第69页。
[2] 《马克思恩格斯选集》,第1卷,人民出版社2012年版,第854—855页。

决裂的情形下进行的,因而也导致了人们的感情和理性经常处于相当激烈的冲突之中。不过,随着现代社会的发展,非西方地区的法律文化变迁已经逐步转到了与本民族历史文化相联系的轨道上来,中国作为具有悠久文明历史传统的共同体尤其要注重这种转变。无论是革命后中国特色的现代法律体系的构建,还是法律体系中国观的表达,都不能无视历史沉淀下来的包括道德在内的一切有助于社会交往的规则和价值。这不仅仅是一个路径依赖的问题。法律体系的中国观一定是基于对中国所承载的历史禀赋、社会情势和文化品格的深刻认知而产生的法理表达。必须指出的是,深化对法治体系的中国性的认识对于我们今天思考现代法治体系的规范选择和价值共识依然具有不可忽视的价值。同样是"现代国家",在概念层面思考的人往往掩盖或忽视同样分析单位背后的差异,而这种差异对于永远不能停留在抽象语境中的当代中国法治体系而言是至关重要的。最直接的一点是,一个大国和一个相对来说的小国在法治道路及其所依赖的法治体系的有效确立与有机协调的难度上存在差异是可想而知的。大国意味着更为繁复的小型社会的秩序体系,意味着形成统一的规则的艰难,意味着现代法治体系的发展必须更多考虑的既成的地方性秩序的利益,意味着维护社会共识和界定公共利益的难度。因此,一个社会的地域空间并不仅仅是一个空间问题,它还意味着形成统一法治所面临的难度和所需要的时间。① 现代法律体系在空间上所具有的特点都是在尊重历史的基础上才能形成和呈现。对中国这样一个具有悠久历史文化传统的国家来说,尊重历史不是要迁就传统社会所主张的伦理秩序而反对现代法治体系创新的努力,而是要求任何现代法治体系的创新都不能通过简单而粗暴地反对传统的遗产来实现。对有着悠久历史传统的中国社会来说,面对法律体系到法治体系的变迁,法律体系的中国观的表达一方面必须突出强调国家治理体系和治理能力现代化要求的社会交往秩序和公共权力运行的普遍规范,以改变传统伦理秩序中的关系规则对

---

① 苏力:《道路通向城市:转型中国的法治》,法律出版社2004年版,第36页。

现代国家公共治理和社会发展的负面约束;①另一方面对法治体系的切实理解必须考察具体时空中的问题和具体约束条件。法律体系的中国观致力于为美好的社会生活提供价值和规则,这些价值和规则本身不具有普适性,我们要思考这些价值和规则在什么样的具体时空条件下催生并满足了人们哪些具体和基本的向往美好生活的需要,利用了什么甚至挪用了什么,创造了什么制度。② 因此,法律体系的中国观致力于表达一种基于中国经验的、同时具有建设性和反思性的法治追求。不只是描述或展示当代中国法律体系是如何构成的,也不只是基于现代法律体系的历史经验列举中国社会应关注哪些法治维度。它努力分析现代法律体系成长的历史经验背后的法理。中国"历史-社会-文化"约束性条件下的社会交往经验和社会生活实际的说理分析所具有的法理意义,不仅可以分析中国法治实践,而且可为现代国家法治实践提供某种预测力以及更大的说服力。因此,法律体系的中国观致力于对法治本身进行反思性考察,建立对中国人生存价值更具有包容性的法治观,③从而真正摆脱现代法律体系对所谓普世性法治观的渴望和追求。④

---

① 中国在传统国家时期,不是没有法律,而是法律只是服务于"关系秩序"而体现其存在意义的。"关系秩序"不是在国家主导之外的生活世界的一部分,而是其核心。为此,传统中国被认为是"关系本位"的,是一种"关系主义"社会的典型。另外,"关系秩序"也不是区别于"法律秩序"而与之并立的非正式的民间秩序,而是被编织到"法律秩序"当中成为正式的国家制度的一个组成部分。在这样的格局里,关系网络无所不在,个人甚至可以借助"关系学"的技术来为自己或者为他人做出角色定义,改变自己与社会的边际,从而部分地塑造和修改社会的结构。这破坏了现代社会的发育,而且在现代社会成长中极端利己利益诉求相连接。梁漱溟:《中国文化要义》,上海人民出版社2005年版,第74页;金耀基:《儒家学说中的个体与群体》,载《中国社会与文化》,牛津大学出版社1992年版,第1—16页;季卫东:《法治构图》,法律出版社2012年版,第17—18页。
② 苏力:《大国宪制:历史中国的制度构成》,北京大学出版社2018年版,第534—635页。
③ 袁达松:《包容性法治论》,中国法制出版社2017年版,第213页;季卫东:《建设法治国家的路线图和时间表》,《中国改革》2012年第10期。
④ 当下欧洲比较法研究领域的领军人物扬·斯密茨(Jan M. Smits)深刻地指出:"在历史的进程中,一直都存在一种在法律领域所充斥的庞杂规则和案件中找到像自然科学那般具有确定性之原则的持续渴望。然而,一旦法学研究的核心问题变成了人们在法律上应当做什么,那么起草的原则所具有的价值便十分有限了:任何一位法律人都明白,当一个案件必须被裁决时,正当性诸原则之间最终总是会发生冲突。"[荷]斯密茨:《法学的观点与方法》,魏磊杰等译,法律出版社2017年版,第98页。

改革进入深水区,对于致力于走向有生命力的现代国家的当代中国社会来说,法律体系的中国观要着力化解一种"后法治"时代的"前法治"危机。换言之,"中国社会必须同时面对和解决某些其他社会在不同历史阶段分别遇见和处理的问题:既要实现真正的法治,又要在缺乏法治经验的情况下适应当代社会的复杂性;既要清算全能政治的遗产,又要充分肯定现代国家在社会发展过程中的重要性"。① 全面推进依法治国,肯定不走全能政治的老路,因为这条路在法理上没有减少公民对国家的依赖,所以也就没有真正的法治;同样也不可能走自由放任的邪路,因为这条路在法理上没有维系公民对国家的信任,所以也就没有真正的善治。真正的法治在法理上致力于减少公民对国家的依赖,从而为法治政府下的公共权力有限性提供切实的可能性和可行性。国家治理体系和治理能力现代化要通过真正的法治走向真正的善治,还需要维系公民对国家的信任。没有这种公民对国家的信任,现代国家非但无法促进社会合作,反而要面对社会对立。所以,全面认识现代性的法理和法的现代性的实践,是身处全面深化改革以推进国家治理体系和治理能力现代化进程中的中国法律理论界特别需要认真对待的关键问题。② 对于法律体系的中国观而言,法的现代性并不仅仅是在一般意义上表达对限制政府权力的法理,防止滥用权力和出现错误,而且引导和支持着政府权力行使的正当性承认。法律体系的中国观在法理上主张政府权力正当化与合法化机制的法治观。这一点最明显地体现在数量和重要性都日益增加的程序性法律中。③ 所以,法律体系的中国观要追求真正的法治,就必须关注特定社会和经济结构发展进程中演化出来的法理诉求以及这种诉求的法律表现。要真正超越自由主义法学所塑造的国家治理观,绝不是要从抽象意义上去肯定或否定自由主义国家治理观对个体自由、市场经济与有限政府的法理主张,而是要根据中国社会发展水平、社会基本矛盾和社会制

---

① 梁治平:《在边缘处思考》,法律出版社2010年版,第47页。
② 葛洪义:《法律与理性:法的现代性问题解读》,法律出版社2001年版,第435页。
③ 苏力:《现代化进程中的中国法治》,载赵汀阳等:《学问中国》,江西教育出版社1998年版,第184页。

度规定性,把社会平等、公共利益和有效政府作为国家治理观的法理起点。法的现代性对于法律体系的中国观而言,一方面是为社会自主性成长和社会成员尊严维护提供可靠的法律保障,以应对社会生活的无序和社会发展的失范所带来或潜在的风险,因此法律体系的中国观在法理上维护公共权力的权威性以实现现代国家治理的有效性;另一方面国家权力和社会正义之于经济和社会生活的作用限度、作用方式和程序规范成为中国特色社会主义法治体系发展的重要内容,以满足社会合作的现实条件,因此法律体系的中国观在法理上充分强调公共权力的有效性和社会合作的必要性以尊重和表明现代国家治理的持续性。这一现代性的法理在伯克利法学流派中也得到承认。① 在全面深化改革激发社会成员追求个体权利的成长的背景下,通过推进法治社会建设以丰富国家治理的中国观的内涵,有两个至关重要的维度,一是国家能力抑或政府责任,二是社会力量抑或个体权利。"如果一种民主制度要想成功地运行并持续下去,国家必须能够确定它运作的共同体,保护公民的基本权利,建立并维持一种基于规矩的政体,激活市民社会,并满足人民的基本需要。"②因为"人们奋斗所争取的一切,都同他们的利益有关"。③ 现代以及现代性对于现代法律体系而言不过是一个确认和维护社会成员利益的代名词。可见,法的现代性并非一个绝对的时空概念,而是一个相对的解释概念。以人民为中心的法律体系的中国观对法的现代性的法理认知和法律实践完全可以超越现代西方国家的法律发展阶段,成为更为普遍的、更有说服力的解释框架。④

无论是从法治实践形态的角度,还是从法律体系构建的角度来看,西

---

① 伯克利学派代表性人物,美国学者诺内特和塞尔兹尼克所推崇的自治型法律社会的法理叙述中明确强调法律是忠于现行政治秩序的保证,与国家密切一致地履行政治职能,致力于秩序、控制和服从。法律机构(法院等)以实体服从换得程序自治,以实体上与政治保持一致换来的程序上与政治的相对独立,而不是真正的法律与政治的分离。[美]诺内特等:《转变中的法律与社会》,张志铭等译,中国政法大学出版社1994年版,第63—66页。
② 王绍光:《祛魅与超越》,中信出版社2010年版,第144页。
③ 《马克思恩格斯全集》,第1卷,人民出版社1956年版,第82页。
④ 凌斌:《法治的中国道路》,北京大学出版社2013年版,第33页。

方职业法学家勾勒的是一种致力于减少公民对国家依赖的法治形态和以个体消极权利为本位的法治理论,以此来捍卫资本主义社会制度的正当性,并把这种正当性提升为现代法治形态和法律体系的常识性标准。富勒对法治的"理想状态显然不是法律随时间的流逝而改变",以及"在法律中注入普通生活中生长起来的常识性的判断标准"等论述可以证明这一点。① 这种常识性判断就表现为个体自由以及有限政府的法理主张和法治实践。这种表现即使在美国开启现代国家初始定义的重构进程之后也没有改变,只是更好地延续这种常识性判断而已。这一点我们可以从哈耶克关于"立法"与"法律"之分,以及他所谓的"自生自发秩序"的主张中感受到。② 关键是现代法律体系把资本主义制度的现状进行了"再生产"和"神圣化"。

> 在这里,并且到处都一样,社会上占统治地位的那部分人的利益,总是要把现状作为法律加以神圣化,并且要把习惯和传统对现状造成的各种限制,用法律固定下来。……只要现状的基础即作为现状的基础的关系的不断再生产,随着时间的推移,取得了有规则的和有秩序的形式,这种情况就会自然产生。……在生产过程以及与之相适应的社会关系的停滞状态中,一种生产方式所以能取得这个形式,只是由于它本身的反复的再生产。如果一种生产方式持续一个时期,那末,它就会作为习惯和传统固定下来,最后被作为明文的法律加以神圣化。③

马克思深刻揭示了革命后西方社会对现代法律体系的构建和现代法治形态的实践在本质上就是资本雇佣劳动这一社会现状"本身的反复的再生

---

① [美]富勒:《法律的道德性》,郑戈译,商务印书馆2005年版,第53、76页。
② [英]哈耶克:《法律、立法与自由》,第2、3卷,邓正来等译,中国大百科全书出版社2000年版,第20页。
③ 马克思:《资本论》,第3卷,人民出版社1975年版,第893—894页。

产",进而是这种重复性的自我再生产因"随着时间的推移"而"持续一个时期",并由此"取得了有规则的和有秩序的形式",最后是"现状作为法律加以神圣化"。这是一种"社会关系停滞状态中"维护"社会上占统治地位的那部分人的利益"的法治化过程。无论是英国对现代国家的初始定义,还是美国对现代国家初始定义的重构,抑或自由主义国家观的流变,均是在所有制结构基础上维护资本对劳动的雇佣关系。也就是说,西方社会法治形态及其实践只是用契约自由或者追求公民减少对国家的依赖,来掩盖人对物的依赖关系的神圣化的现实目的。与之相对,革命后当代中国社会从1954年宪法,特别是1982年宪法中提出的是致力于在社会主义初级阶段提升社会活力和增进福利的法治目标。这一法治目标的实质是"革新法治",是"变法之治"。① 这一目标既不能背离现代国家通过法律体系对有效市场的规范建构,更不能背离社会主义现代化国家通过法治形态对有为政府的价值坚守。在走向社会主义现代化国家的进程中,法律体系的中国观要摆脱形形色色的教条主义,以为一个基本的宪政框架和一套细致的法律规则可以应付现代社会带来的复杂多变的生产方式和生活方式。② 20世纪以来西方和中国政治法律实践的反复试验和不断发展均已表明,那种试图以不变应万变的制度解决方案注定是行不通的。③ 因此,在全面深化改革的背景下,法律体系的中国观最重要的问题在于寻找社会主义制度的普遍性,而不是社会主义价值的普遍性。中国社会之所以选择社会主义,建设社会主义现代化国家,一方面与中国历史、社会、文化所决定的中国国家现代化转型的内在规定性密切相关,另一方面20世纪初的人类社会为摆脱资本主义危机而整体取向社会主义直接相关。④ 无论是1954年宪法对革命后建设新国家和新社会的制度选择,还是1982年宪法对社会主义制度及其发展阶段的再定

---

① 凌斌:《法治的中国道路》,北京大学出版社2013年版,第35页。
② 李猛:《除魔的世界与禁欲者的守护神:韦伯社会理论中的"英国法"问题》,载《韦伯:法律与价值》,上海人民出版社2001年版,第162页。
③ [美]波斯纳:《超越法律》,苏力译,中国政法大学出版社2001年版,第1章。
④ 林尚立:《当代中国政治:基础与发展》,中国大百科全书出版社2017年版,第73页。

位，无不表明这样一个事实：法律体系的中国观要超越自由主义国家观和资本主义法律体系，必须表明社会主义制度是能够持续推动国家治理体系和治理能力现代化、实现人民对美好生活希望的好制度，从而让现代国家的法理要素得到更为深刻、更为全面的发展。具体地说，当代中国法律体系必须及时地为解放和发展当代中国社会的生产力提供制度激励，为当代中国社会成员参与国家任务实现的积极性所赖以存续的个体权利和契约自由提供法律保障，这就需要不断完善私法规范。中国社会走的是社会主义道路，当代中国法律体系在为个体权利和个体正义提供正当性的同时，也不能放弃或忽视公共利益和社会正义在法治秩序形塑中的意义。当代中国必须深化社会正义在法律体系中的存在方式和表现能力。这就需要通过社会性立法来增强当代中国法律体系在复杂的利益关系背景下维护社会共识的能力，最终体现当代中国法律体系对社会主义制度属性和社会主义法治道路的恪守能力。当代中国完善现代法律体系的过程中，既不能把个体权利或个体正义绝对化，乃至放弃社会正义或公共利益的正当性、背离当代中国社会坚持社会主义发展道路和社会主义制度的法律定位，同时又不能把社会正义或公共利益绝对化，甚至放弃个体正义或个体权利的合法性、背离当代中国社会建设现代国家之法律诉求。因此，当代中国社会在法律体系的中国观的表达中，以人民为本位，在法理要素上从社会正义出发寻找社会正义与个体正义之间的平衡点，在法律体系上从社会性立法出发寻找好的社会与好的国家之间的平衡点。如果能够通过现代法律体系的发展及其法治形态的实践在现实生活中持续落实这个过程，进而走向社会主义现代化国家，那将是中国社会在与现代化相遇以来的第一次突破。如果法律体系的中国观真能寻找到这样一个平衡点，那是非常值得我们庆幸的——靠着中国人自己的努力，探索出一种具有深厚本土支持和广阔社会基础的强大的国家与繁荣的社会得以共存的制度框架。① 尤为重要的是，任何有生命力的有关社会制度的规范理论都要摆脱教条主义或本质主义的窠臼，成为实现已有的政治光谱上

---

① 丁学良：《辩论"中国模式"》，社会科学文献出版社2011年版，第240页。

的基本观念的新途径。① 法律体系的中国观要超越西方资本主义制度,不能通过否定现代法治的本质实现,因为"无论如何个人自由的理念,基于市民社会自治的需要,运用国家权力的行为都必须受到法律规则的束缚,这是任何一种制度设计的共同的前提"。② 所以,对于法律体系的中国观而言,社会主义规定性就是真正且自觉地回到寻找社会性的法理平衡和重建公共性的法律实践的过程中,落实现代法治的本质。因此法律体系的中国观的重要使命,不是对静态的法律知识和权利话语作出表达与反思,而是要在动态的变法过程和具体的法治实践过程中考察社会正义与个体正义之间的冲突与妥协,关注社会合作与社会活力之间的碰撞与斗争,从而对中国走向社会主义现代化国家的法治使命与法治现代化进程给出理论上的认知、规划和批判。

英国法理学家约瑟夫·拉兹从分析法理学的角度出发,认为一种完整的、具有说服力的法律体系理论应当包括对四个问题的回答:一是存在问题,如何区分现存的法律体系和从未存在过的法律体系,法律体系理论要提供一些标准以作出判断;二是特征问题,人民可以从成员资格中推导出关于特质的标准;三是结构问题,属于同一法律体系的那些法律是不是有某些反复出现的关系模式;四是内容问题,即有没有一些法律会以这样或者那样的形式出现在所有的法律体系中或者某类法律体系中,有没有一些内容对于所有的法律体系都是不可缺少的,或者有没有一些重要的内容可以区分重要的法律类型。③ 拉兹的分析虽然没有涉及法律体系的价值问题和实际运作问题,但他的观点给我们分析法律体系的中国观带来了这样的启示:法律体系并不是自然、自发形成的,而是立法者(主权者)根据革命后现代国家的法理要素,面对改革后现代社会的复杂性和多变性而进行的构造。④ 但是这种构造不是随意进行的,而是基于当代中国"历史-社会-文化"条件,认

---

① [美]特伦斯·鲍尔等:《剑桥二十世纪政治思想史》,任军峰等译,商务印书馆2016年版,第521页。
② 季卫东:《大变局下的中国法治》,北京大学出版社2013年版,第45页。
③ 拉兹:《法律体系的概念》,吴玉章译,中国法制出版社2003年版,第2—3页。
④ 李林:《中国的法治道路》,中国社会科学出版社2016年版,第83—84页。

真而非教条地对待并丰富现代性的法理、中国性的边界和社会主义制度的规定性。一如孟德斯鸠所言:"有两种腐化,一种是由于人民不遵守法律,另一种是人民被法律腐化。被法律腐化是一种无可救药的弊端,因为这个弊端就存在于校正方法本身之中。"①现代法律体系在落实国家与社会之间、政府与市场之间以及公共权力与公民权利之间的法理关系时,无疑更多地注意到了绝对权力的危害,因此现代国家法治形态的实践都致力于建构法律约束下的权力,进而与传统国家的专制制度区别开来。传统国家的法理是一种对意志的统治的正当性确认,意志是法律之来源,故不受法律之管辖。② 传统国家的意志统治是一种"绝对权力",现代国家的依法统治则是一种"相对权力"。前者是"强权胜过法律",也就是人们常说的"权大于法",因而是绝对权力;后者是"权力服从于权利",也就是"法大于权",因而是相对权力。③ 现代法律体系的中国观不仅反对绝对权力,而且要防范相对权力。随着全面依法治国的推进,法律体系的中国观要走出法治铁笼,④就要自觉反对这种相对权力背后的法治官僚主义。这种官僚主义因其"只能根据阐释其所在机构的权力和职责的规范履行自己的职责"而表现为一种"官僚的病态即行为的过分僵化",⑤认为现代性追求的权利就是正确,认为法律就是法则,正是这种过分僵化的官僚主义的典型特点。⑥ 正如习近平所说:"反对官僚主义要着重解决在人民群众利益上不维护、不作为问题,既注重维护最广大人民根本利益和长远利益,又切实解决群众最关心最直接最现实的利益问题。"⑦

---

① [法]孟德斯鸠:《论法的精神》,上册,张雁深译,商务印书馆1997年版,第86页。
② [英]阿克顿:《自由与权力》,侯健等译,商务印书馆2001年版,第342页。
③ 同上书,第342页。
④ [德]韦伯:《新教伦理与资本主义精神》,康乐等译,广西师范大学出版社2004年版,第187页。
⑤ [美]欧文·费思:《如法所能》,师帅译,中国政法大学2008年版,第94页。
⑥ 凌斌:《法治的中国道路》,北京大学出版社2013年版,第126页。
⑦ 《习近平谈治国理政》,第3卷,外文出版社2020年版,第503页。习近平始终强调新时代法治中国建设要为了人民、依靠人民、造福人民、保护人民。为此必须牢牢把握社会公平正义这一法治价值追求,努力让人民群众在每一项法律制度、每一个执法决定、每一宗司法案件中都感受到公平正义。

从现代法治形态出发理解当代中国走向生命力的社会主义现代国家的实践,在充分接受人类社会生活的复杂性和多样性的事实的前提下,我们在厘清法律体系的中国观的内涵时必须认真对待现代性对个体权利的尊重、中国性所承载的伦理约束的意义,以及社会主义规定性所追求的公共福祉的实现,从而致力于平衡公共权力的规范供给和激励机制、个人权利的承认和公共福祉的延续、法律教义的落实与法治信仰的形成之间的关系。"由此不难想见,如果仅仅依赖于权力制衡和法律知识,如果全然失去甚至是排斥外在于国家权力同时内在于官民内心的伦理约束,我们所能得到的必然只是一个在权力滥用上更为积极、在职责履行上更为消极、仅仅追求一己私利的国家蛀虫——这才是真正可怕的'人治'。是的,法治的极端就是人治。"①因此,从中国特色社会主义法律体系的构建走向现代法律体系的中国观的型塑,当代中国社会不仅要关注法治的基本原则、制度结构和实践形态,而且要考虑法治在全面深化改革和社会主义现代国家建设过程中的位置,秉持历史素养以系统眼光处理法治与社会发展和国家治理体系变革其他方面的关系。人类制度文明史上任何一种有关于法律体系和法治价值的思想主张的形成都是有条件的,并且与现实的社会、政治需求息息相关。换言之,现代法律体系的发展以及思想观念的变化,从来都只能是一点一滴地演进,因而或多或少是可以看出其阶段性的。现代法律体系的中国观在平衡中国性、现代性和社会主义规定性之间的阶段性关系中体现其对现代国家成长法理要素的实现能力,在好的社会和好的国家之间紧张关系中的寻求中国之道。

---

① 凌斌:《法治的中国道路》,北京大学出版社2013年版,第130页。

参 考 文 献

除了马克思主义理论经典文献之外，下列学术文献对本书的研究产生了重要的学术影响（按引用顺序排列）：

一、学术著作

1. ［英］安东尼·史密斯：《全球化时代的民族与民族主义》，龚维斌、良警宇译，中央编译出版社2002年版。
2. ［美］约瑟夫·斯特雷耶：《现代国家的起源》，华佳、王夏、宗福常译，王小卫校，格致出版社2011年版。
3. 林尚立：《当代中国政治：基础与发展》，中国大百科全书出版社2017年版。
4. ［英］休·柯林斯：《马克思主义与法律》，邱昭继译，法律出版社2012年版。
5. ［美］庞德：《通过法律的社会控制/法律的任务》，沈宗灵、董世忠译，杨昌裕、楼邦彦校，商务印书馆1984年版。
6. ［美］络德睦：《法律东方主义：中国、美国与现代法》，魏磊杰译，中国政法大学出版社2016年版。
7. ［美］博登海默：《法理学——法哲学及其方法》，邓正来、姬敬武译，梦觉校，华夏出版社1987年版。

8. 季卫东：《法治秩序的建构》，商务印书馆 2019 年版。

9. ［日］大木雅夫：《比较法》，范愉译，法律出版社 2006 年版。

10. ［美］H. W. 埃尔曼：《比较法律文化》，高鸿钧等译，清华大学出版社 2002 年版。

11. ［美］塔玛尔·赫尔佐格：《欧洲法律简史：两千五百年来的变迁》，高仰光译，中国政法大学出版社 2019 年版。

12. ［苏联］帕舒卡尼斯：《法的一般理论与马克思主义》，杨昂、张玲玉译，中国法制出版社 2008 年版。

13. 张中秋：《传统中国法理观》，法律出版社 2019 年版。

14. 许倬云：《万古江河：中国历史文化的转折与开展》，湖南人民出版社 2017 年版。

15. ［法］埃米尔·布特米：《斗争与妥协：法英美三国宪法纵横谈》，李兆祥译，北京大学出版社 2018 年版。

16. ［德］黑格尔：《历史哲学》，王造时译，商务印书馆 1963 年版。

17. ［美］汉娜·阿伦特：《论革命》，陈周旺译，译林出版社 2007 年版。

18. ［英］艾瑞克·霍布斯鲍姆：《革命的年代》，王章辉等译，江苏人民出版社 1999 年版。

19. ［美］戈登·伍德：《美国革命的激进主义》，胡萌琦译，中信出版集团 2019 年版。

20. ［英］戴维·赫尔德：《民主与全球秩序：从现代国家到世界主义治理》，胡伟等译，上海人民出版社 2003 年版。

21. ［美］弗朗西斯·福山：《国家构建：21 世纪的国家治理与世界秩序》，黄胜强、许铭原译，中国社会科学出版社 2007 年版。

22. ［法］让-马克·夸克：《合法性与政治》，佟心平、王远飞译，筱娟校，中央编译出版社 2002 年版。

23. 刘小枫：《现代性社会理论绪论》，上海三联书店 1998 年版。

24. 于春洋：《现代民族国家建构：理论、历史与现实》，中国社会科学出版社 2016 年版。

25. [美]霍华德·威亚尔达：《新兴国家的政治发展——第三世界还存在吗？》，刘青、朱可译，北京大学出版社2005年版。
26. [法]勒内·达维德：《当代主要法律体系》，漆竹生译，上海译文出版社1984年版。
27. 米健等：《当今与未来世界法律体系》，法律出版社2010年版。
28. 沈宗灵：《比较法总论》，北京大学出版社1987年版。
29. 苏力：《道路通向城市：转型中国的法治》，法律出版社2004年版。
30. 梁治平：《在边缘处思考》，法律出版社2003年版。
31. 金观涛、刘青峰：《兴盛与危机：论中国社会超稳定结构》，法律出版社2011年版。
32. [法]孟德斯鸠：《论法的精神》，上册，张雁深译，商务印书馆1961年版。
33. 田飞龙：《中国宪制转型的政治宪法原理》，中央编译出版社2015年版。
34. 萧功秦：《中国的大转型》，新星出版社2008年版。
35. 夏勇：《中国民权哲学》，生活·读书·新知三联书店2004年版。
36. 董必武：《董必武政治法律文集》，法律出版社1986年版。
37. 葛洪义等：《法治中国：中国法治进程》，广东人民出版社2015年版。
38. 林尚立等：《政治建设与国家成长》，中国大百科全书出版社2008年版。
39. 冯玉军：《法治中国：中西比较与道路模式》，北京师范大学出版社2017年版。
40. [美]理查德·西诺波利：《美国公民身份的基础：自由主义、宪法与公民美德》，张晓燕译，复旦大学出版社2019年版。
41. [德]茨威格特、克茨：《比较法总论》，潘汉典、米健、高鸿钧等译，法律出版社2003年版。
42. [俄]拉扎列夫等：《法与国家的一般理论》，王哲等译，法律出版社1999年版。
43. [美]贾恩弗兰科·波齐：《近代国家的发展：社会学导论》，沈汉译，商务印书馆1997年版。
44. [古希腊]亚里士多德：《政治学》，吴寿彭译，商务印书馆1965年版。

45. [美]汉密尔顿、杰伊、麦迪逊:《联邦党人文集》,程逢如、右汉、舒逊译,商务印书馆 1980 年版。
46. 王永钦、张晏、章元、陈钊、陆铭:《中国的大国发展之道》,上海人民出版社 2006 年版。
47. 钱穆:《中国历史研究法》,生活·读书·新知三联书店 2001 年版。
48. [英]丹尼斯·罗伊德:《法律的理念》,张茂柏译,新星出版社 2005 年版。
49. [美]斯文·贝克特:《棉花帝国》,徐轶杰、杨燕译,民主与建设出版社 2019 年版。
50. [英]芬纳:《统治史(卷一:古代的王权和帝国——从苏美尔到罗马)》,马百亮、王震译,华东师范大学出版社 2010 年版。
51. [英]惠尔:《现代宪法》,翟小波译,法律出版社 2006 年版。
52. [德]马克斯·韦伯:《经济与社会》,下卷,商务印书馆 1997 年版。
53. [德]艾利亚斯:《文明的进程:文明的社会起源和心理起源的研究》,第二卷,生活·读书·新知三联书店 1999 年版。
54. 曹沛霖:《制度的逻辑》,上海人民出版社 2019 年版。
55. [英]威廉·塞尔·霍尔斯沃思:《英国法的塑造者》,陈锐等译,法律出版社 2018 年版。
56. [英]安东尼·吉登斯:《民族-国家与暴力》,胡宗泽等译,生活·读书·新知三联书店 1998 年版。
57. [英]佩里·安德森:《绝对主义国家的系谱》,刘北成、龚晓庄译,上海人民出版社 2001 年版。
58. 钱乘旦、许洁明:《大国通史·英国通史》,上海社会科学院出版社 2007 年版。
59. [英]G. R. 波特:《新编剑桥世界近代史》,第 1 卷,中国社会科学院世界历史研究所组译,中国社会科学出版社 1999 年版。
60. [英]伯克:《法国革命论》,何兆武等译,商务印书馆 1998 年版。
61. 钱乘旦、陈晓律:《在传统与变革之间——英国文化模式溯源》,浙江人民出版社 1991 年版。
62. [苏联]康·格·费多罗夫:《外国国家和法律制度史》,叶长良、曾宪义译,中国人民大学 1985 年版。
63. [英]卡内冈:《英国普通法的诞生》,李红海译,中国政法大学出版社 2003 年版。
64. [美]艾恺:《世界范围内的反现代化思潮——论文化守成主义》,贵州人民出版社 1991 年版。
65. [英]戴雪:《英宪精义》,雷宾南译,中国法制出版社 2001 年版。
66. 何勤华、张海斌:《西方宪法史》,北京大学出版社 2006 年版。
67. [英]汤因比:《历史研究》,上卷,曹未风等译,上海人民出版社 1997 年版。
68. [英]J. S. 密尔:《代议制政府》,汪瑄译,商务印书馆 1982 年版。
69. [英]戴维·赫尔德:《民主的模式》,燕继荣等译,王浦劬校,中央编译出版社 1998 年版。
70. [法]卢梭:《社会契约论》,何兆武译,商务印书馆 1980 年版。
71. 蒋劲松:《议会之母》,中国民主法制出版社 1998 年版。
72. [英]洛克:《政府论》,下篇,叶启芳、瞿菊农译,商务印书馆 1964 年版。
73. [英]彼得·斯坦、约翰·香德:《西方社会的法律价值》,王献平译,中国人民公安大学出版社 1990 年版。
74. [英]詹宁斯:《法与宪法》,龚祥瑞、侯健译,生活·读书·新知三联书店 1997 年版。
75. [美]伯纳德·施瓦茨:《美国法律史》,王军英、刘杰、王辉译,中国政法大学出版社 1990 年版。
76. 马骏、刘亚平:《美国进步时代的政府改革及其对中国的启示》,格致出版社、上海人民出版社 2010 年版。
77. [美]赫伯特·D.克罗利:《美国生活的希望:政府在实现国家目标中的作用》,王军英等译,江苏人民出版社 2006 年版。
78. [法]托克维尔:《论美国的民主》,上卷,董果良译,商务印书馆 1988 年版。

79. [美]保罗·A.萨缪尔森、威廉·D.诺德豪斯:《经济学》,下册,杜月开译,中国发展出版社 1992 年版。
80. [美]富兰克林·德·罗斯福:《罗斯福选集》,关在汉编译,商务印书馆 1982 年版。
81. [美]厄尔·怀松、罗伯特·佩卢奇、大卫·赖特:《新阶级社会:美国梦的终结?》,张海东等译,社会科学文献出版社 2019 年版。
82. 刘瑜:《观念的水位》,江苏凤凰文艺出版社 2014 年版。
83. [美]劳伦斯·M.弗里德曼:《美国法律史》,苏彦新、王娟、杨松才、司久贵、赵建文译,苏彦新校,中国社会科学出版社 2007 年版。
84. [美]杜威:《新旧个人主义——杜威文选》,孙有中、蓝克林、裴雯译,上海社会科学院出版社 1997 年版。
85. [美]查尔斯·A.比尔德:《美国政府与政治》,上册,朱曾汶译,商务印书馆 1987 年版。
86. 唐贤兴:《产权、国家与民主》,复旦大学出版社 2002 年版。
87. [奥地利]路德维希·冯·米瑟斯:《自由与繁荣的国度》,韩光明等译,中国社会科学出版社 1995 年版。
88. [美]迈克尔·卡门:《自相矛盾的民族:美国文化的起源》,王晶译,江苏人民出版社 2006 年版。
89. 郁建兴:《马克思国家理论与现时代》,东方出版中心 2007 年版。
90. [德]奥菲:《福利国家的矛盾》,郭忠华等译,吉林人民出版社 2006 年版。
91. [英]维尔:《美国政治》,王合、陈国清、杨铁钧译,商务印书馆 1981 年版。
92. 葛洪义:《法律与理性:法的现代性问题解读》,法律出版社 2001 年版。
93. 李强:《自由主义》,中国社会科学出版社 1998 年版。
94. [瑞士]雅各布·布克哈特:《意大利文艺复兴时期的文化》,何新译,马香雪校,商务印书馆 1979 年版。
95. [美]伯尔曼:《法律与宗教》,梁治平译,中国政法大学出版社 2003 年版。

96. [美]伯尔曼：《法律与革命——西方法律传统的形成》，高鸿钧、张志铭、夏勇等译，中国大百科全书出版社1993年版。

97. 钱满素：《美国自由主义的历史变迁》，生活·读书·新知三联书店2006年版。

98. [美]乔治·霍兰·萨拜因著，托马斯·兰敦·索尔森修订：《政治学说史》，下卷，刘山等译，南木校，商务印书馆1986年版。

99. [英]雅赛：《重申自由主义：选择、契约、协议》，陈茅等译，中国社会科学出版社1997年版。

100. [英]潘恩：《潘恩选集》，马清槐等译，商务印书馆1981年版。

101. 赵汀阳、刘军宁、盛洪、汪丁丁、苏力、杨东平、秦晖、吴国盛：《学问中国》，江西教育出版社1998年版。

102. [美]阿兰·S. 罗森鲍姆等：《宪政的哲学之维》，郑戈、刘茂林译，生活·读书·新知三联书店2001年版。

103. 金观涛：《探索现代社会的起源》，社会科学文献出版社2010年版。

104. [英]约翰·密尔：《论自由》，许宝骙译，商务印书馆1959年版。

105. 李剑鸣：《大转折的时代——美国进步主义运动研究》，天津教育出版社1992年版。

106. [美]悉尼·胡克：《理性、社会神话和民主》，金克、徐崇温译，上海人民出版社1965年版。

107. [美]约翰·杜威：《人的问题》，傅统先、邱椿译，上海人民出版社1965年版。

108. [英]霍布豪斯：《社会进化与政治学说》，廖凯声译，商务印书馆1935年版。

109. [美]约翰·罗尔斯：《正义论》，谢延光译，上海译文出版社1991年版。

110. [美]罗纳德·德沃金：《自由的法：对美国宪法的道德解读》，刘丽君译，林燕平校，上海人民出版社2001年版。

111. [美]特伦斯·鲍尔、[英]理查德·贝拉米：《剑桥二十世纪政治思想史》，任军峰、徐卫翔译，商务印书馆2016年版。

112. 俞可平：《社群主义》，中国社会科学出版社1998年版。
113. [美]斯蒂芬·L.埃尔金、卡罗尔·爱德华·索乌坦等：《新宪政论——为美好的社会设计政治制度》，周叶谦译，生活·读书·新知三联书店1997年版。
114. [美]罗伯特·诺齐克：《无政府、国家与乌托邦》，何怀宏等译，中国社会科学出版社1991年版。
115. [美]D.C.诺斯：《经济史中的结构与变迁》，陈郁等译，上海三联书店、上海人民出版社1991年版。
116. [美]詹姆斯·A.古尔德、文森特·V.瑟斯比：《现代政治思想：关于领域、价值和趋向的问题》，杨淮生、王缉思、周琪译，南木、周沛校，商务印书馆1985年版。
117. [美]丹尼尔·贝尔：《资本主义文化矛盾》，赵一凡、蒲隆、任晓晋译，生活·读书·新知三联书店1989年版。
118. [美]阿瑟·奥肯：《平等与效率》，王忠民、黄清译，四川人民出版社1988年版。
119. [美]查尔斯·A.比尔德：《美国宪法的经济解释》，夏润译，江苏凤凰科学技术出版社2017年版。
120. [法]亨利·勒帕日：《美国新自由主义经济学》，李燕生译，王文融校，北京大学出版社1985年版。
121. 刘小枫：《现代性社会理论绪论——现代性与现代中国》，上海三联书店1998年版。
122. [英]约翰·基恩：《公共生活与晚期资本主义》，马音、刘利圭、丁耀琳译，社会科学文献出版社1992年版。
123. [法]卢梭：《论人类不平等的起源和基础》，李常山译，东林校，商务印书馆1962年版。
124. 应奇：《从自由主义到后自由主义》，生活·读书·新知三联书店2003年版。
125. [德]尤尔根·哈贝马斯：《重建历史唯物主义》，郭官义译，社会科学文献出版社 2000 年版。
126. 赵汀阳：《四种分叉》，华东师范大学出版社 2017 年版。
127. ［美］昂格尔：《现代社会中的法律》，吴玉章、周汉华译，中国政法大学出版社 1994 年版。
128. ［美］查尔斯·蒂利：《强制、资本和欧洲国家（公元 990—1992 年）》，魏洪钟译，上海人民出版社 2007 年版。
129. 费孝通：《中华民族多元一体格局》（修订本），中央民族大学出版社 1999 年版。
130. 杨雪冬：《市场发育、社会生长和公共权力构建——以县为微观分析单位》，河南人民出版社 2002 年版。
131. 陈建华：《"革命"的现代性：中国革命话语考论》，上海古籍出版社 2000 年版。
132. 金观涛、刘青峰：《观念史研究：中国现代重要政治术语的形成》，法律出版社 2009 年版。
133. ［美］苏珊·邓恩：《姊妹革命——美国革命与法国革命启示录》，杨小刚译，上海文艺出版社 2003 年版。
134. 罗志田：《中国的近代：大国的历史转身》，商务印书馆 2019 年版。
135. ［美］孔飞力：《中国现代国家的起源》，陈之宏等译，生活·读书·新知三联书店 2013 年版。
136. 林尚立：《当代中国政治形态研究》，天津人民出版社 2000 年版。
137. 罗荣渠：《从"西化"到现代化》，北京大学出版社 1990 年版。
138. 清华大学国学研究院编、［美］阿里夫·德里克：《后革命时代的中国》，李冠南、董一格译，刘东评议，上海人民出版社 2015 年版。
139. ［美］麦克法夸尔、费正清编：《剑桥中华人民共和国史——中国革命内部的革命（1966—1982）》，俞金尧等译，中国社会科学出版社 1992 年版。
140. 杨奎松：《中华人民共和国建国史研究》，江西人民出版社 2009 年版。
141. ［法］谢和耐：《中国社会史》，耿昇译，江苏人民出版社 1995 年版。

142. 刘建军:《中国现代政治的成长:一项对政治知识基础的研究》,天津人民出版社 2003 年版。
143. 李维汉:《回忆与研究》,下册,中共党史资料出版社 1986 年版。
144. 韩大元:《1954 年宪法制定过程》,法律出版社 2014 年版。
145. 许崇德:《中华人民共和国宪法史》,福建人民出版社 2003 年版。
146. 林贤治:《革命寻思录》,中央广播电视大学出版社 2015 年版。
147. 高全喜、张伟、田飞龙:《现代中国的法治之路》,社会科学文献出版社 2012 年版。
148. 王人博、程燎原:《法治论》,广西师范大学出版社 2014 年版。
149. [波兰] W. 布鲁斯:《社会主义的所有制与政治体制》,郑秉文、乔仁毅、王忠民译,华夏出版社 1989 年版。
150. [美] L. J. 宾克莱:《理想的冲突——西方社会中变化着的价值观念》,马元德、陈白澄、王太庆、吴永泉译,商务印书馆 1983 年版。
151. 秦晓:《当代中国问题:现代化还是现代性》,社会科学文献出版社 2009 年版。
152. [日] 杉原泰雄:《宪法的历史》,吕昶、渠涛译,社会科学文献出版社 2000 年版。
153. [英] 霍布斯:《利维坦》,黎思复、黎廷弼译,商务印书馆 1985 年版。
154. [美] 乔万尼·萨托利:《民主新论》,上卷,冯克利、阎克文译,上海人民出版社 2015 年版。
155. 包刚升:《民主的逻辑》,社会科学文献出版社 2018 年版。
156. 沈岿:《公法变迁与合法性》,法律出版社 2010 年版。
157. 胡鞍钢:《第二次转型 国家制度建设》,清华大学出版社 2003 年版。
158. 高全喜:《寻找现代中国:穿越法政与历史的对谈》,法律出版社 2014 年版。
159. 王焱:《宪政主义与现代国家》,生活·读书·新知三联书店 2003 年版。
160. 陈曙光、李海清等:《改革开放改变中国——中国改革的成功密码》,人民出版社 2018 年版。
161. 金观涛：《历史的巨镜》，法律出版社 2015 年版。
162. [英] 艾瑞克·霍布斯鲍姆：《极端的年代》，上册，郑明萱译，江苏人民出版社 1998 年版。
163. [美] 莱斯特·瑟罗：《资本主义的未来》，周晓钟译，中国社会科学出版社 1998 年版。
164. 泮伟江：《当代中国法治的分析与建构》，中国法制出版社 2012 年版。
165. [英] 戴维·赫尔德、安东尼·麦克格鲁、戴维·戈尔德布莱特、乔纳森·佩拉顿：《全球大变革：全球化时代的政治、经济与文化》，杨雪冬、周红云、陈家刚、褚松燕译，社会科学文献出版社 2001 年版。
166. [英] 迈克尔·曼：《社会权力的来源：全球化(1945—2011)》，第 4 卷，郭忠华、陈法寅、蒋文芳译，上海人民出版社 2015 年版。
167. [德] 哈贝马斯：《公共领域的结构转型》，曹卫东等译，学林出版社 1999 年版。
168. [英] 梅因：《古代法》，沈景一译，商务印书馆 1959 年版。
169. [美] 阎云翔：《私人生活的变革：一个中国村庄里的爱情、家庭与亲密关系(1949—1999)》，龚小夏译，上海人民出版社 2017 年版。
170. 许章润：《国家理性与优良政体》，法律出版社 2015 年版。
171. 张君劢：《政制与法制》，清华大学出版社 2008 年版。
172. [美] 塞缪尔·亨廷顿：《失衡的承诺》，周端译，东方出版社 2005 年版。
173. [美] 塞缪尔·亨廷顿：《我们是谁：美国国家特性面临的挑战》，程克雄译，新华出版社 2005 年版。
174. [美] 弗朗西斯·福山：《历史的终结》，黄胜强等译，远方出版社 1998 年版。
175. 姚洋：《自由、公正和制度变迁》，河南人民出版社 2002 年版。
176. 刘建军：《当代中国政治思潮》，复旦大学出版社 2010 年版。
177. [美] 利普塞特：《政治人：政治的社会基础》，刘钢敏、聂蓉译，聂崇信校，商务印书馆 1993 年版。

178. [美]塞缪尔·亨廷顿:《变化社会中的政治秩序》,王冠华、刘为译,上海人民出版社 2008 年版。
179. [美]伯尔曼:《信仰与秩序》,姚剑波译,中央编译出版社 2011 年版。
180. 董炯:《国家、公民与行政法——一个国家-社会的角度》,北京大学出版社 2001 年版。
181. 宋冰编:《程序、正义与现代化:外国法学家在华演讲录》,中国政法大学出版社 1998 年版。
182. 秦晖:《共同的底线》,江苏文艺出版社 2013 年版。
183. [日]川岛武宜:《现代化与法》,申政武、王志安、渠涛、李旺等译,中国政法大学出版社 1994 年版。
184. 公丕祥:《中国法制现代化的进程》,上卷,中国人民公安大学出版社 1991 年版。
185. 谢晖:《价值重建与规范选择——中国法制现代化沉思》,山东人民出版社 1998 年版。
186. 夏勇:《中国民权哲学》,生活·读书·新知三联书店 2004 年版。
187. 孙哲:《全国人大制度研究(1979—2000)》,法律出版社 2004 年版。
188. 信春鹰:《中国的法律制度及其改革:中、英对照》,法律出版社 1999 年版。
189. 李路路、李汉林:《中国的单位组织:资源、权力与交换(修订版)》,生活·读书·新知三联书店 2019 年版。
190. [美]约瑟夫·奈、约翰·唐纳胡:《全球化世界的治理》,王勇、门洪华、王荣军、肖东燕、高军、戴平辉译,世界知识出版社 2003 年版。
191. 秋风:《政府的本分》,江苏文艺出版社 2010 年版。
192. 高全喜:《从非常政治到日常政治:论现时代的政法及其他》,中国法制出版社 2009 年版。
193. 赵鼎新:《国家、战争与历史发展:前现代中西模式的比较》,浙江大学出版社 2015 年版。
194. [美]道格拉斯·诺斯:《经济史上的结构和变革》,厉以平译,商务印书馆 1992 年版。

195. [美]德隆·阿西莫格鲁、詹姆斯·A. 罗宾逊:《国家为什么会失败》,李曾刚译,湖南科学技术出版社 2017 年版。

196. [美]曼瑟·奥尔森:《权力与繁荣》,苏长和、嵇飞译,上海人民出版社 2005 年版。

197. [以色列]艾森斯塔特:《现代化:抗拒与变迁》,张旅平、沈原、陈育园、迟刚毅译,中国人民大学出版社 1988 年版。

198. 高全喜:《我的轭——在政治与法律之间》,中国法制出版社 2007 年版。

199. 马骏、孙麾、何艳玲主编:《中国"行政国家"六十年:历史与未来》,格致出版社、上海人民出版社 2012 年版。

200. 休谟:《休谟政治论文选》,张若衡译,商务印书馆 1993 年版。

201. 王绍光:《祛魅与超越》,中信出版社 2010 年版。

202. 孙立平:《守卫底线:转型社会生活的基础秩序》,社会科学文献出版社 2007 年版。

203. [德]尤尔根·哈贝马斯:《合法化危机》,刘北成、曹卫东译,上海人民出版社 2009 年版。

204. [美]本杰明·卡多佐:《司法过程的性质》,苏力译,商务印书馆 1998 年版。

205. [美]布赖恩·Z. 塔玛纳哈:《法律工具主义:对法治的危害》,陈虎、杨洁译,北京大学出版社 2016 年版。

206. [瑞士]安德烈亚斯·威默:《国家建构:聚合与崩溃》,叶江译,格致出版社 2019 年版。

207. 王利明:《法治具有目的性》,北京大学出版社 2017 年版。

208. [美]霍姆斯:《普通法》,冉昊、姚中秋译,中国政法大学出版社 2006 年版。

209. 季卫东:《法治构图》,法律出版社 2012 年版。

210. 俞可平等:《中国的治理变迁(1978—2018)》,社会科学文献出版社

2018 年版。

211. [美] 兰迪·T. 西蒙斯：《政府为什么会失败》，张媛译，新华出版社 2017 年版。

212. 强世功：《立法者的法理学》，生活·读书·新知三联书店 2007 年版。

213. [英] 哈耶克：《自由宪章》，杨玉生、冯兴元、陈茅等译，杨玉生、陆衡、伊虹统校，中国社会科学出版社 2012 年版。

214. 陈端洪：《宪治与主权》，法律出版社 2007 年版。

215. 俞可平：《治理与善治》，社会科学文献出版社 2000 年版。

216. 王绍光：《美国进步时代的启示》，中国财政经济出版社 2002 年版。

217. 韦森：《大转型》，中信出版社 2012 年版。

218. 丁学良：《辩论"中国模式"》，社会科学文献出版社 2011 年版。

219. [美] 凯斯·孙斯坦：《设计民主：论宪法的作用》，金朝武、刘会春译，法律出版社 2006 年版。

220. 陈瑞华：《看得见的正义（第二版）》，北京大学出版社 2013 年版。

221. 刘守刚：《国家成长的财政逻辑：近现代中国财政转型与政治发展》，天津人民出版社 2009 年版。

222. 马骏、谭君久、王浦劬主编：《走向"预算国家"：治理、民主和改革》，中央编译出版社 2011 年版。

223. 韩大元等：《公法的制度变迁》，北京大学出版社 2009 年版。

224. [日] 大沼保昭：《人权、国家与文明：从普遍主义的人权观到文明相容的人权观》，王志安译，生活·读书·新知三联书店 2003 年版。

225. 高全喜：《现代政制五论》，法律出版社 2008 年版。

226. 苏长和：《全球公共问题与国际合作：一种制度的分析》，上海人民出版社 2000 年版。

227. [美] 诺内特、塞尔兹尼克：《转变中的法律与社会》，张志铭译，中国政法大学出版社 1994 年版。

228. [美] 汉斯·摩根索：《国际纵横策论——争强权，求和平》，卢明华、时殷弘、林勇军译，上海译文出版社 1995 年版。

229. 贾英健：《全球化背景下的民族国家研究》，中国社会科学出版社 2005 年版。

230. 赵鼎新：《民主的限制》，中信出版社 2012 年版。

231. 马立诚：《当代中国八种社会思潮》，社会科学文献出版社 2012 年版。

232. [美] 安东尼·奥罗姆：《政治社会学导论》，张华青、何俊志、孙嘉明等译，上海人民出版社 2006 年版。

233. [德] 斯塔姆勒：《现代法学之根本趋势》，姚远译，商务印书馆 2016 年版。

234. 许章润：《现代中国的国家理性：关于国家建构的自由民族主义和法理》，法律出版社 2011 年版。

235. [德] 斐迪南·滕尼斯：《共同体与社会——纯粹社会学的基本概念》，张巍卓译，商务印书馆 2019 年版。

236. 强世功：《法制与治理：国家转型中的法律》，中国政法大学出版社 2003 年版。

237. [日] 王柯：《从"天下"国家到民族国家：历史中国的认知与实践》，上海人民出版社 2020 年版。

238. [美] 浦洛基：《大国的崩溃：苏联解体的台前幕后》，宋虹译，四川人民出版社 2017 年版。

239. [美] 林茨、斯泰潘：《民主转型与巩固的问题：南欧、南美和后共产主义欧洲》，孙龙等译，浙江人民出版社 2008 年版。

240. [美] 阿尔温·托夫勒：《第三次浪潮》，朱志焱、潘琪、张森译，生活·读书·新知三联书店 1983 年版。

241. [日] 佐藤功：《比较政治制度》，刘庆林、张光博译，法律出版社 1984 年版。

242. [英] 哈耶克：《自由秩序原理》，邓正来译，生活·读书·新知三联书店 1997 年版。

243. 关保英：《行政法模式转换研究》，法律出版社、中央文献出版社 2000 年版。

244. 郑永年：《重建中国社会》，东方出版社 2016 年版。

245. [英] 卡尔·波兰尼：《大转型：我们时代的政治与经济起源》，冯钢、刘阳译，浙江人民出版社 2007 年版。

246. 郭春镇：《法律父爱主义及其对基本权利的限制》，法律出版社 2010 年版。

247. 季卫东：《通往法治的道路：社会的多元化与权威体系》，法律出版社 2014 年版。

248. [法] 涂尔干：《职业伦理与公民道德》，渠东、付德根译，梅非、渠东校，上海人民出版社 2001 年版。

249. [美] 本杰明·卡多佐：《法律的成长》，李红勃、李璐怡译，北京大学出版社 2014 年版。

250. [美] 博登海默：《法理学：法律哲学与法律方法》，邓正来译，中国政法大学出版社 1999 年版。

251. [德] 黑格尔：《法哲学原理》，范扬、张企泰译，商务印书馆 2009 年版。

252. [英] 梅因：《早期制度史讲义》，冯克利、吴其亮译，复旦大学出版社 2012 年版。

253. [法] 狄骥：《公法的变迁》，郑戈译，商务印书馆 2013 年版。

254. [英] 麦基文：《宪政古今》，翟小波译，贵州人民出版社 2004 年版。

255. 公丕祥、周建勇、严海兵：《21 世纪的中国法治现代化》，法律出版社 2016 年版。

256. 刘建军等：《创新与修复：政治发展的中国逻辑（1921—2011）》，中国大百科全书出版社 2011 年版。

257. 陆学艺，北京市陆学艺社会发展基金会编：《陆学艺文萃》，生活·读书·新知三联书店 2019 年版。

258. [德] 施密特：《政治的概念》，刘宗坤等译，上海人民出版社 2004 年版。

259. [美] 路易斯·亨利·摩尔根：《古代社会》，杨东莼、马雍、马巨译，商务印书馆 1977 年版。

260. [法] 德尼兹·加亚尔、贝尔纳代特·德尚、阿尔德伯特等：《欧洲史》，蔡鸿滨等译,海南出版社 2000 年版。

261. 李强:《当代中国社会分层》,生活·读书·新知三联书店 2019 年版。

262. 翟学伟:《中国人行动的逻辑》,生活·读书·新知三联书店 2017 年版。

263. [美]纳扬·昌达:《绑在一起:商人、传教士、冒险家是如何促成全球化的》,刘波译,中信出版社 2008 年版。

264. [美]曼弗雷格·B. 斯蒂格:《全球化面面观》,丁兆国译,译林出版社 2009 年版。

265. 庞中英等:《全球化、反全球化与中国——理解全球化的复杂性与多样性》,上海人民出版社 2002 年版。

266. 苏力:《大国宪制——历史中国的制度构成》。北京大学出版社 2018 年版。

267. 何兆武:《苇草集》,生活·读书·新知三联书店 1999 年版。

268. 黄文艺:《全球结构与法律发展》,法律出版社 2006 年版。

259. 苏力:《法治及其本土资源》,中国政法大学出版社 1996 年版。

270. 赵汀阳:《没有世界观的世界》,中国人民大学 2003 年版。

271. 罗志田:《中国的近代:大国的历史转身》,商务印书馆 2019 年版。

272. [美]丹尼尔·贝尔:《后工业社会的来临——对社会预测的一项探索》高铦、王宏周、魏章玲译,魏章玲校,商务印书馆 1984 年版。

273. 刘建军、何俊志、杨建克:《新中国根本政治制度研究》,上海人民出版社 2009 年版。

274. [美]杜赞奇:《文化、权力与国家——1900—1942 年的华北农村》,王福明译,江苏人民出版社 1994 年版。

275. 宋功德:《论经济行政法的制度结构:交易费用的视角》,北京大学出版社 2003 年版。

276. 王名扬:《法国行政法》,中国政法大学出版社 1988 年版。

277. 钱穆:《中国历代政治得失》,九州出版社 2012 年版。

278. [美]威廉·多姆霍夫:《谁统治美国:权力、政治和社会变迁》,吕鹏、闻翔译,译林出版社 2009 年版。

279. [德] 齐美尔:《社会是如何可能的:齐美尔社会学文选》,林荣远编译,广西师范大学出版社 2002 年版。

280. 郑永年:《中国模式——经验与困局》,浙江人民出版社 2010 年版。

281. 吕思勉:《吕著中国通史》,华东师范大学出版社 1992 年版。

282. 唐亚林:《当代中国政治发展的逻辑》,上海人民出版社 2019 年版。

283. 梁治平等:《法治在中国:制度、话语与实践》,中国政法大学出版社 2002 年版。

284. [美] 斯科特:《国家的视角:那些试图改善人类状况的项目是如何失败的》,王晓毅译,社会科学文献出版社 2004 年版。

285. 蔡定剑:《历史与变革:新中国法制建设的历程》,中国政法大学出版社 1999 年版。

286. 舒国滢等:《中国特色马克思主义法学理论研究》,中国政法大学出版社 2016 年版。

287. 汪丁丁:《盘旋的思想:知识、秩序、自由》,生活·读书·新知三联书店 2009 年版。

288. 甘阳:《社会主义:后冷战时代的思索》,牛津大学(香港)出版社 1995 年版。

289. 梁治平:《清代习惯法:社会与国家》,中国政法大学出版社 1996 年版。

290. [英] 斯密:《国民财富的性质和原因的研究》,上卷,郭大力、王亚南译,商务印书馆 1974 年版。

291. 沈敏荣:《法律限度》,法律出版社 2003 年版。

292. 沈敏荣:《市民社会与法律精神:人的品格与制度变迁》,法律出版社 2008 年版。

293. [美] 黄宗智:《经验与理论:中国社会、经济与法律的实践历史研究》,中国人民大学出版社 2007 年版。

294. 梁漱溟:《中国文化要义》,上海人民出版社 2005 年版。

295. 袁达松:《包容性法治论》,中国法制出版社 2017 年版。

296. [荷]扬·斯密茨:《法学的观念与方法》,魏磊杰、吴雅婷译,法律出版社 2017 年版。

297. 凌斌:《法治的中国道路》,北京大学出版社 2013 年版。

298. [美]富勒:《法律的道德性》,郑戈译,商务印书馆 2005 年版。

299. [英]哈耶克:《法律、立法与自由》,第二、三卷,邓正来等译,中国大百科全书出版社 2000 年版。

300. [美]波斯纳:《超越法律》,苏力译,中国政法大学出版社 2001 年版。

301. 季卫东:《大变局下的中国法治》,北京大学出版社 2013 年版。

302. 约瑟夫·拉兹:《法律体系的概念》,吴玉章译,中国法制出版社 2003 年版。

303. 李林:《中国的法治道路》,中国社会科学出版社 2016 年版。

304. [英]阿克顿:《自由与权力》,侯健、范亚峰译,冯克利校,商务印书馆 2010 年版。

305. [德]韦伯:《新教伦理与资本主义精神》,康乐、简惠美译,广西师范大学出版社 2001 年版。

306. [美]欧文·费斯:《如法所能》,师帅译,中国政法大学 2008 年版。

二、学术论文

1. 杨兆龙:《法律的阶级性与继承性》,《华东政法学报》1956 年第 3 期。

2. 肖雪慧:《何谓"民粹主义思潮"》,《书屋》2008 年第 1 期。

3. 李猛:《理论化及其传统:对韦伯的中国观察》,《社会学研究》2010 年第 5 期。

4. 任剑涛:《国家发展中的"荷兰诱惑"与"苏联幻觉"》,《读书》2014 年第 5 期。

5. 杨雪冬:《中国国家构建简论:侧重于过程的考察》,《上海社会科学院学术季刊》2002 年第 2 期。

6. 徐勇:《现代国家建构中的非均衡性和自主性分析》,《华中师范大学学报》(人文社会科学版)2003 年第 5 期。

7. 陈端洪：《对峙——从行政诉讼看中国的宪政出路》,《中外法学》1995 年第 4 期。
8. 刘京希：《国家与社会关系的政治生态理论诉求》,《文史哲》2005 年第 2 期。
9. 高全喜：《法制变革及"中国经验"》,《中国政法大学学报》2009 年第 2 期。
10. 冯玉军：《法律与全球化一般理论述评》,《中国法学》2002 年第 4 期。
11. 钱颖一：《市场与法治》,《经济社会体制比较》2000 年第 3 期。
12. 丁学良：《转型社会的法与秩序：俄罗斯现象》,《清华社会学评论》2000 年第 2 期。
13. 季卫东：《建设法治国家的路线图和时间表》,《中国改革》2012 年第 10 期。
14. 焦文峰：《哈贝马斯的公共领域理论述评》,《江苏社会科学》2000 年第 4 期。
15. 林尚立：《建构民主的政治逻辑——从马克思的民主理论出发》,《学术界》2011 年第 5 期。
16. 郁建兴、肖扬东：《全球化与中国的国家建设》,《马克思主义与现实》2006 年第 6 期。
17. 王利明：《中国为什么要建设法治国家》,《中国人民大学学报》2011 年第 6 期。
18. 朱景文：《全球化是去国家化吗？——兼论全球治理中的国际组织、非政府组织和国家》,《法制与社会发展》2010 年第 6 期。
19. 林尚立：《现代国家认同建构的政治逻辑》,《中国社会科学》2013 年第 8 期。
20. 姜涛：《中国法学知识谱系建构的主题词》,《法律科学（西北政法大学学报）》2010 年第 5 期。

三、外文文献

1. Hedley Bull, "The State's Positive Role in World Politics", *World*

Politics Debated: A Reader in Contemporary Issues, McGraw Hill Book Company, 1989.

2. Charles Tilly, *The Formation of National States in Western Europe*, Princeton University, 1905.
3. Flanagan Maureen A., *America Reformed: Progressives and Progressivisms 1890s-1920s*, Oxford University Press, 2007.
4. Claus Offe, "Structural Problems of the Capitalism State: Class Rule and the Political System. On the Selectiveness of Political Institutions", *German Political Studies*, Routledge, 1974, vol.I.pp.31-54.
5. John Gray, *Liberalism*, Open University Press, 1986.
6. Maureen Ramsay, *What's Wrong with Liberalism: A Radical Critique of Liberal Political Philosophy*, Continuum, 1997.
7. Anthony Arblaster, *The Rise and Decline of Western Liberalism*, Basil Blackwell, 1984.
8. Bob Jessop, "Recent Theories of the Capitalist State", *Cambridge Journal of Economics*, vol.1, 1977, pp.353—373.
9. Bob Jessop, "A Regulationist and State—Theoretical Analysis", *Asia State: Beyond the Developmental Perspective*, Routledge, 2005.
10. David Held, "Democracy, the Nation—State and the Global System", *Economy and Society*, vol.20, 1991, pp.138—172.
11. John Gray, *Post—Liberalism: Studies in Political Thought*, Routledge, 1993.
12. Joseph Raz, "The Rule of Law and its Virtue", *The Authority of Law: Essays on Law and Morality*, Oxford University Press, 1979.
13. Bob Jessop, *The Future of the Capitalist State*, Cambridge: Polity Press, 2002.
14. Francis Fukuyama, *State—Building*, Cornell University Press, 2014.
15. Douglass C. North, *Institutions, Institutional Change and Economic*

Performance, Cambridge University Press, 1990.
16. Ronald H. Coase, *The Firm, the Market, and the Law*, The University of Chicago Press, 1988.
17. David E. Apter, *The Politics of Modernization*, The University of Chicago Press, 1965.
18. Richard Lachmann, *Capitalists in Spite of Themselves: Elite Conflict and Economic Transitions in Early Modern Europe*, Oxford University Press, 2002.
19. Joseph Raz, *The Authority of Law: Essays on Law and Morality*, Oxford University Press, 1979.

图书在版编目(CIP)数据

现代国家成长的法理要素与法律体系的中国观/潘伟杰著.—上海：复旦大学出版社，2023.11
ISBN 978-7-309-16710-8

Ⅰ.①现… Ⅱ.①潘… Ⅲ.①法理学-研究-中国 Ⅳ.①D920.0

中国国家版本馆 CIP 数据核字(2023)第 018907 号

现代国家成长的法理要素与法律体系的中国观
XIANDAI GUOJIA CHENGZHANG DE FALI YAOSU YU FALÜ TIXI DE ZHONGGUOGUAN
潘伟杰 著
责任编辑/朱 枫

复旦大学出版社有限公司出版发行
上海市国权路 579 号 邮编：200433
网址：fupnet@fudanpress.com http://www.fudanpress.com
门市零售：86-21-65102580 团体订购：86-21-65104505
出版部电话：86-21-65642845
江苏凤凰数码印务有限公司

开本 787 毫米×960 毫米 1/16 印张 19.5 字数 280 千字
2023 年 11 月第 1 版
2023 年 11 月第 1 版第 1 次印刷

ISBN 978-7-309-16710-8/D·1151
定价：78.00 元

如有印装质量问题,请向复旦大学出版社有限公司出版部调换。
版权所有 侵权必究